HEYNE CAMPUS

Peter Block

Erfolgreiches Consulting

Das Berater-Handbuch

Aus dem Amerikanischen
von Kerstin Dietrich

Wilhelm Heyne Verlag
München

HEYNE BUSINESS
22/2058

Titel der amerikanischen Originalausgabe:
FLAWLESS CONSULTING
Erschienen 1981 bei Pfeiffer & Company, San Diego

Umwelthinweis:
Dieses Buch wurde auf chlor- und säurefreiem Papier gedruckt.

3. Auflage

Ungekürzte Taschenbuchausgabe
im Wilhelm Heyne Verlag GmbH & CO. KG, München
http://www.heyne.de
Copyright © 1981 by Peter Block
Copyright © der deutschsprachigen Ausgabe 1997 by Campus Verlag GmbH,
Frankfurt/Main
Lektorat: H. Dieter Wirtz
Printed in Germany 2002
Umschlagillustration: The Stockmarket / SIE PRODUCTION, Düsseldorf
Umschlaggestaltung: Atelier Bachmann & Seidel, Reischach
Technische Betreuung: M. Spinola
Satz: Schaber Satz- und Datentechnik, Wels
Druck und Verarbeitung: Ebner Ulm

ISBN: 3-453-15556-4

INHALT

Vorwort 11

KAPITEL 1
Was ist überhaupt ein Berater? 15

Definitionen und Unterscheidungen 16
Die fünf Beratungsphasen
 im Überblick 20
Perfekte Beratung: Keine Unmöglichkeit 24

KAPITEL 2
**Gute Techniken allein reichen
nicht aus** 27

Jenseits der sachlichen Ebene 28
Die Vorstellungen und Ansichten des Beraters
 als Beratungsgrundlage 32
Die Ziele des Beraters 34
Die Bereitschaft zum persönlichen Engagement
 im Klienten entwickeln – ein weiteres Anliegen
 in jeder Beratungsphase 37
In welche Rolle schlüpft der Berater? 38
Zusammenarbeit und Berührungsängste 44
Der Klient wird in die Arbeit involviert –
 Schritt für Schritt 46
Checkliste Nr. 1:
Die Verteilung der Verantwortung
 einschätzen 56

KAPITEL 3
Fehler vermeiden – erfolgreich beraten 59

Authentisches Verhalten 59
Die Beratungsphasen und ihre Bestandteile 63
Ergebnisse 69

KAPITEL 4
Der Vertragsabschluß – eine Übersicht 75

Der Vertrag – Konzept und Ausführung 76
Der perfekte Vertrag 80
Die Bestandteile eines Vertrags 81
Checkliste Nr. 2:
Auswerten eines älteren Vertrags 91
Grundregeln für den Vertragsabschluß 91

KAPITEL 5
Die Vertragsbesprechung 95

Wer ist der Klient? 97
Nein sagen – gar nicht so einfach 127
Checkliste Nr. 3: Planung einer Vertragsbesprechung ... 129
Sie verkaufen Ihre Dienste – Gut verkaufen heißt
   gut verhandeln 131
Die Besprechung: Ein Modell Ihrer Arbeitsweise 136
Beendigung der Vertragsbesprechung 137
Nach der Vertragsbesprechung 138
Checkliste Nr. 4: Beurteilung der Vertragsbesprechung ... 139

KAPITEL 6
Schwierigkeiten bei der Vertragsbesprechung 141

Vom Umgang mit schwacher Motivation 141
Ihre Rolle wandelt sich: Grund für ständige
   Verhandlungen 145
Noch ein paar charakteristische Schwierigkeiten 149

Der Fall Bonner 151
Besprechung des Falles Bonner 161

KAPITEL 7
Der interne Berater 165

Wichtige Unterschiede zwischen internem und
   externem Berater 166
Dreiecke und Vierecke 168

KAPITEL 8
Widerstand verstehen 175

Facetten des Widerstands 176
Wogegen verteidigen sich Klienten, wenn sie sich
   gegen uns zur Wehr setzen 187
Tieferliegende Ängste 190
Nicht immer ist es Widerstand 193
Ängste und Wünsche 194
Von Engeln und Menschenfressern... 198
... und Helden 200

KAPITEL 9
Mit Widerstand umgehen 201

Drei Schritte 203
Nehmen Sie es nicht persönlich 210
Antworten »im guten Glauben« 211
Beratung eines »steinharten« Klienten 212

KAPITEL 10
Konzepte zur Problemermittlung 215

Die Aufforderung zum Handeln 215
Neudefinition des dargestellten Problems 218
Wie wird mit dem Problem umgegangen? 222

Inhalt

KAPITEL 11
Das Sammeln der Daten 229

Datensammlung – Die einzelnen Schritte 229
Einschätzen, wie das Problem gehandhabt wird 234
Datensammlung: Das Interview 237
Wonach muß man suchen? Abschließende Bemerkungen .. 242
Checkliste Nr. 5:
Die Planung eines Meetings zur Datensammlung 245
Checkliste Nr. 6:
Auswertung des Meetings zur Datensammlung 247

KAPITEL 12
Vorbereitung auf das Feedback 249

Ein klares Bild kann schon ausreichen 249
Was Sie tun und was Sie lassen sollten 251
Die geeignete Sprache für das Feedback 254
Beispiel Gerichtsdrama: Eine Vorschau auf das
  Feedback-Meeting 257
Unterstützung und Konfrontation 260

KAPITEL 13
Die Leitung eines Feedback-Meetings 263

Feedback: Konzepte und Kompetenzen 263
Die gelungene Präsentation der Daten 265
Strukturierung des Meetings 266
Das Feedback-Meeting – Schritt für Schritt 267
Widerstand während des Feedback-Meetings 280
Checkliste Nr. 7: Planung des Feedback-Meetings 282
Die Leitung eines Gruppenmeetings zum Feedback 283
Checkliste Nr. 8:
Übersicht über den Ablauf des Feedback-Meetings 284
Die Kunst des Feedbacks: Zusammenfassung 285

KAPITEL 14
Wenn die vorbereitenden Maßnahmen abgeschlossen sind 287

Perfekte Beratung während der Durchführungsphase 288
Die Beendigung eines Projekts 290
Schlußwort 294

ANHANG:
Noch eine Checkliste zu Ihrer Verfügung 297

Für einen raschen Überblick............................ 299

Vor der nächsten Vertragsverhandlung ist zu bedenken ... *301* · Bevor Sie an die Datensammlung und -analyse bei Ihrem nächsten Projekt gehen, erinnern Sie sich noch einmal an folgende Punkte ... *306* · Bevor Sie in die Feedback-Phase eintreten, erinnern Sie sich noch einmal an folgende Punkte ... *309* · Falls Sie auf Widerstand stoßen ... *312*

Danksagung 315

Vorwort

Das vorliegende Buch ist für all jene interessant, die einer wie auch immer gearteten Beratungstätigkeit nachgehen, auch wenn der eine oder andere sich nicht Berater nennen sollte. Eine Beratung ist nichts anderes als der Versuch, eine Situation zu verändern oder zu verbessern, wobei jedoch der Berater keinen direkten Einfluß darauf hat, inwieweit seine Veränderungsvorschläge in die Tat umgesetzt werden. Bewirkt man direkte Veränderungen, ist man Manager, nicht Berater – und hier genau liegt die Schwierigkeit des Beraters: Es besteht der Mangel an direkter Kontrolle und Befugnis, der einen bisweilen verrückt machen kann. Deshalb zeigt dieses Buch Wege auf, wie der Berater bedeutenden Einfluß nehmen kann, ohne eine direkte Kontrolle zu haben. Einfluß und Bedeutung brauchen wir – nicht zuletzt dafür werden wir bezahlt. Und Einfluß und Bedeutung zu haben heißt, daß unser Fachwissen zur Anwendung kommt und daß unsere Vorschläge akzeptiert werden. Nur so ist der Kunde am Ende zufrieden, und nur so hat der Berater ein Erfolgserlebnis. Bei einer gelungenen Beratung gewinnen die Vorschläge des Beraters jedenfalls an Bedeutung und Tragkraft. Dieses Buch weist den Weg zur gelungenen oder, unbescheidener, zur *perfekten Beratung*.

Der Begriff *Beratung* ist in diesem Buch sehr weit gefaßt und deckt viele Bereiche ab. Jeder, der einem Mitarbeiterstab angehört, ist letztlich beratend tätig. Dieses Buch wendet sich deshalb nicht nur an Leute, die sich Berater nennen, sondern auch an solche, deren Tätigkeit das Beraten einfach einschließt. Meine Erkenntnisse über Beratungstätigkeiten basieren auf fünfzehnjähriger einschlägiger Erfahrung auf diesem Gebiet, und zwar sowohl innerhalb als auch außerhalb von Betrieben. Beim Zustandekommen dieses Buches waren jedoch die Erfahrungen, die ich in Fortbildungsseminaren für Belegschaftsberater in sieben Jahren gesammelt habe, zumindest genauso wichtig. Diese Seminare wendeten sich an Ingenieure, Einkäufer, an Leute, die für Personal- und Organisationsentwicklung zuständig waren, an Rechtsanwälte, Finanzanalytiker und Kontenprüfer, an Systemanalytiker, Angestellte im Pflegebereich und an Krankenschwestern, Firmenangestellte und Unternehmensplaner und viele andere – allesamt Menschen mit beruflichen Qualifikationen, die ihre Erfahrungen aber nur begrenzt zur Anwendung bringen dürfen und sich nach mehr Einfluß und Verantwortung sehnen.

Die meisten Menschen führen ihre beratende Tätigkeit innerhalb eines Unternehmens aus, also nicht als Selbständige oder als Repräsentant eines Beratungsunternehmens. So werden Berater, die zum Mitarbeiterstab eines Unternehmens gehören, *interne Berater* genannt (im Gegensatz zu externen). Die Beispiele, Fallstudien und Übungen sowie die Darstellungen und Analysen von Fehlschlägen in diesem Buch beziehen sich vor allem auf jene interne Beratung. Vom Grundkonzept her eignet sich das Buch jedoch für jede Beratungsfunktion, und die Vorschläge sollten sich sowohl bei interner als auch bei externer Beratertätigkeit als tragfähig erweisen.

Dieses Buch setzt sich in nachhaltiger Weise mit den spezifischen Verhaltensformen des Beraters auseinander. Während der Leser in den meisten Büchern, die Beratung zum Thema haben, manches über den theoretischen Aufbau von Unternehmen erfährt und die verschiedenen Beratungsmodelle in der Theorie kennenlernt, geht es hier dagegen um die praktische Anwendung: Es wird konkret gesagt, was der Berater in bestimmten Situationen tun und sagen sollte. Manchmal gehe ich soweit, ganze Sätze zum Nachsprechen vorzuschlagen, da sie mir und Hunderten von Seminarteilnehmern für interne Beratung gute Dienste geleistet haben.

Die Arbeit mit Beratern sowohl in Fortbildungsseminaren als auch in der konkreten Arbeitssituation hat ganz klar gezeigt, daß die meisten von uns genau *verstehen*, was mit uns und unseren Kunden geschieht – nur wissen wir oft nicht so genau, was wir mit unseren Beobachtungen *anfangen* sollen. Wir erkennen genau, wann wir mit dem Kunden in eine Negativspirale geraten, sehen jedoch nicht den Ausweg. Dieses Buch bezieht sich unmittelbar auf solche Situationen und leistet hier erste Hilfe. Sollten Sie nach Verinnerlichung dieser Methode das Bedürfnis haben, größere Zusammenhänge zu begreifen, so empfehle ich Ihnen die Lektüre der Bücher von Blake und Mouton, Argyris, Steele, Walton und Schein, alle aufgeführt in der Literaturliste.

Es mag ziemlich arrogant klingen, wenn ich behaupte, daß man mit diesem Buch der »perfekte Berater« werden kann, löst doch der Gedanke an Perfektion in vielen Menschen Aversionen aus. Und dennoch: Dieses Buch handelt von perfekter Beratung, wobei das Konzept absolut seriös ist, auch wenn die Umsetzung in der Praxis schwierig ist. Die Lektüre erleichtert Ihnen den direkten Zugang zu den Widerständen, denen Sie begegnen und zeigt, wie Sie sich verhalten müssen, damit jede Beratung ein voller Erfolg wird. Jeder kann dieses Bild erreichen, wobei allerdings die intensive Auseinandersetzung mit zwei Prozessen unbedingte Voraussetzung ist:

1. Zu jeder Zeit sollte man sich so authentisch wie möglich verhalten.
2. Worte und Handlungen sollten sich immer direkt auf den Fortgang der jeweiligen Beratungsphase beziehen.

Die Stärke dieses Buches liegt in seinem direkten Bezug zu bestimmten Problemen. Es beschäftigt sich also weniger mit Theorie, um dafür um so mehr Wege für die praktische Anwendung aufzuzeigen, wie man mit seinen Klienten umgehen kann. Dahinter steht die feste Überzeugung, daß die Praktiken und Ratschläge, wie sie hier dargestellt werden, zu einer effektiveren Beratung führen werden. Diese Überzeugung habe ich durch meine Erfahrungen aus eigener Beratertätigkeit und als Leiter von Fortbildungsseminaren für Berater gewonnen. Ich hoffe, dieses Buch wird Ihnen ein nützlicher Ratgeber sein.

… KAPITEL 1

WAS IST ÜBERHAUPT EIN BERATER?

Jeder Witz und jeder Sarkasmus tragen ein Körnchen Wahrheit in sich. Auch die Skepsis gegenüber Beratern beruht auf einer wahren Erkenntnis: Der herkömmliche Berater schlüpfte bisher mehr oder weniger in die Rolle eines Managers. In dieser Rolle sollte er dann schwierige technische Probleme lösen, die ein Manager nicht lösen konnte, oder die Tätigkeiten waren so langweilig, daß ein Manager sie nicht erledigen wollte. Eine besonders dramatische Rolle spielt der Berater, der in das Management eingreift, indem er zu dem Schluß kommt, daß Arbeitsplätze oder bestimmte Funktionen eliminiert werden müssen.

Wenn Sie jemand im Bus nach der richtigen Haltestelle fragt, und Sie raten ihm, daß er zwei Haltestellen nach Ihnen aussteigen soll, so sind Sie in diesem Moment ein Berater. Immer, wenn Sie jemandem, der vor einer Wahl steht, einen Rat geben, sind Sie ein Berater. Wenn Sie keinen direkten Einfluß auf das Handeln von Leuten haben, aber dennoch wünschen, daß man Ihnen zuhört und Ihren Rat befolgt, sind Sie mit dem Dilemma des Beraters konfrontiert. Einige schlagen sich tagtäglich mit diesem Dilemma herum, andere stoßen nur hin und wieder darauf, vor allem dann, wenn sie teilweise als Manager fungieren (indem sie direkte Kontrolle ausüben) und teilweise als Berater (mit dem Wunsch, Einfluß zu nehmen, aber ohne direkte Kontrollbefugnis).

Definitionen und Unterscheidungen

Ein *Berater* hat einen gewissen Einfluß auf ein Individuum, eine Gruppe oder einen Betrieb. Er hat jedoch nicht die Macht, Veränderungen herbei- oder Programme einzuführen. Ein Manager dagegen hat direkte Kontrolle über Handlungen. Sobald Sie direkte Kontrolle übernehmen, sind Sie ein Manager.

Die meisten betrieblichen Mitarbeiter sind ihrer Tätigkeit nach Berater, auch wenn sie sich nicht öffentlich »Berater« nennen. Mitarbeiter führen in jedem Betrieb beratende Funktionen aus wie Planung, Unterbreiten von Vorschlägen, Assistenz oder Beratung in Bereichen wie

- Personalangelegenheiten,
- Finanzanalysen,
- Buchprüfung,
- Systemanalyse,
- Marktforschung,
- Produktdesign,
- Langzeitplanung,
- Betriebseffizienz,
- Sicherheit,
- Erschließung menschlicher Ressourcen.

Die Empfänger der Ratschläge werden *Klienten* genannt. Klienten können einzelne Personen, aber auch Gruppen, Abteilungen oder ganze Betriebe sein. Den oder die Klienten möchte der Berater beeinflussen, ohne direkte Handlungsanweisungen zu geben.

Im Betrieb ist es der *leitende Angestellte,* der in Vertretung der Belegschaft als Klient fungiert. Leitende Angestellte müssen auf den Rat der Arbeitsgruppen hören – ob es ihnen gefällt oder nicht. Per definitionem hat die Belegschaft keine direkte Kontrollbefugnis jenseits der eigenen Zeit, des eigenen Teams und des eigenen Aufgabenbereichs.

Der leitende Angestellte hat als Mitglied des Managements direkte Weisungsbefugnis, der Mitarbeiter nicht. Dennoch wird der leitende Angestellte zum Klienten und der Mitarbeiter zum Berater. Spannungen sind so unvermeidlich – und daher ein zentrales Anliegen dieses Buches.

Die Rolle des Beraters kann man nur verstehen, wenn man den Unterschied zwischen einem Berater und einem Manager erfaßt hat. Hören wir einmal, was Alfred zu sagen hat: Es handelte sich um ein großes viermonatiges Projekt. Ich leitete das Team aus der Verwaltung, das das neue Management-Informationssystem installieren sollte. Wir klärten die Probleme, entwarfen das System und brachten Alice, die leitende Angestellte, dazu, daß wir das System komplett installieren durften.

Alfred ist sehr zufrieden mit seiner Arbeit – die jedoch eher die Arbeit eines Managers als die eines Beraters war. In Wahrheit hatte er für vier Monate einen Teil der Arbeit des leitenden Angestellten übernommen.

Es ist also wichtig, den Unterschied zwischen Berater und Manager genau zu kennen. Nur wenn man sich im klaren darüber ist, daß der Berater grundsätzlich einen anderen Auftrag hat als der leitende Angestellte, kann die Beratung für Berater und Klienten befriedigend ausfallen. Direkten Einfluß zu haben ist nicht übel, und viele versuchen, versteckte Kontrolle auszuüben. Dennoch muß man sich immer bewußt sein, ob man gerade direkten Einfluß ausübt oder nicht. Dementsprechend muß man sich verhalten.

Das Unbehagen, das viele Leute beschleicht, wenn sie das Wort *Berater* hören, resultiert aus der Erfahrung mit Menschen, die sich »Berater« nennen, sich in Wirklichkeit aber wie Ersatzmanager verhalten. Wenn man sich in der Beratung an die Stelle des Managers setzt, handelt man als Ersatzmanager. Bekommt der Berater vom Klienten Anweisungen wie: »Stellen Sie diesen Mitarbeiter für mich ein« oder: »Entwerfen Sie dieses System für mich« oder: »Beraten sie diesen Angestellten«, dann verlangt der Manager eigentlich einen Ersatz für sich. Das Verführerische an der Rolle des Ersatzmanagers ist, daß man, zumindest für einen Moment, die Macht des Managers erhält – man erledigt dann aber den Job des Managers, nicht den eigenen.

Das Ziel des Beraters – sein Endprodukt, wenn man so will – bezeichnet man als *Intervention*. Eine Intervention hat zwei Ebenen. Auf der einen werden Veränderungen in der Betriebsführung angestrebt, und zwar hinsichtlich Struktur, Geschäftspolitik und Produktionsweisen – ein neues Kompensationspaket, eine Veränderung der Berichterstattung, ein neues Sicherheitsprogramm. Auf der anderen Interventionsebene wird folgendes Ziel angestrebt: Einer oder mehrere Angehörige der Betriebsführungsebene haben etwas dazugelernt. Sie haben etwa gelernt, welche Normen ihre Belegschaftssitzungen beherrschen, was sie anstellen, damit Mitarbeiter in untergeordneter Position in ihrer Entscheidungsbefugnis extrem abhängig bleiben, wie man Mitarbeiter direkter in die Planung einbeziehen kann oder wie man zu besseren Leistungsbewertungen kommt.

Im weitesten Sinne liegt immer dann eine *Intervention* vor, wenn man sich mit einem System beschäftigt, dem man nicht angehört. Eine Unterredung mit jemandem, der um Hilfe bittet, ist eine Intervention. Auch das Erfassen und Bewerten von Problemen ist eine Intervention. Ein Trainingsprogramm, eine Bewertung, eine Studie – all das kann man als Interventionen bezeichnen. Das Anliegen des Beraters ist es, erfolgreiche Interventionen durchzuführen.

Ich denke, die Begriffe *Teamarbeit* und *Beratertätigkeit* sind untereinander austauschbar, da, wie gesagt, Belegschaftsangehörige in jedem Fall Beratungsfähigkeiten haben müssen, um effektiv zu sein – unabhängig von ihrem Tätigkeitsbereich oder ihrer Qualifikation (Finanzen, Planung, Fertigung, Personal, Recht).* Immer wenn man jemandem, der vor einer Entscheidung steht, einen Rat gibt, handelt man als Berater. Für diese Tätigkeit braucht man drei Fähigkeiten, damit man seine Arbeit

---

* Im weiteren Text werden Sie hauptsächlich die Begriffe *Berater* und *Klient* finden, um dieser Auffassung Nachdruck zu verleihen und um Sie dabei zu unterstützen, daß Sie sich selbst als Berater ansehen – besonders dann, wenn Sie dem Mitarbeiterstab angehören.

gut macht: technische und zwischenmenschliche Fähigkeiten, außerdem Beratergeschick. Diese drei Fähigkeiten lassen sich ohne weiteres definieren ...

Fachwissen

Zuerst müssen wir das Anliegen des Ratsuchenden begreifen. Dabei ist es notwendig, sich das Fachwissen anzueignen, das erforderlich ist, um sich mit dem betreffenden Problem auseinandersetzen zu können. Wir sind entweder in der Ausbildung oder in unserem ersten Job darauf trainiert worden, ein bestimmtes Arbeitsfeld zu beherrschen. Das kann viele Bereiche betreffen wie Technik, Verkauf, Buchhaltung, Rechtsberatung oder irgendeine andere der vielen Betätigungen, mit denen man sein Geld verdienen kann. Jedenfalls haben wir auf diese Weise unsere Grundausbildung erhalten. Erst später, wenn wir Fachwissen erlangt haben, werden wir zum Berater. Hätten wir dieses Fachwissen nicht, würde man uns gar nicht erst um Rat fragen. Auf irgendeinem Gebiet muß man also besondere Kenntnisse haben, egal, ob im wissenschaftlichen Sektor (etwa in der Pharmaforschung) oder auf nichtwissenschaftlichen Gebieten (etwa Management oder Organisationsentwicklung). Dieses Buch setzt voraus, daß Sie irgendein Fachwissen besitzen.

Fähigkeiten im Umgang mit Menschen

Der erfolgreiche Umgang mit Menschen setzt voraus, daß man die Fähigkeit hat, Ideen in Worte zu fassen, zuzuhören, Unterstützung zu geben, Einwände angemessen zu formulieren – kurz, man muß in der Lage sein, eine zwischenmenschliche Beziehung aufzubauen. Es gibt viele Bücher und Seminare, die sich mit der Entwicklung dieser Fähigkeiten befassen, es gibt ganze humanitäre Bewegungen, die sich mit der Verbesserung zwischenmenschlicher Fähigkeiten auseinandersetzen. Die Fähigkeit, mit Menschen umzugehen, ist genauso wichtig wie das Fachwissen für eine wirksame Beratung. Es gibt sogar Fachleute, die davon ausgehen, daß gute Beratung nichts anderes als die oben angesprochenen Fähigkeiten erfordert.

Das trifft aber nicht zu, denn es gehört mehr zu einer guten Beratung: Neben dem Fachwissen und der Fähigkeit im Umgang mit Menschen benötigt man außerdem *Beratungsgeschick*.

Beratungsgeschick

Jedes Beratungsprojekt, ob es zehn Minuten oder zehn Monate dauert, geht durch fünf Phasen. Es darf keine Phase übersprungen werden. Überspringt man eine Phase oder meint, eine Phase sei bereits abgehandelt, kommt man in Schwierigkeiten. Geschickte Beratung bedeutet, jede Phase kompetent auszuführen. Jede Phase muß genau erlernt werden – das ist oberstes Anliegen dieses Buches.

Die fünf Beratungsphasen im Überblick

Phase 1: Erster Kontakt und Vertragsabschluß

Hier geht es um das erste Gespräch mit dem Klienten, in dem er sein Projekt vorstellt. Das bedeutet, das erste Zusammentreffen muß gestaltet und das Problem sondiert werden. Es muß geklärt werden, ob der Berater die richtige Person für dieses Projekt ist, welche die jeweiligen Erwartungen des Klienten und des Beraters sind – und es muß geklärt werden, wie man anfangen soll. Die meisten Berater sind sich einig: Der Grund für das Mißlingen einer Beratung ist bereits im Scheitern der Anfangsphase zu suchen.

Phase 2: Datensammlung und -auswertung

Es wird sehr hilfreich und nützlich sein, wenn der Berater ein eigenes Gespür für das Problem entwickelt. Dafür muß er sich folgende Fragen stellen: Wer wird mit der Eingrenzung des Problems befaßt sein? Welche Methoden werden angewendet? Welche Art von Daten soll gesammelt werden? Wieviel Zeit wird das Ganze in Anspruch nehmen?

Phase 3: Feedback und Handlungsentscheidungen

Über die gesammelten Daten und ihre Auswertung muß in irgendeiner Form berichtet werden. Es ist die Aufgabe des Beraters, die Fülle der Daten auf eine überschaubare Anzahl von Themen zu reduzieren. Es obliegt ihm zu entscheiden, in welcher Form der Klient an der Analyse der Informationen beteiligt wird. Beim Feedback, das heißt, wenn man den oder die Klienten mit den erfaßten Daten konfrontiert hat, entsteht meist ein gewisser Widerstand gegen diese Daten (wenn es um wichtige Themen geht). Der Berater muß zuerst diesen Widerstand in den Griff bekommen, bevor eine angemessene Entscheidung über die weitere Vorgehensweise getroffen werden kann. Viele Leute bezeichnen diese Phase als die eigentliche Planungsphase, denn sie impliziert das Erstellen von Endzielen für das Projekt und die Auswahl der entsprechenden Schritte oder Interventionen, die zu diesem Ziel führen.

Phase 4: Durchführung

Es werden nun die in Phase 3 erstellten Planungen umgesetzt. In vielen Fällen obliegt die Durchführung ausschließlich der Betriebsleitung. Müssen umfangreichere Veränderungen vorgenommen werden, kann der Berater sehr gefordert sein. Einige Projekte beginnen mit einer Schulungsmaßnahme. So könnten einige Sitzungen stattfinden, um Veränderungen anzubahnen. Eine einzige Sitzung kann damit zugebracht werden, verschiedene Teile des Unternehmens zur Besprechung eines Problems zusammenzubringen. Es könnte sich auch um einen Schulungsabend handeln. In solchen Fällen stellen Planungsarbeit und Leitung der Sitzungen, aber auch der Schulungsabende eine äußerst schwierige Aufgabe für den Berater dar.

Was ist überhaupt ein Berater?

Vorbereitende Maßnahmen

Technische Fähigkeiten	*Umgang mit Menschen*	*Beraterfähigkeiten*
Entsprechend ihrem Fachbereich	Anwenden auf alle Situationen	Erfordernisse in jeder einzelnen Phase
• Konstruktion • Projekt-Management • Planung • Marketing • Produktion • Personal • Finanzen • Systemanalyse	• Sicherheit vermittelnd • Unterstützend • Fähigkeit zur Konfrontation • Zuhören können • Managementstil • Arbeiten mit Gruppen	*Vertragsverhandlungen* • Verhandlungswünsche • Umgang mit gemischten Gefühlen • Umgang mit Bedenken zu Bloßstellung und Kontrollverlust • Verträge mit drei oder vier Partnern *Problemermittlung* • Analyseebenen • Umgang mit Betriebsklima • Dem Drang widerstehen, die Daten komplett zu haben • Das Interview als Intervention ansehen *Feedback* • Daten filtern • Verschiedene Formen von Widerstand erkennen und damit umgehen • Präsentation persönlicher und organisatorischer Daten *Entscheidung* • Leiten von Gruppenmeetings • Konzentration auf direkt realisierbare Maßnahmen • Nichts persönlich nehmen

Hauptmaßnahme

Durchführung = Inneres Engagement

Schaubild 1: Übersicht über Fähigkeiten des Beraters

Phase 5:
Ausweitung, Neubeginn oder Beendigung

Bisher konzentrierte sich die Maßnahme auf ein Hauptproblem. Phase 5 beginnt mit der Bewertung des Erfolgs dieser Maßnahme. Danach wird die Entscheidung getroffen, ob die Maßnahme auf weitere Teile des Unternehmens ausgeweitet werden soll. Manchmal erhält man ein klares Bild des wahren Problems erst dann, nachdem einige Maßnahmen bereits durchgeführt wurden. In einem solchen Fall beginnt der Vorgang von vorne, und es muß über einen neuen Vertrag gesprochen werden. War die Durchführung des Projekts entweder ein Riesenerfolg oder ein mittlerer bis großer Reinfall, wird die Beendigung des Projekts in Erwägung gezogen. Es gibt viele Wege, die Beziehung zu beenden, und eine Beendigung sollte als legitimer und wichtiger Teil der Beratung betrachtet werden. Hat man einen guten Weg gefunden, die Beratung zu beenden, hat man gleichzeitig eine gute Voraussetzung für Lernerfolge sowohl für den Klienten als auch für den Berater geschaffen. Außerdem hält man sich die Möglichkeit für eine spätere Zusammenarbeit mit dem Unternehmen offen.

Schaubild 1 zeigt im Überblick die Voraussetzungen, die notwendig sind, damit jede Beratungsphase gelingt. Es weist auf die *vorbereitenden Maßnahmen* und auf die *endgültige Maßnahme* hin.

Als vorbereitende Maßnahmen bezeichnen wir einleitende Gespräche, Planungssitzungen, Datensammlung, Feedback und Meetings zur Beschlußfassung.

Die endgültige Maßnahme muß so beschaffen sein, daß sie genug Tragkraft hat, um von vielen Mitarbeitern des Unternehmens wahrgenommen zu werden. Die Mitarbeiter sollten also erwarten können, daß die Maßnahme entscheidende Veränderungen oder Lerneffekte bewirken wird.

Ich bin der Überzeugung, daß die vorbereitenden Maßnahmen in vielerlei Hinsicht bedeutungsvoller sind als die endgültige Maßnahme. Man kann nur begreifen, was Beratungsgeschick ausmacht, wenn man die Bedeutung der vorbereitenden Maßnahmen genau verstanden hat.

Perfekte Beratung: Keine Unmöglichkeit

Ein Problem bei der Beratung, das zu Frustrationen führen kann, ist der Umstand, ständig in lateralen Beziehungen zu stehen, das heißt, ständig unter Gleichgestellten zu arbeiten. Als Angehöriger des Mitarbeiterstabes bzw. als interner Berater arbeitet man mit dem leitenden Angestellten in einem Rahmen, in dem keine klare Chef-Untergebenen-Beziehung besteht.

Dabei ist gerade mit einer solch vertikalen Beziehung leichter umzugehen: Wenn Ihnen Ihr Chef eine Anweisung gibt, wissen Sie, daß er das Recht hat, Ihnen zu sagen, was Sie zu tun haben. Wenn Ihr Klient aber etwas von Ihnen fordert, müssen Sie ihm nicht unbedingt Folge leisten. Die Machtverteilung in lateralen Beziehungen ist nicht immer eindeutig – es muß also stets eine Verhandlungsbereitschaft vorhanden sein. Wenn sich der Klient gegen den Berater wehrt, muß der Berater noch lange nicht eindeutig wissen, ob er stärker insistieren oder nachgeben soll. Deshalb handelt dieses Buch auch von dem Problem der Ambiguität.

Im Ganzen gesehen handelt es sich hier also um ein Buch über perfekte Beratung – über Beratung ohne Fehler. Es beschäftigt sich fast ausschließlich mit den vorbereitenden Maßnahmen, denn ich bin der Meinung, daß Kompetenz in der Vertragsverhandlung, der Analyse und im Feedback den Erfolg der endgültigen Maßnahme garantieren. Ich habe absichtlich darauf verzichtet, die Beratungsmethoden Schritt für Schritt in aufeinanderfolgenden Kapiteln zu behandeln, denn einige Konzepte und Befähigungen müssen in jeder Phase einer Beratung zum Tragen kommen. Deshalb habe ich Kapitel eingefügt über Voraussetzungen des Beratens und über die Ziele einer guten zwischenmenschlichen Beziehung während der Beratung sowie über die Rolle, die der Berater für sich wählt. Außerdem habe ich vor jedem einschlägigen Kapitel über die speziellen Voraussetzungen für eine vorbereitende Maßnahme ein Kapitel eingefügt, das sich mit der Rollenwahl und den notwendigen Voraussetzungen für eine fehlerfreie Beratung auseinandersetzt. Ich habe auch Kapitel über Themen wie Widerstand des Klienten und spezielle Betrachtungen über die innere Einstellung des Beraters eingefügt, um meiner Ansicht den entsprechenden Nachdruck zu verleihen, daß erfolgreiche Beratung mehr ist als das sture Anwenden erlernter Methoden.

Mit diesem zuverlässigen Ratgeber für perfekte Beratung soll es Ihnen ermöglicht werden, folgende Ziele zu erreichen:

1. Ihr Fachwissen wird besser genutzt.
2. Ihre Ratschläge werden öfter in die Tat umgesetzt.
3. Das Verhältnis zu Ihren Klienten wird wie ein Partnerschaftsverhältnis sein.
4. Sie lernen, aussichtslose Situationen zu vermeiden.
5. Sie entwickeln die Fähigkeit zu innerer Anteilnahme bei Ihren Klienten.
6. Ihre Klienten werden Sie unterstützen.
7. Ihr Einfluß auf Ihre Klienten wird sich verstärken.
8. Sie werden ein besseres Vertrauensverhältnis zu Ihren Klienten bekommen.

Das Buch ist durchzogen von dem Grundgedanken, daß nahezu jeder Mensch die Möglichkeit hat, Perfektion zu erreichen. Da in fast jedem von uns die Fähigkeit ruht, andere mit Rat zu unterstützen, muß dieser perfekte Berater in uns nur zum Vorschein gebracht werden.

Oberflächlich betrachtet, handelt dieses Buch von Methoden und Techniken. Jede Technik trägt aber in sich eine Botschaft, die wichtiger ist als alle Methoden – sie besagt, daß jede Handlung, die auf unserem Selbstvertrauen und dem Glauben an die Gültigkeit unserer eigenen Erfahrungen beruht, zum Erfolg führt. Jede Handlung, die manipulativen Charakter hat oder aufgesetzt wirkt, ist hingegen selbstzerstörerisch.

Bei unserer täglichen Arbeit im Betrieb sind wir ständig dem Druck ausgesetzt, clever sein zu müssen und dabei unsere wahren Gefühle zu ignorieren. Von diesem Fehlverhalten muß man sich befreien, damit man die Möglichkeit erhält, seine Ansichten und Gefühle authentisch in die Beratung einzubringen. Auf diese Weise arbeitet man erfolgreich mit dem Klienten – perfekte Beratung entsteht. Wenn wir uns hier also mit den Techniken und Fähigkeiten in der Beratung auseinandersetzen, so geschieht das nur, um Wege zu zeigen, wie man auch als Mitarbeiter eines Unternehmens seinen eigenen, selbstbewußten Weg finden kann. Von dem Tag an, an dem wir eine neue Arbeit antreten, stehen wir in dem Konflikt zwischen dem Bedürfnis, wirklich wir selbst zu sein, und der Anpassung an die Erwartungen, die unser Arbeitgeber oder unser Klient unserer Ansicht nach an uns hat. Der Wunsch nach Erfolg kann uns dazu verführen, Rollen zu spielen und uns Verhaltensweisen anzueignen, die eigentlich nicht unserer Persönlichkeit entsprechen und zum Verlust eines Teils unseres Selbst führen.

Berater sind diesem Konflikt in besonderem Maße ausgesetzt, da es ihre Aufgabe ist, die Bedürfnisse des Klienten zu erfüllen. Außerdem sind ihre Projekte auf kurze Zeit befristet, und ihre Arbeit soll dem Klienten gefallen. Da sich die Mitarbeit eines Beraters leichter vorzeitig beenden läßt als die eines Untergebenen, beenden Manager, wenn es hart auf hart kommt, zuerst ein Beratungsprojekt, bevor sie ihre eigene Arbeitskraft reduzieren. Dieses hohe Maß an Verletzbarkeit ist vielen Beratern bewußt, und so leugnen nicht wenige ihre eigenen Bedürfnisse und Gefühle und verlieren somit ihre Authentizität. In diesem Buch wird gezeigt, daß der umgekehrte Weg der richtige ist. Es zeigt, daß der Glaube an sich selbst dazu verhilft, erfolgreich mit Klienten umzugehen und zu erreichen, daß das jeweilige Fachwissen immer wieder zur Geltung kommt.

KAPITEL 2

GUTE TECHNIKEN ALLEIN REICHEN NICHT AUS

Viele Menschen, die Berater werden wollen, konzentrieren sich auf bestimmte Techniken, Interventionsmethoden und festgelegte Vorgehensweisen, um effektiv beraten zu können. Es gibt allerdings Anforderungen an die Rolle des Beraters, die außerhalb bestimmter Anwendungsmethoden liegen, und diese Anforderungen sind außerordentlich wichtig für den Erfolg des Beraters, und zwar unabhängig von seinem Fachwissen. Ein einzigartiger Aspekt der Beratertätigkeit ist der Umstand, daß die eigene Persönlichkeit in den Beratungsprozeß weit besser eingebracht werden kann als auf jedem anderen Gebiet, auf dem unser Fachwissen zur Anwendung kommt. Ihr persönlicher Umgang mit dem Klienten, Ihre eigenen Gefühle während einer Diskussion, Ihre persönliche Fähigkeit, vom Klienten Feedback zu erbitten – all das sind wichtige Bestandteile einer Beratung.

Als Berater arbeitet man immer auf zwei Ebenen. Die eine ist die sachliche Ebene, auf der es bei den Gesprächen zwischen Berater und Klient um den Gegenstand der Beratung geht. Der Klient stellt ein bestimmtes Problem des Unternehmens dar. Es kann sich dabei beispielsweise um Fortbildungsmaßnahmen zur Verbesserung der Fähigkeiten von bestimmten Mitarbeitern handeln. Vielleicht geht es darum, wie das Unternehmen seine Entscheidungen trifft. Vielleicht geht es auch um das Design eines Hochofens – oder die Kontrolle des Finanzbereichs.

Auf der sachlichen Ebene geht es um die praktische Lösung

des Problems. Hier wird sachlich und problembezogen diskutiert, wobei es um das technische/organisatorische Problem geht, wie ich es nennen würde. Gleichzeitig existiert eine zweite Ebene, auf der Berater und Klient Gefühle entwickeln und die Gefühle des anderen erfassen – man spürt Zuneigung oder Ablehnung, hohe oder geringe Spannung, man empfindet Unterstützung oder Konfrontation. Die zwischenmenschliche Beziehung zwischen Berater und Klient ist die andere Informationsebene, die beachtet werden muß.

Jenseits der sachlichen Ebene

Die Beziehung zwischen Berater und Klient geht weit über die sachliche Ebene des Problems oder Projekts hinaus, an dem der Berater arbeitet. Die Gefühle, welche die *affektive* Seite der Diskussion bestimmen, dienen dem Berater als wichtige *Informationsquelle* über die wahren Probleme seines Klienten und helfen ihm, Möglichkeiten auszuloten, wie gute zwischenmenschliche Beziehungen am besten aufzubauen sind.

Dieses Buch möchte Sie vor allem dazu ermutigen, Ihre Aufmerksamkeit auf den affektiven, das heißt auf den zwischenmenschlichen Aspekt in der Beziehung zwischen Berater und Klient zu lenken und Erkenntnisse einzuordnen. Die meisten von uns sind erfahren im Verhandeln auf der kognitiven, sachlichen Ebene. Gut ausgerüstet mit Fachwissen, erscheinen wir auf Meetings, und wir fühlen uns wohl, wenn wir über Dinge reden können, von denen wir etwas verstehen. Der interaktiven Ebene sollte aber ebensoviel Aufmerksamkeit geschenkt werden wie der sachlichen. Während des Gesprächs muß man spüren, wie sich die zwischenmenschliche Beziehung darstellt.

Mit dem ersten Schritt ist zu lernen, warum die affektive Seite einer Beziehung so wichtig ist und beachtet werden muß. Der zweite Schritt ist, das eigene Wohlbefinden zu verbessern, indem man seine Gefühle hinsichtlich des Fortgangs der Beziehung in

Worte faßt. Der dritte Schritt impliziert, die Daten, die man über die zwischenmenschlichen Beziehungen gesammelt hat, so geschickt in Worte zu kleiden, daß man den Klienten nicht zu sehr in die Defensive treibt.

Vier Elemente spielen auf der zwischenmenschlichen Ebene immer eine Rolle ...

Verantwortung

Damit ein vernünftiger Arbeitsvertrag entsteht, müssen Berater und Klient die Verantwortung für die Planungen zu gleichen Teilen tragen. Meistens erwartet der Klient, daß er dem Berater das Problem nur schildern muß, um dann umgehend von ihm die Patentlösung zu erfahren. Ihr Ziel als Berater muß es sein, dem Klienten klarzumachen, daß die Verantwortung zu gleichen Teilen besteht.

Hier ist ein kleines Beispiel: Am Anfang eines Programms steht in der Regel ein Schriftverkehr bezüglich der Formalitäten – wann soll das Ganze stattfinden, welche Arrangements werden getroffen, welchem Zweck dient das Programm? Es ist sehr wichtig, daß der Klient sich aufrafft, diese Dinge schriftlich zu fixieren. Nicht etwa, weil nur er diese Arbeit erledigen kann – der Berater könnte es vielleicht sogar besser. Doch auf diese Weise kann man dem Unternehmen deutlich machen, daß der Klient mindestens 50 Prozent der Verantwortung für das Projekt mitträgt. Wenn der Klient vom Berater verlangt, daß sein Gegenüber eine Zusammenfassung des Briefes liefern und dabei auf alle administrativen Details achten soll, so bringt er mit dieser Forderung zum Ausdruck, daß er lediglich bereit ist, eine sehr eingeschränkte Verantwortung zu übernehmen. Für den Berater kann es unter Umständen sinnvoll sein, die Übernahme der Verantwortung zu verweigern. Dieses Beispiel ist vielleicht nicht sehr bedeutungsvoll, aber es zeigt doch, wie man es anfangen kann, für sich selbst herauszufinden, ob die Verantwortung gleichmäßig verteilt ist.

Gefühle

Das zweite wichtige Element ist die Frage, inwieweit der Klient seine eigenen Gefühle einbringen kann. In gewisser Weise hat auch das mit der Arbeit an der Verantwortung zu tun. Der Berater muß sich ständig darüber im klaren sein, wie schlecht sich der Klient dabei fühlt, wenn er über sein Unternehmen spricht, als wäre er nichts weiter als ein Beobachter.

Auch seine eigenen Empfindungen gegenüber dem Klienten muß sich der Berater immer wieder bewußt machen. Wenn der Berater das Gefühl hat, daß sich der Klient sehr defensiv oder zwanghaft verhält oder daß er nicht zuhört oder keine Verantwortung übernehmen will, so sind das wichtige Informationen für ihn. So wie der Berater die Zusammenarbeit mit dem Klienten empfindet, so werden sie auch die Mitarbeiter im Unternehmen des Klienten empfinden. Gleichbedeutend sind die eigenen Gefühle des Beraters. Er muß besonders in den Anfangsphasen gut auf sie achten und sie als wertvolle Informationen ansehen. Dann fällt es ihm leichter einzuschätzen, wie das Unternehmen funktioniert und wie der Klient es leitet.

Vertrauen

Das dritte Element ist das Vertrauen. Die meisten Beratungssituationen stehen unter dem vorherrschenden Image, daß der Berater nicht nur ein Experte ist, sondern auch jemand, vor dem man sich in acht nehmen muß. Deshalb kann es sehr nützlich sein, über Vertrauen zu reden und zu klären, ob der Klient dem Berater Diskretion zutraut, ob er etwa Angst davor hat, vom Berater bloßgestellt, oder davor, vom Berater ins Abseits manövriert zu werden. Während man über solche Dinge spricht, baut man Vertrauen auf. In dem Maße, in dem man Mißtrauen in Worte fassen kann, kann man Vertrauen aufbauen.

Die eigenen Bedürfnisse des Beraters

Das vierte Element auf der zwischenmenschlichen Ebene ist das Recht des Beraters auf eigene Bedürfnisse.

Man verfällt als Berater leicht in eine Servicementalität, was bedeutet, daß man sich ausschließlich darauf konzentriert, die Probleme des Klienten zu lösen und seine Bedürfnisse zu befriedigen. Der Berater erweckt dann leicht den Eindruck, daß er keinerlei eigene Bedürfnisse hat. Das Gegenteil ist natürlich der Fall. Zum Beispiel braucht der Berater Klienten, damit sein eigenes Unternehmen seine Leistungen sehen und anerkennen kann. Er hat das Bedürfnis, vom Klienten akzeptiert und angenommen zu werden, und er braucht die Bestätigung, daß sein Können gefragt ist.

Es gibt auch rein pragmatische Bedürfnisse. Zum Beispiel braucht man Zugang zum Unternehmen – man muß mit den Leuten reden, ihnen Fragen stellen. Man braucht die Unterstützung des leitenden Angestellten, man muß seine Mitarbeiter kennenlernen, damit man einschätzen kann, auf welche Art von Widerstand man wahrscheinlich treffen wird. Der Berater hat ein Recht darauf, daß seine Bedürfnisse anerkannt und befriedigt werden.

Zusammenfassend läßt sich sagen, daß dieses Buch nicht zuletzt auf folgender Überzeugung basiert: Ihr persönlicher Stil und Ihre eigenen Gefühle als Berater spielen eine wichtige Rolle und verdienen große Beachtung. Es genügt nicht, die Fähigkeit zu haben, Programme zu erstellen und Abläufe in Gang zu bringen, die den Bedürfnissen des Klienten entsprechen. Man muß auch die Fähigkeit haben, die zwischenmenschlichen Strömungen wie Gefühle, Verantwortung, Vertrauen und Ihre eigenen Bedürfnisse zu erkennen und in Worte zu fassen.

Die Vorstellungen und Ansichten des Beraters als Beratungsgrundlage

Jede effektive Beratung ist stark geprägt von den Vorstellungen, die der Berater von einem gut funktionierenden Betrieb hat. Diese Vorstellungen werden implizit oder explizit in jeden Vorschlag einfließen, den der Berater unterbreitet.

Wenn man sich also entschließt, Berater zu werden, so sollte man sich zuerst ein klares Bild von den eigenen Vorstellungen und Ansichten machen. Unser Beratungsstil sollte mit dem Managementstil übereinstimmen, den wir unserem Klienten anraten. Raten wir unserem Klienten, strengere Kontrollen durchzuführen, entschlußkräftiger zu sein und klare Ziele zu setzen, so werden wir unsere Glaubwürdigkeit untergraben, wenn wir unüberlegt arbeiten, unentschlossen wirken und uns nicht ganz im klaren über unsere Zielsetzung sind. Wenn wir daran arbeiten, daß unser Klient mehr Anteilnahme entwickeln und mehr Bereitschaft zur Mitarbeit zeigen soll, dürfen wir unsererseits nicht eifersüchtig alle Fäden selbst in der Hand halten wollen und dürfen nicht eben jenem Klienten die Mitarbeit verweigern, den wir doch zu mehr Mitarbeit ermuntern wollen.

Ein guter Anfang wäre es also, darüber nachzudenken, welche Vorstellungen Sie von gutem Management haben. Es stehen zahlreiche Modelle zur Auswahl.

Viele Organisationen verwenden mit Vorliebe eine Variante des Militär- bzw. Kirchenmodells. Strukturell steht hier die hierarchische Pyramide im Vordergrund und somit die klare Trennung von Autorität und Verantwortung. Der Grundpfeiler des hierarchischen Managements ist eine starke Führung. Als wichtigste Führungseigenschaft gilt die individuelle Fähigkeit, Arbeit zu planen, die Mitarbeiter, welche die Arbeit erledigen sollen, anzuweisen, diese Mitarbeiter und die erreichten Resultate zu kontrollieren und schließlich Verantwortung an die richtigen Leute zu delegieren, damit Ergebnisse erreicht werden. Ein Manager mit solch einem Führungsstil ist nach oben angepaßt und nach unten kontrollierend.

Während der letzten zehn Jahre hat sich die traditionelle Betonung von Kontroll- und Führungsqualität (zumindest in der Literatur) zugunsten neuer Organisationskonzepte verschoben, die mehr Wert auf gute Zusammenarbeit und persönliches Engagement legen. In den meisten neueren Abhandlungen über erfolgreiche Organisation ist von partizipativem Management die Rede.

Ihre eigenen Vorstellungen über Organisation bestimmen in subtiler Weise Ihren eigenen Beratungsstil und die Beratungsziele. Es folgen deshalb einige Behauptungen, die ich für eine gute Beratung als wichtig erachte und die deshalb diesem Buch zugrunde liegen.*

Eine Problemlösung erfordert zuverlässiges Informationsmaterial

Nur *zuverlässige Informationen* können Konfusion, Unsicherheit und daraus resultierende Ineffizienz verhindern. Die Datensammlung ist in zwei Bereiche aufgeteilt: 1. *Objektive Daten* zu Ideen, Maßnahmen oder Situationen, die jeder als Fakten anerkennt. 2. *Daten zu Personen*. Auch hier handelt es sich um »Fakten«, doch sie betreffen subjektive Eindrücke von bestimmten Leuten darüber, was mit ihnen und um sie herum geschieht. Wenn Menschen den Eindruck haben, daß sie bei einer Sache nicht gut wegkommen, so ist es eine »Tatsache«, daß sie so empfinden, und es ist auch eine »Tatsache«, daß dieses Empfinden einen Einfluß auf ihr Verhalten haben wird. Ignoriert man diese »Tatsache«, so verzichtet man auf eine wichtige Information, die bei der Lösung eines Problems von zentraler Bedeutung sein könnte.

---

* Während der letzten fünfzehn Jahre gehörte Chris Argyris zu den führenden Theoretikern für Unternehmen und Beratung. Ich glaube, seine klare Definition dessen, was einen effektiven Managementprozeß ausmacht, setzt gleichermaßen Standards für effektive Beratertätigkeit.

Entschlüsse fassen unter Berücksichtigung der Wünsche aller

Einen Entschluß zu fassen ist einfach. Einen Entschluß zu fassen, den andere gutheißen, ist schon schwieriger. Unternehmen, in denen die Mitarbeiter die Möglichkeit haben, Entschlüsse zu beeinflussen, die ihre Arbeit direkt betreffen, funktionieren in der Regel besser. Wenn die Leute das Gefühl haben, daß eine Sache wichtig ist, und sie selbst ein gewisses Mitspracherecht haben, dann haben sie die nötige Motivation, sich um der Sache willen anzustrengen. Haben sie jedoch nichts zu sagen, neigen sie in der Regel dazu, sich vorsichtig und defensiv zu verhalten, auf Nummer Sicher zu gehen, Informationen zurückzuhalten, sich vor Tadel und Bloßstellung zu schützen.

Erfolgreiche Durchführung erfordert persönlichen Einsatz

Der Mensch ist bereit, sich einer Sache hinzugeben, wenn er sich davon die Förderung seiner Interessen verspricht. Sieht man keinen Zusammenhang zwischen dem, was man tun soll, und dem, was man tun will, ist es eher unwahrscheinlich, daß man sich für die Sache voll einsetzt. Man kann Leute anweisen, etwas zu tun, und in der Regel werden sie gehorchen – zumindest, solange man sie kontrolliert. Verlangt man aber persönlichen Einsatz von ihnen, muß man ihre innere Motivation wecken.

Die Ziele des Beraters

Ich habe also bestimmte Vorstellungen darüber, was gute Berater und Manager ausmacht. An diesen Vorstellungen orientieren sich meine Ziele für jeden neuen Beratungsauftrag. Es wird vielleicht nicht möglich sein, alle diese Ziele zu erreichen, aber ich habe zumindest immer vor Augen, was ich erreichen möchte.

Ziel Nr. 1:
Ein gutes Klima der Zusammenarbeit schaffen

Ein gutes Klima der Zusammenarbeit ist aus zweierlei Gründen wichtig. Erstens werden sich in einem solchen Klima Berater und Klient maximal einsetzen. Außerdem wird die Verantwortung für Erfolg oder Mißerfolg und für die Durchführung besser verteilt. Es arbeitet sich so einfach besser. Der zweite Grund für die Wichtigkeit guter Zusammenarbeit ist der Umstand, daß das Verhalten beider Teile bewußt oder unbewußt Modellcharakter für die Lösung des eigentlichen Problems hat. Die Botschaft, die im Verhalten des Beraters liegt, ist viel machtvoller, als seine Worte es sind. Von guter Mitarbeit zu reden, aber sich anders zu verhalten, ist verwirrend – und unterminiert die eigene Stärke.

Ziel Nr. 2:
Dauerhafte Problemlösungen finden

Es ist möglich, so zu handeln, daß man nur das unmittelbare Problem löst. Besteht das Problem zum Beispiel darin, daß die Angestellten immer zu spät zur Arbeit kommen, kann man Maßnahmen ergreifen, um das zu ändern. Der Chef könnte jeden Morgen mit Bleistift und Notizblock neben dem Eingang Stellung beziehen, oder er könnte jeden Morgen zu Beginn der Arbeitszeit Arbeitsplatzkontrollen durchführen lassen. Er könnte auch ein Grundsatzpapier herausgeben über das Zuspätkommen, oder er könnte Meetings abhalten und die Angestellten über die Notwendigkeit des pünktlichen Arbeitsbeginns aufklären. Das Problem des Zuspätkommens könnte durch solche Maßnahmen verringert werden. Gibt ein interner (oder externer) Berater Ratschläge dieser Art, wird er die Effizienz des Unternehmens für den Moment wahrscheinlich steigern. Das heißt aber noch lange nicht, daß die Manager auch etwas darüber gelernt haben, wie man Probleme dieser Art generell lösen und damit die eigene Kompetenz steigern kann.

Die Alternative, die dem Berater zur Verfügung steht, ist die, mit leitenden Angestellten auf einer anderen Erkenntnisebene zu arbeiten. Die Frage ist dann, was es generell zu bedeuten hat, wenn die Leute ständig zu spät kommen. Vielleicht erkennt der Manager zum Beispiel gar nicht, daß das Zuspätkommen ein Symptom für Unzufriedenheit ist. Es gibt noch eine Menge anderer Grundprobleme, deren Vorhandensein das Zuspätkommen signalisieren könnte, die der Manager aber nicht wahrnimmt. So kann es dann passieren, daß der Berater gebeten wird, Probleme zu lösen, die der leitende Angestellte eigentlich selbst lösen könnte. Will man dem Manager beibringen, das Problem das nächste Mal selbst zu lösen, so muß er verstehen lernen, daß das störende Verhalten der Angestellten ein Symptom für tieferliegende Probleme und daß es unangebracht ist, andere um die Lösung von Problemen zu bitten, die sie selbst lösen könnten.

Ziel Nr. 3:
Sicherstellen, daß beide Ebenen Beachtung finden: Die technische/organisatorische und die zwischenmenschliche Ebene

Jede Situation besteht aus zwei Grundkomponenten: das technische/organisatorische Problem, das gelöst werden muß, und die Art und Weise, wie die Beteiligten mit der Lösung des Problems umgehen. In den meisten Unternehmen steht die sachliche Ebene des Problems im Vordergrund. Der Rolle des Beraters kommt in dieser Situation besondere Bedeutung zu. Berater sind neutral, denn sie haben kein persönliches Interesse, den Fortlauf der Dinge zu beeinflussen – sie wollen keine Macht gewinnen, kein Terrain vergrößern, kein Budget erhöhen oder verkürzen. Der Berater kann die Aufmerksamkeit direkt auf das Thema lenken, und die Manager werden ihm in einer Weise Aufmerksamkeit schenken wie kein Manager dem anderen.

Die Bereitschaft zu persönlichem Engagement im Klienten entwickeln – ein weiteres Anliegen in jeder Beratungsphase

Da Berater oder Betriebsangehörige keinen direkten Einfluß auf die Durchführung der Projekte haben, sind sie vom leitenden Angestellten abhängig, um Resultate zu erzielen. Die letzte Entscheidung darüber, was gemacht wird und was nicht, liegt beim leitenden Angestellten. Seine Entscheidung hängt von seinem persönlichen Engagement hinsichtlich der Konzepte ab, die der Berater vorschlägt. Es muß dem Berater also sehr daran gelegen sein, daß dieses persönliche Engagement während des gesamten Beratungsprozesses aufgebaut wird. Der Berater muß über Vorgehens- und Verhaltensweisen verfügen, die dazu geeignet sind, im Manager inneres Engagement entstehen zu lassen. Es gibt genügend Beispiele von Beratungsprojekten, bei denen der Abschlußbericht in der Ablage landet – trotz hoher Kosten und Relevanz. Das geschieht immer dann, wenn irgendwann während des Beratungsprozesses das innere Interesse des Managers, der über die Verwendung der Erkenntnisse zu verfügen hatte, auf der Strecke geblieben ist. In der perfekten Beratung vermeidet man den Fehler, daß der Klient irgendwann innerlich aussteigt, indem man jeden Beratungsschritt so *gestaltet,* daß das innere Engagement des Klienten erhalten bleibt.

Das Engagement des Klienten ist der Schlüssel zu Einfluß und Bedeutung des Beraters. Wir können dem Klienten nichts befehlen. (Es kommt vor, daß sich der Berater an den Vorgesetzten des Klienten wendet, um ihn dazu zu bringen, daß er den Klienten anweist, die Ratschläge des Beraters zu befolgen. Das ist aber ein riskantes Unternehmen, besonders deshalb, weil man es sich mit dem Klienten nicht verderben will.) Es bleibt uns also nichts anderes übrig, als im Klienten Hingabe an unsere Vorschläge zu erwecken. Damit diese persönliche Hingabe möglich wird, müssen oft Hindernisse beseitigt werden, die den Klienten blockieren und ihn so daran hindern, unsere Ratschläge zu befolgen.

Man könnte nun dem Wunschbild verfallen, daß die Schlagkraft unserer Argumente schon für den Erfolg sorgen wird – vorausgesetzt, unsere Gedanken sind klar und logisch, unsere Redeweise ist eloquent, und unsere Überzeugungen sind gefestigt. Klare Argumente sind nützlich, aber sie allein reichen nicht aus. Der Klient und seine Kollegen werden in der Regel Zweifel haben – was wiederum ihr Engagement blockieren kann.

In welche Rolle schlüpft der Berater?

In jeder Beratungsphase – Vertragsabschluß, Datensammlung, Problemermittlung, Vorbereitung für das Feedback-Meeting – muß sich der Berater mit Zweifeln auseinandersetzen, wenn er seiner Beratung eine gewisse Bedeutung beimißt. Sollte er nämlich bis zum Feedback damit warten, »Widerstände zu überwinden«, ist es zu spät.

Es gibt drei Rollen, in die der Berater bei der Zusammenarbeit mit dem leitenden Angestellten schlüpfen kann: in die des *Experten*, in die des *Handlangers* und in die des Partners, indem er auf eine gute *Zusammenarbeit* baut. Die Wahl hängt natürlich ab von den individuellen Unterschieden im Managementstil, der Natur der Aufgabe und den persönlichen Vorlieben des Beraters.

Durch die Erfahrung aus verschiedenen Beratungssituationen lernt man, sich darüber bewußt zu werden, welche Rolle typisch für einen ist. Außerdem lernt man, Situationen einzuschätzen und so zu erkennen, ob diese oder jene Rolle einem nützt oder schadet. Nur dann ist man in der Lage, bewußt zwischen Alternativen auszuwählen. Diese Selbstanalyse führt oft zu der Erkenntnis, daß die Situation am besten gemeistert werden kann, wenn man die gute Zusammenarbeit wählt. Die Realität in den jeweiligen Unternehmen ist jedoch oft so beschaffen, daß hin und wieder die Handlanger- oder Expertenrolle gefragt ist – bisweilen lassen sich diese Rollen einfach nicht vermeiden.

Die Expertenrolle

Leitende Angestellte streben zu Spezialisten aus der eigenen Belegschaft wie zu externen Beratern gern ein Klienten-Experten-Verhältnis an. Der Mitarbeiter soll dann als »Experte« bei der Bewältigung einer bestimmten Aufgabe fungieren.

Hier ein Beispiel: Im Unternehmen ist beschlossen worden, daß die Daten zur Kostenerfassung nicht mehr manuell, sondern durch EDV erfaßt werden sollen. Nach einer Weile wird klar, daß das neue System den Erwartungen nicht entspricht. Da der Computer in Ordnung ist, muß das Problem irgendwo im Datenfluß innerhalb des Computersystems liegen.

Der Manager läßt also einen Computerspezialisten aus seiner Belegschaft kommen. Dabei beschreibt er die Schwierigkeiten und sagt dann: »Ich habe weder Zeit noch Lust, mich mit diesem Problem zu beschäftigen. Sie sind der Experte. Finden Sie den Fehler, und beheben Sie ihn. Sie haben freie Hand bei der Überprüfung der Maßnahmen und können jede Analyse durchführen, die Sie für notwendig erachten. Halten Sie mich über Ihre Erkenntnisse und Planungen auf dem laufenden.«

In diesem Fall werden dem Computerspezialisten Aufgaben des Managements übertragen mit der Befugnis, zu planen und Veränderungen des Programms durchzuführen, und er unterliegt denselben Regeln wie die anderen Mitarbeiter auf der Managerebene.

Was geschieht nun in dieser Art von Zusammenarbeit?

Der Manager entschließt sich, eine inaktive Rolle zu spielen. Für die Ergebnisse möchte er den Berater verantwortlich machen. Der Berater akzeptiert die Verantwortung und plant und handelt nach eigenem Ermessen. Vom Manager wird erwartet, daß er kooperativ ist und die Hilfestellungen leistet, die zur Lösung des Problems notwendig sind.

Über die Vorgehensweisen entscheidet der Berater auf den Grundlagen seines Expertenurteils. Der Manager muß mit technischen Details nicht behelligt werden.

Die Durchführung technischer Kontrollen obliegen dem Bera-

ter. Uneinigkeit mit dem Manager ist unwahrscheinlich, da es dem Manager schwerfallen wird, das Fachwissen des »Experten« herauszufordern. Versucht der Manager, technische Entscheidungen zu kontrollieren, wird der Berater diesen Versuch als unrechtmäßige Einmischung abtun.

Eine Zusammenarbeit ist nicht erforderlich, denn die Maßnahmen zur Problemlösung sind dafür zu spezialisiert.

Die Kommunikation geht in der Regel nur von einer Seite aus. Der Berater spricht den Klienten an, und der Klient reagiert. Der Berater erwartet – und es wird auch von ihm erwartet –, daß die Kommunikation von ihm ausgeht, und zwar in einer Frage-und-Antwort-Form.

Der Berater plant die endgültigen Maßnahmen und sorgt für ihre Durchführung. Oder der Berater legt detaillierte Anweisungen zur Abwicklung durch den Manager vor.

Die Rolle des Managers ist es, die Daten zu beurteilen und zu bewerten.

Das Ziel des Beraters ist es, das unmittelbare Problem zu lösen. Weder Manager noch Berater haben das Ziel, im Manager Fähigkeiten zu entwickeln, gleichartige Probleme in Zukunft selbst zu bewältigen.

Probleme

Besonders interne Berater kennen nur zu gut das Hauptproblem, das bei dieser Form der Beratung auftritt. Zwei Problemkreise tauchen hier immer wieder auf...

Nehmen wir einmal an, der Berater ist in der Lage, eine genaue Problemanalyse durchzuführen. Sofern es sich um ein rein technisches Problem handelt, kann der Berater sein technisches Spezialwissen dazu benutzen, das Problem zu isolieren und eine Lösung zu entwickeln. Rein technische Probleme sind jedoch selten. Meistens sind auch Menschen im Spiel. Und wenn das Betriebsklima durch Angst, Unsicherheit oder Mißtrauen bestimmt wird, dann werden die Mitarbeiter, die in das Problem involviert sind, wichtige Informationen zurückhalten oder verzerren. Ohne zuverlässige Daten ist aber keine Problemanalyse möglich. Durchführungsprogramme, die auf falschen Analysen beruhen, haben wenig Aussicht auf Erfolg.

Welches Engagement sollen Leute auch bringen, denen einfach gesagt wird, irgend etwas zu tun?! Untersuchungen, die von »externen Experten« durchgeführt wurden, tragen selten die Art von persönlichem Einsatz und Engagement in sich, die erforderlich ist, um schwierige Führungsprobleme zu bearbeiten.

Die Rolle des Handlangers

Hier sieht der Manager den Berater als seinen Handlanger an. In diesem Fall wird der Manager folgendes sagen: »Ich habe weder Zeit noch Lust, mich mit diesem Problem zu beschäftigen. Die Fehlleistungen habe ich überprüft und habe grob skizziert, was zu tun ist. Bitte erledigen Sie die Angelegenheit so schnell wie möglich.« Der Manager behält selbst die ganze Kontrollgewalt. Der Berater soll sein Spezialwissen einsetzen, um Planungen durchzuführen, deren Ziel vom Manager definiert worden sind.

Es folgen einige Indizien, an denen zu erkennen ist, ob der Berater als Handlanger agiert...

Der Berater übernimmt eine passive Rolle. Er hat den Anordnungen des Managers Folge zu leisten, wobei der Berater die Pläne des Managers nicht in Frage stellt.

Vorgehensweisen werden vom Manager beschlossen. Eventuell erarbeitet der Berater Vorschläge, die dann vom Manager begutachtet und genehmigt werden.

Der Manager bestimmt die Methoden, nach denen die Fakten gesammelt und analysiert werden. Eventuell sammelt der Berater die Fakten gemäß den Anweisungen des Managers.

Der Manager behält die volle Kontrollgewalt. Es wird zwar erwartet, daß der Berater Vorschläge unterbreitet, offene Kritik wird aber vermieden, da dies als ein Angriff auf die Autorität des Managers angesehen würde.

Zusammenarbeit ist nicht unbedingt erforderlich. Der Manager ist der Meinung, daß er für die Festsetzung von Zielen und

Vorgehensweisen verantwortlich ist. Bei Unklarheiten kann der Berater nachfragen.

Die Kommunikation geht in der Regel nur von einer Seite aus. Der Manager sagt etwas, und der Berater geht darauf ein. Stets beginnt der Manager die Kommunikation, und zwar mit Beschreibungen und Bewertungen.

Der Manager spezifiziert Veränderungsprozesse, die der Berater dann in Gang setzen soll.

Die Rolle des Managers besteht darin, aus unmittelbarer Nähe Beurteilungen und Bewertungen abzugeben.

Das Ziel des Beraters ist es, das System durch den Einsatz seines Spezialwissens effektiver zu gestalten.

Probleme

Das Hauptproblem taucht in der Phase der Problemermittlung auf. Beim Handlangermodell ist der Berater auf die Fähigkeit des Managers angewiesen, eine akkurate Faktenanalyse durchzuführen und einen wirkungsvollen Handlungsplan aufzustellen. Ist die Analyse des Managers fehlerhaft, wird der Durchführungsplan nicht funktionieren. Der Berater, der den »Dienst« geleistet hat, kommt als »Sündenbock« gerade recht.

Man kann vermeiden, in diese große Falle zu tappen, indem man um etwas Zeit zur Überprüfung der Problemanalyse bittet, die vom Manager durchgeführt worden ist. Der Berater sieht sich auch noch mit anderen Problemen konfrontiert – Manager, die gerne Berater als Handlanger benutzen, haben eine Neigung, die Situation auszunutzen, um die Erfahrung und/oder die Autorität des Beraters in Frage zu stellen.

Beratung als gute Zusammenarbeit

Der Berater, der mit der Absicht an einem Projekt teilnimmt, mit dem Klienten zusammenzuarbeiten, ist sich darüber bewußt, daß bestimmte Probleme im Management nur gelöst werden können, wenn er sein Fachwissen mit den besonderen

Kenntnissen kombiniert, die der Manager über den Betrieb hat. Problemlösung wird so zu einem Gemeinschaftsunternehmen, wobei den technischen Problemen und den menschlichen Interaktionen bei der Lösung der Probleme jeweils gleiche Bedeutung zukommt.

In dieser Form der Zusammenarbeit löst der Berater nicht die Probleme anstelle des Managers. Vielmehr bringt er seine Spezialkenntnisse ein, um dem Manager bei der Lösung seiner Probleme zu helfen. Diese Unterscheidung ist von großer Bedeutung, denn einer solchen Arbeitsweise liegt die Erkenntnis zugrunde, daß der Manager aktiv an der Erstellung des Aktionsplans beteiligt sein muß, das heißt, daß er an der Sammlung und Analyse der Daten sowie an der Zielsetzung und Entwicklung von Handlungsplänen beteiligt ist. Schließlich trägt er die Verantwortung für Erfolg oder Mißerfolg mit.

In diesem Fall wird wie folgt vorgegangen...

Der Berater und der Manager bauen ein Arbeitsverhältnis auf, das von gegenseitiger Abhängigkeit geprägt ist. Sie teilen sich die Verantwortung für die Handlungspläne, die Durchführung und die Ergebnisse.

Beide Seiten sind an der Entschlußfassung beteiligt. Diese Arbeit ist geprägt von gegenseitigem Respekt hinsichtlich Zuständigkeit und Fachwissen des anderen.

Datensammlung und -analyse werden gemeinsam unternommen. Die Entscheidung darüber, welche Daten verwendet, und die Methode, wie sie erstellt werden, obliegt Berater und Manager gemeinsam.

Über die Kontrolle wird diskutiert und verhandelt. Meinungsverschiedenheiten sind willkommen, da sie als Quelle für neue Ideen angesehen werden.

Das Interesse an der Zusammenarbeit steht im Mittelpunkt. Der Berater besteht deshalb darauf, weil so vor der eigentlichen Problemlösung ein Austausch über die Erwartungen und Ziele des jeweils anderen stattfindet.

Die Kommunikation geht von beiden Seiten aus. Je nach Thema ergreift der Berater oder der Manager die Initiative. Informationen werden so ausgetauscht, daß sie zur Problemlösung beitragen.

Die Verantwortungsbereiche bei der Durchführung von Maßnahmen werden durch Übereinkunft festgelegt. Die Aufgaben werden so verteilt, daß alle Kräfte optimal ausgeschöpft werden können und jede Seite die entsprechenden Verantwortlichkeiten erhält.

Der Berater ist bestrebt, dauerhafte Problemlösungen zu finden. Das heißt, er wird den Manager dahingehend unterstützen, daß dieser Kompetenzen erwirbt, die ihn befähigen, selbst Aktionspläne zu entwickeln und auszuführen, die das System effektiver gestalten können. Beim nächsten Mal wird der Manager in der Lage sein, das Problem selbst zu lösen.

Probleme

Auch bei dieser Arbeitsweise gibt es durchaus Probleme.

Oft verfügen Berater über besondere Fähigkeiten (wie Budgetmanagement), von denen sich Manager eine schnelle Lösung erhoffen. Manager, die den Berater lieber in der *Expertenrolle* sehen, interpretieren dessen Bemühungen um Zusammenarbeit leicht als Gleichgültigkeit. Manager, die den Berater gern als *Handlanger* sehen, interpretieren den Willen zur Zusammenarbeit oft als Weigerung, sich unterzuordnen.

Zusammenarbeit und Berührungsängste

Bei einer kürzlich stattgefundenen Einführung in die Methoden der Beratung als Form von Zusammenarbeit stellte ein Zuhörer immer wieder Fragen über die Natur des Wunsches nach Zusammenarbeit. »Könnte es sich nicht um ein Zeichen von Schwäche handeln?« – »Muß man nicht sein Fachwissen unterdrücken, wenn man zu eng zusammenarbeitet?« – »Klienten möchten Antworten, nicht Fragen, nicht wahr?« Schließlich bemerkte er ziemlich frustriert: »Jedenfalls möchte ich nicht, daß meine Berater nur dasitzen und mit den Klienten Händchen halten!« Er brachte damit einen Bereich zur Sprache, der bei vielen Verwirrung hervorruft hinsichtlich der Unterscheidung von Expertenrolle und der Rolle des Beraters als aktiver Helfer.

Das Herzstück eines jeden Beratervertrags ist die Abmachung, daß der Berater dem Klienten sein Fachwissen zur Verfügung stellt. Das gilt sowohl für praktisches Fachwissen wie Industriedesign oder Computerprogrammierung als auch für theoretisches Fachwissen wie Problemlösung oder Gestaltung von Teamarbeit. Egal, um welche Qualifikation es sich handelt, stets ist sie die Basis einer jeden Beratertätigkeit.

Gerät das Fachwissen nun nicht in Gefahr, nicht mehr die richtige Anerkennung zu finden, verzerrt zu werden, wenn man sich zu sehr auf eine Stufe mit dem Klienten stellt? Wenn ich vorschlage, daß Berater und Klient enger zusammenarbeiten sollten, so meine ich damit nicht, daß beide über dieselben Qualifikationen verfügen und deshalb gleichberechtigte Partner auf technischer Ebene sein müssen. Das würde mit Sicherheit dazu führen, daß der Berater unbewußt sein Licht unter den Scheffel stellt, um eine 50-zu-50- Beziehung zu erreichen. Unter dieser Bedingung würde sich die Angst vor der Verzerrung des eigenen Fachwissens als berechtigt erweisen. Ein Berater hat diese Angst vor der Verzerrung seines Fachwissens einmal so ausgedrückt: »Ich habe inzwischen mehr über Inventarverwaltung vergessen, als die meisten meiner Klienten je wissen werden. Sie können das Wort kaum buchstabieren, während ich in der Firma der Guru bin! Wie kann ich unter diesen Umständen mit ihnen auf einer Ebene zusammenarbeiten?«

Man muß zwei Bereiche strikt voneinander trennen: die technische Seite des Problems, und die Durchführung der Beratungsphasen. Meine Anregung zur Zusammenarbeit bezieht sich nur auf den zweiten Bereich.

Die folgende Übersicht verdeutlicht die Abgrenzungen der Bereiche.

Bereiche der Zusammenarbeit	Fachgebiete
Die Wünsche des Klienten eruieren	Maschinenkonstruktion
Planen, in welcher Weise man den Klienten über die Ergebnisse informieren sollte	Trainingsgestaltung
Auswahl der an der Datenerstellung beteiligten Personen	Fragebogenerstellung
Erstellung relevanter Daten	Computerprogrammierung
Interpretation der Ergebnisse	Systemanalyse
Beschlüsse über Veränderungen	Preisstrategien Kunststoffherstellung

Unabhängig davon, welches Fachgebiet das Problem betrifft, ist immer der Umgang mit dem Problem, also der Beratungsvorgang (linke Spalte), bestimmend dafür, wie sich der Klient das eingebrachte Fachwissen zunutze machen wird. Je produktiver der Klient in den Ablauf der Beratung einbezogen wird, um so besser stehen die Chancen für eine produktive Umsetzung der gewonnenen Resultate, nachdem der Berater seine Tätigkeit beendet hat.

Der Klient wird in die Arbeit involviert – Schritt für Schritt

Bisher haben wir sehr allgemein über die möglichen Rollen des Beraters und über die Wege gesprochen, wie man mehr Zusammenarbeit erreichen kann. Im folgenden werden nun konkrete Schritte zur Verwirklichung des Konzepts aufgezeigt. Die Phasen oder die vorläufigen Maßnahmen, die schließlich zur abschließenden Veränderungsmaßnahme führen, können in zwölf bestimmte Handlungsabschnitte eingeteilt werden. Jeder dieser

Abschnitte gibt Ihnen die Möglichkeit, den Klienten in den Prozeß einzubeziehen, ohne daß Ihr Fachwissen angerührt wird.

Folgt man den unten angeführten Beispielen, so erreicht man maximale Beteiligung und innere Hingabe des Klienten. Diese Schritte führen dazu, daß die erwünschte Verteilung der Verantwortung für das Projekt 50 zu 50 ist.

Schritt 1: Definition des Grundproblems

> Bitten Sie den Klienten, das Problem darzustellen. Schließen Sie an diese Darstellungen Ihre Überlegungen darüber an, welche anderen Ursachen dem Problem zugrunde liegen könnten.

Beispiel
Beratung bei einem technischen Problem

Berater: Wo liegt Ihrer Meinung nach das Problem?
Klient: Das Steuerungsprogramm, das Ihr installiert habt, stürzt immer ab. Ich denke, im Programm steckt ein Fehler. Überprüfen Sie bitte die ganze Steuerungsanlage und stellen Sie sicher, ob alle Meßgeräte einwandfrei arbeiten.
Berater: Ich werde die Anlage und die Meßinstrumente überprüfen. Wir sollten außerdem Bedienungsfehler in Betracht ziehen und deshalb überprüfen, ob die Operatoren mit der Anlage richtig umgehen können. Wir sollten auch überprüfen, ob die Operatoren ausreichend beaufsichtigt werden, besonders während der Nachtschicht.
Kommentar: Es ist nicht nur Sache des Klienten, das Grundproblem zu erfassen und darzustellen. Auch zu diesem frühen Zeitpunkt darf der Berater seine 50 Prozent zur Klärung des Problems beitragen.

Schritt 2:
Entscheidung darüber, ob das Projekt durchgeführt werden soll

> Bei der Entscheidung, ob man an dem Projekt weiterarbeiten soll oder nicht, hat man mehrere Möglichkeiten. Haben Sie den Eindruck, daß das Projekt in seiner derzeitigen Konzeption keinen Erfolg haben wird, sollten Sie das zur Sprache bringen.

Beispiel
Beratung für eine Systemanalyse

Klient: Ich möchte Ihre vorläufigen Ergebnisse bis zum Fünften des Monats vorliegen haben. Innerhalb von dreißig Tagen sollte das Projekt dann abgeschlossen sein.

Berater: Es wird sehr schwierig werden, bis zum Fünften Ergebnisse zu haben. Die ganze Studie innerhalb von dreißig Tagen abzuschließen ist so gut wie unmöglich. Wir haben mehrere Projekte laufen, die von unserem Expertenteam begutachtet werden müssen. Sollten Sie auf Ihren Forderungen bestehen, müssen wir überlegen, ob wir Ihre Erwartungen überhaupt erfüllen können.

Kommentar: Klienten sind oft der Überzeugung, daß sie allein zu entscheiden haben, ob das Projekt durchgeführt wird. Stellt der Berater diese Entscheidung zur Diskussion, handelt er als 50-zu-50-Partner. Er hat nicht die Absicht, »nein« zum Klienten zu sagen, sondern er macht die Entscheidung darüber, ob das Projekt fortgesetzt werden soll, zu einer gemeinsamen Entscheidung.

Schritt 3: Eingrenzen des Problems

> Vor dem Hintergrund seines Fachwissens kann der Berater wahrscheinlich am besten einschätzen, welche Aspekte des Problems analysiert werden sollten. Der Klient kann aber auch unterstützende Dienste leisten, denn er hat Erfahrung im Umgang mit dem Problem und mit den Angestellten.

Beispiel
Beratung bei einem technischen Problem

Berater: Montag werde ich damit beginnen, die Steuerungsanlage und die Meßinstrumente zu studieren und das Material einer Kontrolle zu unterziehen. Ich werde mich auch mit den Operatoren hinsichtlich einiger Bedienungsmaßnahmen unterhalten. Sie würden mir sehr helfen, wenn Sie zusammen mit dem Aufsichtführenden eine Liste der Bereiche erstellen könnten, die untersucht werden sollen. Vielleicht können Sie sich auch einige Fragen überlegen, die man den Operatoren stellen sollte.

Kommentar: Durch eine einfache Bitte wird der Klient am Entscheidungsprozeß darüber beteiligt, welche Daten ausgewählt werden sollen. Oft wird diese einfache Bitte nicht gestellt. Wird ein Fragebogen verwendet, so kann man den Klienten bitten, einige Fragen zu formulieren.

Schritt 4: Wer soll an dem Projekt mitwirken?

> Oft erwartet der Klient vom Berater, daß dieser die ganze Arbeit erledigt. Man sollte also daran arbeiten, daß Berater und Klient als Team arbeiten. Das ist eine gute Methode, im Klienten inneres Engagement zu wecken.

Beispiel
Beratung für eine Systemanalyse

Berater: Für den Erfolg des Projekts wäre es von großem Nutzen, wenn zwei Mitarbeiter aus dem Unternehmen mit an dem Projekt arbeiten würden. Dafür müßte einer Ihrer Gebietsverkaufsleiter für etwa fünf Tage zur Verfügung stehen und ein Angehöriger des Verkaufsbüros für acht Tage. Zu dritt werden wir ein System zur Erfassung der Verkaufsdaten entwickeln, das den Anforderungen entspricht. Ich werde für das Projekt verantwortlich sein und die meiste Zeit investieren, aber wenn zwei Leute aus Ihrer Belegschaft mithelfen, wird das Projekt wesentlich besser laufen.

Kommentar: Wenn man als Berater die Arbeit alleine macht, geht es meistens leichter und schneller. Läßt man Leute aus der Belegschaft mitarbeiten, kostet es mehr Zeit und Mühe. Dafür sind die Leute motivierter, und es wächst die Bereitschaft, die aus der Studie gewonnenen Erkenntnisse in die Tat umzusetzen.

Schritt 5: Auswahl der Methode

Sicher hat der Klient bestimmte Vorstellungen darüber, auf welche Weise die Daten gesammelt werden sollten. Fragen Sie.

Beispiel
Beratung bei einem technischen Problem

Berater: Auf alle Fälle werde ich mich mit der Anlage und ihrer Bedienung vertraut machen und mit den Operatoren sprechen. Mit wem sollte ich außerdem reden? Sollten wir die Leute in der Gruppe oder einzeln ansprechen? Sollten wir noch andere Teile der Anlage mit einbeziehen? Wenn ja: Auf welche Weise soll das geschehen?

Kommentar: Wieder wird der Klient durch einfache, aber wichtige Fragen in das Vorgehen mit einbezogen. Das geschieht zu 30 Prozent wegen der neuen Informationen, zu 70 Prozent, um zu erreichen, daß Berater und Klient am Ende zu gleichen Teilen an der Gestaltung des Projekts beteiligt sind. Das Verhalten des Beraters zeigt dem Klienten, wie er in Zukunft Probleme dieser Art allein lösen kann.

Schritt 6: Datensammlung

Bitten Sie den Klienten, mit Ihnen zusammenzuarbeiten.

Beispiel
Beratung bei einem technischen Problem

Berater: Es wäre mir lieb, wenn mich einer der Aufsichtführenden begleitet, sobald ich die Anlage besichtige und mit den Leuten spreche. Vielleicht könnten einige Operatoren den Aufsichtführenden ihre Meinung darüber sagen, wie die Handhabung der Geräte verbessert werden könnte.

Kommentar: Wenn man den Klienten einen Teil der Datensammlung erledigen läßt, ergeben sich leicht zwei Gefahren. Erstens: Es kann passieren, daß Mitarbeiter Informationen zurückhalten, weil sie zu Leuten sprechen sollen, die eine gewisse Macht über sie haben. Zweitens: Die Daten könnten verzerrt sein, weil die Abteilungsleitung den Ehrgeiz hat, kompetent und schuldlos auszusehen.
Diese Risiken kann man auf sich nehmen.
Schließlich haben Sie ihre eigenen Daten, und in

der Regel verfügen Sie über genug Erfahrung, um ziemlich schnell zu erkennen, was los ist. Wenn es erforderlich ist, können Sie noch einmal selbst mit den Leuten reden. Sind die leitenden Mitarbeiter aber an der Datensammlung beteiligt, bringt das den Vorteil, daß die richtigen Leute die richtigen Informationen zu hören bekommen – die Leute, die etwas damit anfangen können. Es ist nicht gut, wenn der Berater die »Wahrheit« erfährt, die leitenden Mitarbeiter daran aber nicht glauben. Das wichtigste Ziel ist auch hier wieder, daß Berater und Klient zu gleichen Teilen in den Arbeitsprozeß involviert sind.

Schritte 7, 8, 9: Sortieren, Zusammenfassen und Analyse der Daten

Man braucht viel Zeit, um die Datenfülle auf ein überschaubares Maß an Informationen zu reduzieren und diese zu ordnen. Bei jener Schwerstarbeit bekommt man ein gutes Gefühl dafür, was man wirklich kann. Dringen Sie darauf, daß der Klient zu bestimmten Punkten seinen Teil beiträgt. Mehr Spaß macht die Datenanalyse – lassen Sie den Klienten auch daran teilhaben.

Beispiel
Beratung für eine Systemanalyse

Berater: Lassen Sie uns in den nächsten drei Tagen zusammen die Daten ordnen und herausfinden, welche Bedeutung sie für das Berichterstattungssystem haben, das wir zusammen entwickeln möchten.

Kommentar: Auch hier opfern wir eigentlich einen Teil unserer kostbaren Zeit, indem wir den Klienten bitten, sich an der Auswertung der Daten zu beteiligen, damit auch er etwas zur Lösung des Problems beitragen kann. Es ist natürlich durchaus folgendes denkbar: Das Projekt ist auf der technischen Ebene so kompliziert, daß der Klient einfach nicht genug Hintergrundwissen besitzt, um an dieser Stelle einen wirklich wertvollen Beitrag zu leisten. In diesem Fall hat der Berater keine andere Wahl, als die Arbeit allein zu tun. Allerdings muß man aufpassen, daß man den angeblichen Mangel an Hintergrundwissen des Klienten nicht als Vorwand benutzt, um ihn von einigen Phasen des Projekts ausschließen zu können.

Schritt 10: Feedback der Ergebnisse

Auch hier gilt wieder: Beteiligen Sie den Klienten. In diesem Fall bedeutet das, daß der Klient an der Präsentation der Datenanalyse während des Feedback-Meetings teilhat.

Beispiel
Beratung bei einem technischen Problem

Berater: In dieser Sitzung werde ich Ihnen mitteilen, was wir über die Steuerungsanlage und die Genauigkeit der Meßinstrumente herausgefunden haben. George, der Aufsichtführende an der Anlage, wird berichten, was wir über die Fähigkeiten der Operatoren und ihre Meinung über die Handhabung der Anlage herausgefunden haben.
Kommentar: Wenn leitende Angestellte erst einmal selbst in die Lage kommen, negative Resultate mitzuteilen, verringert sich ihre Verteidigungshaltung sowie die Gefahr, daß die Besprechung der Resultate zum Streitgespräch wird.

Schritt 11: Empfehlungen geben

In dieser Phase ist die gute Zusammenarbeit zwischen Berater und Klient am wichtigsten. Das technische Wissen des Beraters und die praktischen Kenntnisse sowie die Vertrautheit des Klienten mit dem Unternehmen sind gemeinsame Voraussetzungen für die Entwicklung brauchbarer Empfehlungen. Fragen Sie den Klienten, welche Änderungsvorschläge er hat, nachdem er die Resultate der Untersuchung erfahren hat.

Beispiel
Beratung bei einem technischen Problem

Berater: Wir haben vor allem eines herausgefunden: Die Abneigung der Vertreter gegen jede Art von Papierarbeit verhindert, daß die aktuellen Verkaufszahlen pünktlich auf den Tisch kommen. Man müßte also einen Weg finden, die nötigen Informationen auch ohne sie zu bekommen. Haben Sie eine Idee?

Kommentar: Hat man erst einmal die Strategie verstanden, ist die Durchführung einfach. Es ist wichtig, daß sich der Klient mit der Frage auseinandersetzt, auch wenn klar ist, daß ihm wahrscheinlich keine Lösung einfallen wird.

Schritt 12: Entscheidung über Maßnahmen

Sind die Untersuchungen abgeschlossen und die Empfehlungen unterbreitet, könnte der Klient überlegen, die Dinge nun selbst in die Hand zu nehmen und das Meeting zur Beschlußfassung ohne den Berater abzuhalten. Dagegen sollte man sich wehren.

Beispiel
Beratung für eine Systemanalyse

Klient: Vielen Dank für das Berichterstattungsverfahren und das unterstützende Programm, das Sie entwickelt haben. Wir werden darüber nachdenken und Ihnen mitteilen, wann das Unternehmen zur Durchführung bereit ist.

Berater: Ich würde gern an der Besprechung teilnehmen. Das Projekt liegt mir sehr am Herzen, und ich bin sicher, daß ich zur Frage der Terminplanung und Durchführung einiges beitragen könnte. Ich merke zwar, daß Sie diese Dinge normalerweise ohne die Anwesenheit eines Beraters diskutieren, aber in diesem Fall hoffe ich doch, daß Sie eine Ausnahme machen werden.

Kommentar: Hier besteht die Gefahr, daß der Klient die Durchführung zu 100 Prozent allein in die Hand nimmt und den Berater außen vor läßt. Einerseits hat der Berater ein persönliches Interesse daran, nach all der investierten Arbeit an der Entschlußfassung teilzuhaben. Andererseits sollte auch der Klient einsehen, daß ein Angehöriger des Unternehmens, der einen so bedeutenden Beitrag zu einem Projekt geleistet hat, auch bei der Beschlußfassung anwesend sein sollte. Beschließt man dennoch, Sie nicht teilnehmen zu lassen, haben Sie keine andere Wahl, als zu seufzen und ein langes Gesicht zu machen.

Jeder einzelne Schritt bis hin zur Lösung des Problems bietet eine Reihe von Möglichkeiten, den Klienten einzubeziehen, Widerstand zu verringern und die Möglichkeiten zum Erfolg zu verbessern. Von diesen Möglichkeiten zu profitieren bedeutet aber auch, daß der Berater einige Vorurteile und Handlungsfreiheiten zugunsten des höheren Zieles aufgibt, einen wirklich bedeutungsvollen Beitrag zu leisten.

Checkliste Nr. 1:
Die Verteilung der Verantwortung einschätzen

Tragen Sie auf den unten abgebildeten Skalen ein, wie in einem wichtigen Projekt, an dem Sie gerade arbeiten, die Verantwortung zwischen Ihnen und dem Klienten verteilt ist. Markieren Sie die Stelle, an der die Verantwortung derzeit liegt. (Die Punkte, die auf der linken Seite aufgelistet sind, werden am Anfang von Kapitel 11 beschrieben.)

	Der Klient trägt die Hauptverantwortung, ich trage wenig Verantwortung	Ich trage die Hauptverantwortung, der Klient trägt wenig Verantwortung
	50%	
1. Definition des auslösenden Problems	⊢─────────┼─────────⊣	
2. Entschluß, das Projekt durchzuführen	⊢─────────┼─────────⊣	
3. Auswahl der Dimensionen, die erfaßt werden sollen	⊢─────────┼─────────⊣	
4. Die an der Studie beteiligten Personen	⊢─────────┼─────────⊣	
5. Auswahl der Methode	⊢─────────┼─────────⊣	
6. Datensammlung	⊢─────────┼─────────⊣	
7. Sortieren der Daten	⊢─────────┼─────────⊣	
8. Zusammenfassen der Daten	⊢─────────┼─────────⊣	
9. Datenanalyse	⊢─────────┼─────────⊣	
10. Feedback der Ergebnisse	⊢─────────┼─────────⊣	
11. Empfehlungen	⊢─────────┼─────────⊣	
12. Entscheidung über Maßnahmen	⊢─────────┼─────────⊣	

Verbinden Sie die Punkte, die Sie gemacht haben. Jeder Punkt, der von der Mittellinie abweicht, offenbart eine Möglichkeit für Sie, dieses oder das nächste Projekt so umzustrukturieren, daß Sie soweit wie möglich von der Beteiligung des Klienten profitieren und so die Chancen auf einen Erfolg des Projekts erhöhen. Das betrifft vor allem die Chance, daß Ihre Vorschläge zu dem Projekt immer noch diskutiert und angewendet werden, nachdem Sie schon von der Bildfläche verschwunden sind.

KAPITEL 3

FEHLER VERMEIDEN – ERFOLGREICH BERATEN

Oft erscheint die Tätigkeit des Beratens vage und überkompliziert. Das muß nicht so sein. Es ist möglich, fehlerfrei zu beraten, und das kann ganz einfach sein. Eine Beratung wird unkompliziert, wenn man sich auf zwei Dimensionen des Beratens konzentriert. Verhandelt man mit einem Klienten, sollte man sich immer zwei Fragen stellen:

1. Bin ich in dieser Beratungssituation ich selbst?
2. Entsprechen meine Handlungsweisen der Beratungsphase, in der ich gerade bin?

Authentisches Verhalten

Authentisches Verhalten in der Beratungssituation bedeutet, die Eindrücke, die man während der gemeinsamen Arbeit mit dem Klienten gewinnt, in Worte zu fassen. *Das ist das Wirksamste, was man tun kann, um den Einfluß zu gewinnen, den man haben möchte, und um im Klienten die Bereitschaft zur Mitarbeit aufzubauen.*

Man neigt dazu, Cleverness im Umgang mit dem Klienten zu zeigen. Wir zerbrechen uns den Kopf darüber, wie wir unsere Ideen gut darstellen und ein Projekt strukturieren können, damit es ankommt. Oft habe ich mich furchtbar angestrengt, um herauszufinden, was den Klienten davon überzeugen könnte, daß ich genau der Richtige für ihn bin. Man entwirft Möglichkeiten für Einsparungen, schlägt Lösungen für langwierige Mitarbeiterprobleme vor, und mit einem freundlichen Lächeln und einem Nicken bringt man seine Überzeugung zum Ausdruck, daß der Klient bisher bestimmt alles Menschenmögliche getan hat.

Es ist ein Irrtum anzunehmen, daß sich Klienten aus rein rationalen Gründen für einen Berater und zur Durchführung eines Projekts entschließen. In den meisten Fällen stehen ganz andere Fragen im Vordergrund: »Kann ich diesem Berater überhaupt trauen? Kann ich mich darauf verlassen, daß er mich nicht verletzt oder aufs Kreuz legt? Kann ich von ihm erwarten, daß er meine organisatorischen oder technischen Probleme löst und außerdem meine Position und Person respektiert?« Wenn der Berater sich nun zu clever gibt oder manipulativ wirkt, wenn er zu dick aufträgt – dann werden die Klienten das bemerken. Sie sagen sich im stillen: »Oha – der Typ trägt wirklich dick auf. Er läßt mich dastehen wie einen Idioten, wenn ich nein sage.« In der Regel bemerken leitende Angestellte aufgesetztes Verhalten und verlieren dann das Vertrauen.

Vertrauensverlust bedeutet gleichzeitig Verlust an Einfluß und Verlust an Engagement des Klienten. Verhält man sich aber authentisch, gewinnt man mehr Vertrauen und damit mehr Einfluß und höhere Einsatzbereitschaft des Klienten. Unaufgesetztes, natürliches Verhalten hat außerdem den Vorteil, leicht verstanden zu werden. Es bedeutet einfach, daß man in Worte faßt, was man gerade erlebt. Hier sind einige Beispiele ...

Der Klient sagt: Diese Buchprüfung wird nicht allzuviel Zeit in Anspruch nehmen. Ein paar Tage, und Sie haben es geschafft. Ich würde Ihnen ja gerne helfen, aber leider gibt es da ein paar wichtige Dinge, die ich unbedingt erledigen muß. Meine Sekretärin kann Sie unterstützen. Bitte nehmen Sie auch meine Mitarbeiter nicht zu sehr in Anspruch – sie stehen mächtig unter Druck.
Die Gefühle des Beraters: Ich fühle mich klein und unwichtig. Meine Arbeit wird als Kleinkram angesehen. Dies ist mein Beruf, aber für diesen Menschen bin ich lediglich ein Störfaktor.

Nichtauthentische Antwort des Beraters: Diese Buchprüfung könnte weitreichende Konsequenzen haben. Das Hauptbüro sieht sich die Ergebnisse der Prüfung ganz genau an, um die Leistungen unserer Topabteilungen besser einschätzen zu können. Auch die Betriebsleitung verlangt das.
Authentische Antwort des Beraters: Sie behandeln diesen Prüfungsbericht als Nebensächlichkeit. Wenn Sie im Moment keine Zeit dafür haben, sollten wir vielleicht einen besseren Zeitpunkt finden. Jedenfalls möchte ich, daß Sie der Sache mehr Bedeutung beimessen.

***

Der Klient sagt: Ich möchte Ihre Meinung darüber hören, ob meine Leute Fehler machen und was sie tun können, um diese Fehler zu korrigieren. Sollten Sie zu dem Schluß kommen, daß die Leute nicht fähig sind, dieses Gerät zu bedienen, dann sagen Sie mir sofort Bescheid – mit Namen und persönlichen Daten.
Die Gefühle des Beraters: Ich fühle mich wie ein Spion, da ich die Angestellten des Klienten bespitzeln soll.
Nichtauthentische Antwort: Ich werde in meinem Bericht beschreiben, wie das Gerät benutzt wird und warum es so viele Pannen gibt. Es ist dann Ihnen überlassen, was Sie mit den Ergebnissen anfangen.
Authentische Antwort: Ich habe das Gefühl, ich soll die Rolle eines Richters oder Spitzels übernehmen. Ich glaube nicht, daß diese Rolle sehr effektiv ist. Ich möchte gern, daß Sie mich als Spiegel dessen sehen, was im Moment geschieht. Sie und Ihre Leute können dann abwägen, was getan werden muß und ob eine Weiterbildungsmaßnahme erforderlich ist. Ich bin aber kein Gewissen.

***

Der Klient sagt: Um dieses Problem wirklich verstehen zu können, muß man fünfunddreißig Jahre zurückdenken – in die Zeit, in der dieser Betrieb gegründet wurde. Alles begann im November des Jahres 1946, an einem Donnerstag nachmittag. Es gab damals drei Angestellte. Sie hatten nichts anderes zu tun, als Formulare auszufüllen und das Telefon zu bedienen. George war der Neffe des Verkaufsleiters und hatte nur eine einfache Schulbildung. Unsere Kunden saßen vornehmlich an der Ostküste [et cetera… et cetera… et cetera…].

> *Die Gefühle des Beraters:* Ungeduld, Langeweile. Ich verschwende meine Zeit mit alten Geschichten. Meine Energie schwindet.
> *Nichtauthentische Reaktion des Beraters:* Schweigen. Den Klienten auffordern, fortzufahren, in der Hoffnung, daß er zum Thema kommt. Oder man nimmt an, aus therapeutischen Gründen wird es für den Klienten notwendig sein, daß er alles bis ins Detail erzählt.
> *Authentische Reaktion des Beraters:* Sie erzählen mir eine Menge Einzelheiten, und ich habe Schwierigkeiten, Ihrer Erzählung zu folgen. Ich brenne darauf, die aktuellen Fakten zu erfahren. Welches ist im Moment Ihr Hauptproblem?
>
> ***
>
> *Der Klient sagt:* Machen Sie einfach einen Abschlußbericht zu Ihrer Untersuchung. Meine Managementgruppe trifft sich später, um zu beschließen, was zu tun ist, und um die Resultate auszuwerten.
> *Gefühle des Beraters:* Fühlt sich von den wirklichen Handlungen ausgeschlossen. Die Lösung der Probleme wird aufgeschoben.
> *Nichtauthentische Reaktion des Beraters:* Ich könnte noch ein paar zusätzliche Informationen liefern, die nicht in meinem Abschlußbericht stehen, die aber für den Beschlußfindungsprozeß von Bedeutung sein könnten.
> *Authentische Antwort des Beraters:* Sie wollen mich an der Entscheidung darüber, was getan wird, nicht teilhaben lassen. Ich möchte aber bei der Sitzung, bei der Entschlüsse gefaßt werden, anwesend sein, auch wenn es Ihnen und Ihrem Team die eine oder andere Unannehmlichkeit bereiten sollte.

In jedem dieser Beispiele wird von seiten des Klienten der Versuch unternommen, den Berater in irgendeiner Weise auf Distanz zu halten. Jeder dieser Versuche stellt eine subtile Form von Widerstand gegen die Intervention des Beraters dar – seine Einflußmöglichkeit soll begrenzt bleiben. Die nichtauthentischen Reaktionen des Beraters gehen indirekt und unpersönlich auf diesen Widerstand ein. Somit bleibt die Verhandlung auf der formellen Ebene, wodurch es dem Klienten leichtgemacht wird, auf Distanz zu bleiben. Dagegen laufen die authentischen Reaktionen auf der zwischenmenschlichen Ebene ab und zwingen den Klienten, die Rolle des Beraters und seine Wünsche hinsichtlich des Projekts ernst zu nehmen. Die einfachen, direkten Äußerungen des Beraters zur Interaktion von Berater und Klient machen das Verhältnis ausgewogener. So wird verhindert, daß weder Berater noch Klient völlige Kontrolle über die Interaktion gewinnen. Hat einer von beiden mehr Einfluß, verringert sich jeweils das innere Engagement für das Projekt und somit die Chance für eine erfolgreiche Durchführung von Maßnahmen.

Das authentische Verhalten des Beraters ist ein maßgeblicher Bestandteil perfekter Beratung. Deshalb werden wir uns im weiteren Verlauf immer wieder mit authentischem Verhalten beschäftigen und in einzelnen Beratungssituationen genauer darstellen, was damit gemeint ist.

Die Beratungsphasen und ihre Bestandteile

Neben authentischem Verhalten gehört zur perfekten Beratung außerdem die Kenntnis der Anforderungen und Aufgaben, die jede einzelne Beratungsphase impliziert. Alle Aufgaben einer Phase müssen ausgeführt sein, bevor man eine neue Phase beginnen kann.

Es folgt zunächst eine kurze Beschreibung der Aufgaben in jeder Phase. Im nächsten Kapitel wird dann auf jede Aufgabe näher eingegangen werden.

Der Vertrag

1. *Verhandlungsgrundlagen.* Bevor ein Projekt in die Wege geleitet werden kann, müssen sich Klient und Berater darüber verständigen, was der eine vom anderen möchte und was der eine dem anderen zu bieten hat. Sehr oft untertreiben Berater bei ihren Wünschen und Klienten bei ihren Angeboten.
2. *Mit gegensätzlichen Motivationen zurechtkommen.* Wenn

Klienten Berater um Hilfe bitten, tun sie das immer mit ambivalenten Gefühlen. Einerseits möchten sie, daß man ihnen hilft, andererseits wäre es ihnen lieber, wenn sie nichts mit dem Berater zu tun hätten. Eine Hand wird dem Berater gereicht, die andere versucht, ihn zurückzuweisen. Es ist deshalb notwendig, daß diese gegensätzlichen Motivationen schon in der Vertragsphase zum Ausdruck kommen und somit vom Tisch sind.

3. *Versteckte Ängste vor Bloßstellung und Kontrollverlust aufdecken.* Die eigentlichen Bedenken des Klienten gegenüber dem Beratungsprojekt kommen nur sehr indirekt zum Ausdruck. Seine Fragen betreffen Referenzen, Erfahrung, anderweitige Ergebnisse, Kosten und Timing. Was den Klienten aber wirklich bedrückt, ist folgendes: Wird er am Ende als dämlich und inkompetent dastehen? Wird er die Kontrolle verlieren über sich selbst, sein Unternehmen und/oder über den Berater? Diese Ängste und Besorgnisse müssen in der Vertragsphase direkt angesprochen werden.

4. *Vertrag mit drei oder vier Partnern.* Der Berater muß wissen, mit wie vielen Klienten er es zu tun hat. Meist hat der Klient einen Chef und der Berater einen anderen. Beide Chefs waren eventuell an der Erstellung des Projekts maßgeblich beteiligt. In diesem Fall müssen sie am Vertrag teilhaben. Zumindest müssen ihre Positionen für Berater und Klient klar sein. Ein Vertrag zwischen dem Klienten, seinem Chef und dem Berater ist ein Dreiervertrag. Gesellt sich der Chef des Beraters hinzu, handelt es sich um einen Vierervertrag. Die Klärung der Vertragsbeziehungen ist eine wichtige Aufgabe in der Vertragsphase.

Datensammlung und -Analyse

1. *Analyse auf verschiedenen Ebenen.* Zu Beginn des Beratungsprojekts wird ein Problem geschildert. Diesem Problem liegen meistens eine Reihe anderer Probleme zugrunde. Die Aufgabe des Beraters ist es, die verschiedenen Schichten des

Problems aufzudecken und einfach und schlüssig darzustellen.
2. *Klima.* Egal, ob der Klient eine Familie ist oder ein Unternehmen – das Klima beeinflußt das Verhalten der Menschen und ihre Fähigkeiten, Probleme zu lösen. Die Aufgabe des Beraters ist es, das Klima in der jeweiligen Situation zu verstehen und einzuschätzen, in welcher Weise es das Projekt und die Befolgung seiner Vorschläge beeinflussen wird. Leider sind sich Klient und Berater oft im stillen darüber einig, daß Unternehmen rein rational gesteuert werden und keinen klimatischen Störungen unterliegen.
3. *Abneigung gegen die Weitergabe von Informationen.* Der Klient zögert grundsätzlich, alle Fakten preiszugeben, die der Berater braucht, um die ganze Tragweite des Problems erfassen zu können. Dieser Widerstand, der sich indirekt durch passives Verhalten oder ständiges Nachfragen während der Datenerstellung bemerkbar macht, muß erkannt und zur Sprache gebracht werden.
4. *Interview als Intervention.* In dem Moment, in dem der Berater anfängt, Informationen zu sammeln, beginnt er, etwas zu verändern. Der Berater ist niemals einfach der neutrale, objektive Beobachter. Die ganze Analyse geschieht im Hinblick auf die endgültigen Maßnahmen. Darüber müssen wir uns im klaren sein. Tauchen während des Erstellens der Daten unangenehme Themen auf, muß man sie verfolgen und sich nicht darum sorgen, daß die Daten verfälscht werden oder die Untersuchungen mit einer gewissen Voreingenommenheit durchgeführt werden könnten. Der Berater sieht seine Rolle in der Phase der Datenerstellung oft zu passiv.

Feedback und Entscheidung über Maßnahmen

1. *Auswahl der Daten.* Man sammelt die Daten ausschließlich im Hinblick auf Lösungsmöglichkeiten für ein Problem. Es handelt sich also nicht um Forschung zum Selbstzweck. Das bedeutet, daß die gesammelten Informationen auf eine über-

schaubare Anzahl reduziert werden müssen. Alle Informationen, die im Abschlußbericht dem Klienten präsentiert werden, sollten verwertbar sein, das heißt, der Klient muß etwas mit ihnen anfangen können.
2. *Daten zu Personen und zum Unternehmen.* Bei der Ermittlung von Daten über Gerätschaften (oder Bezahlung oder Informationsflüsse) erhält der Berater automatisch auch Informationen über den Führungsstil seines Klienten. Er erfährt etwas über das momentane Betriebsklima, über die Einstellung der Leute zu ihrem Arbeitsplatz. Der Schlußbericht sollte auch diese Art von Information enthalten. Daten zu Personen und zum Unternehmen werden nicht mitgeteilt, um irgend jemanden zu verletzen oder um besonders geistreich zu erscheinen, sondern als wichtige Information über das Umfeld, in dem die Empfehlungen des Beraters eventuell umgesetzt werden. Außerdem hat der Klient kaum je eine Chance, auf andere Weise an solche Informationen zu gelangen.
3. *Leiten des Feedback-Meetings.* Das Feedback ist der Moment der Wahrheit. Es ist der Moment der größten Angst – sowohl für den Klienten als auch für den Berater. Der Berater verspürt Angst wegen der Dinge, die er zu sagen hat, der Klient hat Angst vor den Dingen, die er zu hören bekommen wird. Deshalb muß der Berater die Sitzung im Griff haben, damit deren Ziel erreicht wird. Die Überbringung der Informationen ist nur ein Teil des Sitzungsplans: Das Hauptziel ist die Entscheidung darüber, was nun getan werden soll. Je mehr sich das Feedback-Meeting darauf konzentriert, was getan werden kann, um so besser stehen die Chancen für eine tatsächliche Umsetzung der Ergebnisse. Das Feedback-Meeting könnte die letzte Chance des Beraters sein, Einfluß auf die Entscheidung über Maßnahmen zu nehmen – er sollte also unbedingt diese Gelegenheit nutzen.
4. *Konzentration auf das Hier und Jetzt.* Eine andere Aufgabe in der Abschlußphase ist es herauszufinden, wie der Klient selbst mit den Informationen umgeht. In der Regel leidet der

Vorgang des Feedbacks unter denselben Führungsproblemen, welche die Notwendigkeit einer Beratung überhaupt verursacht haben. Wenn die Betriebsleitung unter einem Mangel an Struktur oder Führungsqualität leidet, wird derselbe Mangel im Umgang mit dem Abschlußbericht des Beraters auftreten. Der Berater muß sich hierüber bewußt sein und den Klienten darauf aufmerksam machen. Wenn der Berater nicht sein ganzes Augenmerk darauf richtet, wie man mit seinem eigenen Projekt umgeht, wird er das nächste Opfer der Unzulänglichkeiten werden.

5. *Man darf nichts persönlich nehmen.* Das ist die härteste Aufgabe. Die Reaktion des Klienten auf den Bericht des Beraters hat eher etwas mit der Abhängigkeit und dem unangenehmen Gefühl zu tun, Hilfe annehmen zu müssen, als mit Widerstand gegenüber der Persönlichkeit des Beraters. Jeder hat schließlich seine Eigenheiten, so auch der Berater. Wenn man aber Kritik des Klienten persönlich nimmt, kommt man in Schwierigkeiten. Der Unmut, den man da zu spüren bekommt, richtet sich gegen die Aussicht, sich mit schwierigen organisatorischen Themen auseinandersetzen zu müssen. Der Berater darf sich nicht dazu verleiten lassen, sich Unmutsäußerungen zu Herzen zu nehmen.

Man darf auf keinen Fall einzelne Aufgaben überspringen, wenn man die Beratungsphasen durchläuft. Während der Vertragsphase zum Beispiel fällt es den meisten Beratern recht leicht, die Wünsche des Klienten einzuschätzen. Wenn es der Berater aber versäumt, seine eigenen Wünsche oder die Angebote des Klienten ebenso klar zu erkennen wie die Wünsche des Klienten, wird die Sache schwierig. Wünsche, die nicht gleich am Anfang zur Sprache gekomen sind, sind in späteren Phasen nur noch schwer einzubauen. Zum Beispiel kann es der Wunsch des Beraters sein, daß ihn die Angestellten bei dem Projekt unterstützen und daß der Klient seine Leute darüber unterrichtet. Wenn man über diesen Punkt nicht gleich in der Vertragsphase verhandelt, wird man später vielleicht nicht gerade freundlich behandelt, falls man Informationen von Leuten erhalten will, die gar nicht so recht wissen, was man eigentlich von ihnen will.

Ein weiterer wichtiger Punkt in der Vertragsphase ist die Motivation des Klienten, mit dem Projekt fortzufahren. Dieser Punkt muß unbedingt zur Diskussion gestellt werden. Manchmal ist das Verlangen des Beraters, mit dem Projekt zu beginnen, so groß, daß er die Diskussion darüber mit dem Klienten so knapp wie möglich hält. Man versäumt es also, den Klienten direkt zu fragen, ob er weitermachen will und wie es mit seiner Begeisterung für das Projekt steht. Findet man dann später während des Feedback-Meetings heraus, daß die Motivation eher gering ist, ist es vielleicht zu spät, etwas daran zu ändern.

Ebenfalls wegen seiner eigenen starken Motivation, das Projekt in Gang zu bringen, neigt der Berater dazu, frühe Widerstände und Skepsis, die ihm begegnen, herunterzuspielen oder zu übersehen. Er macht sich vor, daß der Klient schon Feuer fangen und Vertrauen zum Berater fassen wird, wenn das Projekt erst einmal läuft. Das könnte dazu führen, daß der Berater in der Anfangsphase mehr Zugeständnisse macht, als er möchte, in der Hoffnung, daß er sich später schon noch durchsetzen wird. In der Regel klappt das nicht. Das Bild, das sich der Klient in der Anfangsphase vom Berater macht, ist nachher nur noch schwer zu korrigieren. Sind wir am Anfang entgegenkommen, so bleibt uns dieses Image bis zum Ende treu. Das gilt besonders dann, wenn es den Wünschen des Klienten entgegenkommt, daß der Berater nachgiebig ist und das Anschneiden heikler Themen vermeidet.

Wenn nicht jede einzelne Phase von Anfang bis Ende durchschritten wird, häufen sich unerledigte Aufgaben an, die dann ständig die weitere Arbeit belasten. Irgendwann treten sie zutage, und zwar meistens indirekt. Ein Klient, der sich am Anfang des Projekts überrumpelt gefühlt hat, ohne das je zur Sprache gebracht zu haben, stellt nachher die Sorte Klient dar, die ständig die Daten während des Feedback-Meetings hinterfragt. Die endlose Fragerei resultiert aus dem frühen Gefühl, genötigt worden zu sein, nicht aus der Fehlerhaftigkeit der Daten. Während des Feedback-Meetings wird es freilich sehr schwierig sein, das Gefühl der Nötigung aufzuarbeiten. Einfacher wäre es gewesen, das Problem vor dem Beginn des Projekts, also in der Vertragsphase, zu diskutieren.

Vollständige Erarbeitung einer jeden Phase und authentische Mitteilung der Eindrücke an den Klienten: Beides sind Voraussetzungen für perfekte Beratung.

Wie kommt man nun zu Ergebnissen, und wie steht es mit der Verantwortlichkeit?

Ergebnisse

Per definitionem unterscheidet sich der Berater vom Manager dadurch, daß er direkte Kontrolle und Verantwortung nur über seine eigene Zeit und seine eigenen Mitarbeiter hat. Der leitende Angestellte wird dafür bezahlt, daß er Verantwortung für seine Maßnahmen übernimmt, welche die Betriebsleitung veranlaßt oder unterläßt. Wenn der Manager, der der Klient des Beraters ist, den Bericht zur Seite legt und beschließt, keine Konsequenzen daraus zu ziehen, so ist das sein Recht. Am Ende ist der Berater nicht verantwortlich dafür, wie sein Fachwissen und seine Empfehlungen angewendet werden. Ist ein Berater wirklich der Meinung, er sollte auch für die Umsetzung seiner Empfehlungen verantwortlich sein, so sollte er sich sofort einen Posten als leitender Angestellter suchen und aufhören, sich »Berater« zu nennen.

Der Berater wünscht sich also oft, den Einfluß auf Handhabungen zu haben, den nur der Manager besitzen kann. Diese Tatsache kann ein großes Hindernis für die Effektivität der Beratung sein. Übernimmt der Berater das Ruder und verhält sich, als handele es sich um *sein* Unternehmen (dieser Wunsch überkommt jeden Berater einmal), so ist der leitende Angestellte aus dem Rennen. Das aktuelle Problem des Unternehmens wird so vielleicht gelöst, aber die Klienten werden wenig darüber erfahren haben, wie sie ihre Probleme selbst lösen könnten. Wenn irgend etwas nachher nicht funktioniert – was immer der Fall sein kann –, wird der Berater nochmals und nochmals herbeizitiert, oder das Management wird behaupten, das System, welches der Berater erarbeitet hat, hätte von vornherein nichts getaugt. Sowohl übermäßige Abhängigkeit als auch Arroganz auf der Seite des Klienten sind ebenfalls schlecht für den Berater. Klarheit darüber, was der Berater zu verantworten hat und was der Manager, ist ausschlaggebend für das Gelingen der Beratung.

Verantwortlichkeit

Daß der Berater nicht verantwortlich dafür ist, wie der Klient mit seinen Bemühungen umgeht, bedeutet nicht, daß es ihm gleichgültig ist, was schließlich geschieht. Im Gegenteil, mir ist es äußerst wichtig, welche Konsequenzen meine Bemühungen als Berater haben. Ich möchte, daß meine Bemühungen Früchte tragen. Immer. Wenn ein technischer Berater konsultiert wird, damit ein Hochofen in einer Anlage repariert werden kann, so wird der Ingenieur seine Anweisungen so geben, daß der Hochofen nicht nur für den Moment, sondern auch in Zukunft perfekt läuft und bedient werden kann. Das Problem des Beraters ist es, daß er keine direkte Kontrolle darüber hat, wie der Hochofen bedient wird.

Hierin liegt die größte Frustrationsquelle bei der Beratertätigkeit. Man weiß, daß man gute Empfehlungen gegeben hat und daß diese befolgt werden sollten, hat aber letztlich keinen Einfluß darauf, wie nachher mit dem Hochofen umgegangen wird. Diese Tatsache muß man akzeptieren. Man kann lediglich Methoden der Zusammenarbeit ersinnen, welche die Chance steigern, daß der Klient die Ratschläge, die er erhält, befolgt und sich die Mühe macht zu lernen, wie der Hochofen bedient werden muß.

Es gilt daher folgendes: Je mehr man sich auf die Art der Zusammenarbeit mit dem Klienten konzentriert, desto besser werden die Chancen, daß man mit seiner Arbeit Erfolg hat. Das einzige, was der Berater wirklich kontrollieren kann, ist seine eigene Arbeitsweise, sein eigenes Verhalten, sind seine eigenen Strategien, die Einsatzbereitschaft des Klienten zu aktivieren, so daß dessen Bereitschaft wächst, den Hochofen tatsächlich anders zu bedienen. Verantwortlich ist der Berater also nicht für die Umsetzung seiner Empfehlungen, sondern dafür, wie er mit den Klienten arbeitet.

Wie der Berater mit dem Klienten arbeitet, hängt in hohem Maße davon ab, wie fundiert sein spezielles Fachwissen ist und wie solide seine Empfehlungen sind. Sowohl der Klient als auch der Berater gehen jedoch von Anfang an davon aus, daß der Berater sein Handwerk kennt, solange es um technisches Knowhow geht. Anders verhält es sich mit den beraterischen Fähigkeiten. Wie gestaltet er die Vertragsphase, die Analyse, die Datensammlung, das Feedback, wie geht er mit Widerständen um? All das sind Hauptfaktoren einer effektiven Beratung, von denen ihr Ergebnis abhängt.

Wenn ich

- mich in meinem Spezialgebiet auskenne (egal welchem),
- mich im Umgang mit dem Klienten authentisch verhalte und ich
- mich bemühe, jede Beratungsphase in allen Schritten
- durchzuführen, und das auch tue,

dann kann ich behaupten, daß ich die perfekte Beratung durchgeführt habe, auch wenn meine Bemühungen keine greifbaren Ergebnisse bewirken. Das gilt sogar, wenn das Projekt schon in der Vertragsphase scheitert oder wenn meine Dienste über meine Empfehlungen hinaus nicht in Anspruch genommen werden. Auch wenn all diese Dinge passieren, kann es sein, daß ich eine sehr kompetente Beratung durchgeführt habe, sofern ich in der Lage war, die oben angeführten Voraussetzungen zu erfüllen. Geht also die Beratung nicht ohne Komplikationen ab oder scheitert sie, ist es nicht gerade eine glückliche Beratung, aber immerhin haben wir getan, was wir konnten.

Sieht man die Verantwortlichkeit des Beraters so, wie ich sie beschrieben habe, ist der Berater befreit von dem Verlangen, dem Klienten seine Verantwortung abzunehmen, und von dem Drang, den Klienten zu etwas zwingen zu wollen, was er nicht tun will oder kann. Ich glaube, daß man seine Effektivität schmälert, wenn man dem Klienten die Organisation aus der Hand nimmt, wenn man ihn zwingen will, auf einen zu hören, oder wenn man seinen Führungsstil kritisiert. Die Effektivität wird jedoch gesteigert, wenn man sich auf seine eigenen Handlungen konzentriert, wenn man seine Aufmerksamkeit darauf konzentriert, was man bei der Arbeit mit dem Klienten wahrnimmt, wie die *Zusammenarbeit mit* dem Klienten verläuft – und das dem Klienten gegenüber klar zum Ausdruck bringt.

Unsere eigenen Handlungen, unser eigenes Bewußtsein – nur dafür können wir verantwortlich gemacht werden. Man kann mich vor die Tür setzen, wenn ich das Feedback-Meeting nicht gut manage, wenn ich mich vor der Auseinandersetzung mit der geringen Motivation des Klienten bis zum Feedback drücke, wenn ich versuche, meinen Empfehlungen den Anschein von Makellosigkeit und Unfehlbarkeit zu geben, so daß der Klient sich davor fürchtet, sie anzuzweifeln. Lob gebührt mir hingegen, wenn ich solide Vertragsverhandlungen auch dann geführt habe, als just in dem Moment, in dem ich mit drei Managern ein Projekt terminiert hatte, ein neuer stellvertretender Direktor angekündigt wurde. Oder wenn ich gegen den Willen des Werkleiters ein Projekt nicht begonnen habe, weil das eben meiner eigenen Einschätzung widersprochen hätte.

Vollständige Durchführung und Beendigung einer jeden Beratungsphase und authentischer Umgang mit dem Klienten – das sind die Grundvoraussetzungen für perfekte und erfolgreiche Beratung. Während meiner sechzehnjährigen Beratertätigkeit hatten meine Fehlschläge (an die ich mich mit schmerzlicher Klarheit erinnere) durchwegs dieselben Ursachen. Entweder habe ich mich so sehr darauf konzentriert, wie *ich* die Probleme des Klienten lösen könnte, daß ich nicht genügend auf dessen Motivation geachtet habe, oder ich war so scharf darauf, den Klienten zu gewinnen, daß ich nicht darauf geachtet habe, wie der Vertrag aussah. In jedem dieser Fälle habe ich einen Schritt während des Beratungsprozesses ausgelassen, irgendeine Phase nicht ordnungsgemäß zu Ende geführt oder mich nicht authentisch verhalten, wenn es darum ging, meine Belange mit dem Klienten zu besprechen. Ich hätte meine Fehlschläge vermeiden können, wenn ich mich besser darauf konzentriert hätte, wie unsere Zusammenarbeit verläuft.

Fehler können also vermieden werden – was aber nicht bedeutet, daß jedes erfolgreiche Projekt bedeutungsvolle Verbesserungen mit sich bringen wird. Oft stellen interne Berater folgende Frage: »Wenn ich mich also authentisch verhalte und jede Phase ordentlich durchführe, so werde ich das Vertrauen des Werkleiters gewinnen, obwohl er mich bis dahin wie Luft behandelt hat?« Die Frage zeigt Skepsis gegenüber dieser Schlußfolgerung – und sie ist berechtigt. Nichts, was der Berater unternimmt, kann garantieren, daß sich in seinem Verhältnis zum Klienten etwas ändert. Dafür gibt es mehrere Gründe.

Jeder von uns verarbeitet und verwendet Informationen auf andere Weise. Oft fällt es Managern schwer, Hilfe anzunehmen und öffentlich ihre Bereitschaft zu zeigen, Vorschläge anzunehmen. Auch wenn sie vielleicht stark beeindruckt von unserer Arbeit sind, ahnen wir nichts davon, denn die meisten geben wenig preis. Wenn wir die Klienten unbedingt dazu bringen wollen, das Gefühl zu haben, daß wir ihnen auf der Stelle geholfen haben, kann das den Lernprozeß, den wir doch in Gang setzen wollen, sehr behindern. Falls es uns aber gelingt, einfach im Auge zu behalten, wie wir mit dem Klienten zusammenarbeiten, vermeiden wir, ihn unter Druck und Zugzwang zu setzen – und der Erfolg wird sich von allein einstellen.

Noch aus einem anderen Grund sollte der Berater nicht versuchen, die Qualität seiner Arbeit an der Reaktion des Managers ablesen zu wollen. Ob es uns gefällt oder nicht: Manager haben ein Recht auf Fehlbarkeit. So kommt es eben vor, daß sie es vermeiden, sich mit den Problemen des Facharbeiterpersonals am Hochofen auseinanderzusetzen, daß sie die Kontrolle über die Portokasse zu locker ausüben, daß sie die Bezahlung der Außendienstkräfte uneinheitlich handhaben. Außerdem haben auch Manager das Recht zu leiden, und als Berater stehen wir meistens zu weit außerhalb ihres Lebensbereichs, um in dieser Hinsicht irgend etwas beeinflussen zu können.

Das Recht eines Managers auf Fehlbarkeit zu akzeptieren ist für interne Berater besonders schwierig. Wenn wir Teil eines Unternehmens sind, das uns am Herzen liegt, und wir sehen, wie eine Abteilung den Bach hinuntergeht, fühlen wir uns dem Unternehmen und uns selbst gegenüber verpflichtet, den Versuch zu unternehmen, das Unglück aufzuhalten. Das ist ein löblicher Wunsch, denn nur so hat unsere Arbeit einen Sinn. Berater machen nur leicht den Fehler, die Rettung der Abteilung zu ihrem persönlichen Anliegen zu machen. Der Abteilungsleiter ist für die Rettung der Abteilung zuständig, nicht der Berater. Die Übernahme der Rechte des Managers einschließlich seines Rechts auf Fehlbarkeit führt zu Irrtümern in der Beratung. Es kann auch zu Frustration und Verzweiflung führen, denn es könnte sein, daß man eine Aufgabe übernimmt, zu deren Bewältigung man einfach nicht die notwendigen Voraussetzungen hat. Die Verantwortung des Beraters liegt darin, die Informationen so einfach, direkt und bestimmt wie möglich zu präsentieren und die Aufgaben jeder Phase komplett zu erfüllen. Mehr ist nicht zu tun. Und nahezu jeder von uns hat die Fähigkeit, das perfekt zu tun.

KAPITEL 4

DER VERTRAGSABSCHLUSS – EINE ÜBERSICHT

Am Anfang eines jeden Workshops über Beraterfähigkeiten, den ich leite, frage ich die Teilnehmer, was sie über Beratung lernen möchten. Die erste Welle von Antworten ist immer sehr vernünftig und aufgabenorientiert:

- Wie erstellt man ein Projekt?
- Woran mißt man die Effektivität der Beratung?
- Kann man zugleich Unparteiischer und Helfer sein?
- Wie entlockt man dem Klienten seine Erwartungen?
- Wie bekommt man den Fuß in die Tür, wenn man nicht willkommen ist?
- Wie baut man Vertrauen auf?
- Was sind überhaupt Beraterfähigkeiten?
- Wann machen wir Mittagspause?
  ... und so weiter, und so weiter ...

Wenn wir weiter in die Materie eindringen, kommen schnell die wahren Bedürfnisse, die den vordergründigen Fragen zugrunde liegen, zum Vorschein. Was möchten Berater wirklich zum Thema Beratung lernen? »Wir wollen lernen, wie wir *Macht über unsere Klienten erhalten!*« Wie können wir sie beeinflussen, wie erreichen wir, daß sie tun, was wir wollen, wie, daß sie sich unseren Vorstellungen anpassen? Und wie schaffen wir es, daß sie uns trotz allem respektieren und schätzen?

Falls wir von »Macht über unsere Klienten« sprechen, meinen wir eigentlich Macht *zusammen mit* unseren Klienten. Wenn wir unsere Klienten beherrschen wollen, so stellen wir uns selbst auf ein Podest, während sie auf dem Boden bleiben. Das ist ein sehr wackeliges Arrangement, denn der Klient wird schnell merken, daß wir ihn beherrschen wollen, und dann holt er uns mit Leichtigkeit herunter von unserem Podest. Warum sollte ihm das schwerfallen? Schließlich wird er dafür entlohnt, daß er Kontrolle ausübt, und daher muß er über Kontrollstrategien verfügen, sonst wäre er nicht Manager. Das Spiel, Macht *über* den Klienten zu bekommen, kann der Berater also nicht gewinnen. Die realistische Alternative ist, Macht *mit* dem Klienten zu haben. Das Ziel sollte sein, direkten und konstruktiven Einfluß zu haben, während man auf derselben Ebene steht.

Die Vertragsphase ist vielleicht der Teil des Projekts, in dem der Berater den meisten Einfluß nehmen kann. Es gibt Dinge, die für den Rest des Projekts verloren sind, wenn sie nicht in der Vertragsphase festgelegt werden. Der Vertrag bestimmt den Tenor des Projekts, und es ist einfacher, die Bedingungen für einen neuen Vertrag zu regeln, als einen bereits bestehenden Vertrag zu modifizieren. Jeder, der länger als ein Jahr verheiratet ist, wird das verstehen.

Der Vertrag – Konzept und Ausführung

Der Vertrag, von dem hier die Rede ist, ist eigentlich nichts anderes als eine Übereinkunft. Berater und Klient einigen sich in diesem Vertrag darüber, was der eine vom anderen erwartet und wie die künftige Zusammenarbeit aussehen soll. In der Regel wird der Vertrag mündlich abgeschlossen. Mit externen Beratern werden dagegen des öfteren schriftliche Verträge abgeschlossen, weil man ihnen nicht so vertraut wie internen Beratern, besonders wenn es ums Geld geht. Aber auch nicht wenige interne Berater schließen grundsätzlich schriftliche Verträge ab, damit sie ein Dokument in Händen haben, in dem das Projekt, an dem sie arbeiten, schriftlich fixiert ist. Das ist gar nicht mal so schlecht, auch dann, wenn dieses Dokument lediglich als Briefform existiert. In seiner Grundform fixiert der Vertrag zwischen internem oder externem Berater und dem leitenden Angestellten die Punkte, auf die sich die Partner geeinigt haben. Der Vertrag soll nicht so sehr der Durchführung bestimmter Vertragspunkte dienen, sondern der klaren Verständigung darüber, wie sich ein Projekt gestalten soll.

Der Begriff »Vertrag«

Warum also sprechen wir von einem Vertrag statt von einer Übereinkunft? »Wir sind keine Rechtsgelehrten«, sagen die Leute oft. Ein Vertrag ist ein juristisches Dokument, das in formeller Sprache geschrieben ist. Es ist schriftlich und bindend, und es ist steif und formell. Dennoch ist der Begriff Vertrag in zweierlei Hinsicht sehr nützlich. Wir sind es nicht gewohnt, soziale oder berufliche Beziehungen als Verträge zu bezeichnen. Spricht man also in der Beratungsbeziehung von Vertrag, so macht man damit deutlich, daß mit dieser Beziehung besondere Erwartungen verknüpft sind. Verträge erhalten außerdem einige juristische Wendungen, die durchaus auf Beratungsbeziehungen anwendbar sind.

Ein rechtmäßiger Vertrag enthält zwei grundsätzliche Elemente, die auch auf Beratungsbeziehungen zutreffen: gegenseitiges Einverständnis und die Respektierung der Bedürfnisse des Partners.

Gegenseitiges Einverständnis

Beide Seiten treffen Übereinkünfte aus freien Stücken und ihren eigenen Wünschen entsprechend. Das Konzept des gegenseitigen Einverständnisses bezieht sich direkt auf die Frage, aus welchem Grund der Betriebsangehörige und der leitende Angestellte beschließen, sich gemeinsam bei einem Projekt zu engagieren. Es gibt in Unternehmen viele Kräfte, die Menschen dazu zwingen, zusammenzuarbeiten. Das Argument, daß das schließlich jeder tut, wird oft als Druckmittel gegenüber Managern benutzt. Er hat vielleicht gar nicht den Wunsch, ein Gutachten über seine Angestellten anfertigen zu lassen, aber man macht das eben, und so nimmt er schließlich zu einem Personalberater wegen eines Gutachtens Kontakt auf. Das verinnerlichte »Man sollte ...« kann viel Zwang ausüben, und manchmal scheint es unmöglich, sich gewissen Modetrends zu widersetzen. Auch der Betriebsangehörige hat ständig das »Man sollte ...« im Hinterkopf. Hat er zum Beispiel den Glauben verinnerlicht, daß man niemals »nein« zu seinem Chef sagen sollte, so kann das dazu führen, daß er für das Projekt nicht viel Begeisterung aufbringt. Der Zwang kann aber auch sehr direkt ausgeübt werden.

Wenn eine Unterhaltung vor dem Hintergrund solcher Prämissen abläuft, treffen Klient und Berater zwar eine Vereinbarung darüber, daß eine Arbeit getan werden muß, aber sie schließen keinen soliden, tragfähigen Vertrag. Der Berater handelt unter Zwang und hat die Vereinbarung nicht aus freien Stücken getroffen. Manchmal ist es nicht möglich, einen tragfähigen Vertrag auszuhandeln. Das ist nicht zu ändern. Es muß aber klargestellt werden, woran es liegt, wenn der Manager nachher mit den Ergebnissen des neuen Beurteilungsbogens unzufrieden ist – nämlich an der Unausgewogenheit des Ausgangsvertrags und nicht an der Gestalt des Formulars.

Schlüsselkonzept:
Beiden Partnern muß die gleiche Wertschätzung ihrer Anliegen zugestanden werden, damit ein solider Vertrag zustande kommen kann.

Wertschätzung der Anliegen auf beiden Seiten

In unserem Fall bedeutet *Wertschätzung* folgendes: Sowohl Berater als auch Klient haben dafür zu sorgen, daß das Projekt befriedigend verläuft. Besonders interne Berater sind daran gewöhnt, sich auf die Belange des Klienten zu konzentrieren. Das Gespräch zwischen einer Führungskraft und einem Mitarbeiter dreht sich meistens darum, welche Arbeit der Mitarbeiter für die

Führungskraft ausführen soll. Diese Dienstleistungen haben die Form von Ratschlägen, Analysen oder einfach Überlegungen. Damit jedoch ein für beide Seiten nützlicher Vertrag zustande kommen kann, muß der Mitarbeiter eine Gegenleistung bekommen. Die Bedeutung der Ausgewogenheit der Leistungsbeiträge auf beiden Seiten wird oft unterbewertet, ignoriert oder ohne Diskussion einfach vorausgesetzt.

Mitarbeiter hört man oft sagen, daß alles, was sie wollen, ein wenig Anerkennung sei, das Wissen darum, zu bestimmten Projekten etwas Wertvolles beizutragen. Auf der emotionalen Ebene mag das auch für den Berater zutreffen, aber darüber hinaus gibt es ein paar konkretere Dinge, die er braucht und die Bestandteil des Vertrags sein sollten:

- Mitspracherecht bei den Handlungsschritten, die während der Maßnahme vorgenommen werden sollen. Das bedeutet, der Berater hat Einfluß auf das, was geschieht, und wird über wichtige Ereignisse informiert – er erhält Wertschätzung für seinen Beitrag.
- Zugang zu Mitarbeitern der Führungsebene und zu Informationen, welche sich auf diese Ebene beziehen. Bewegungsfreiheit bei der Verfolgung derjenigen Problempunkte und Daten, die man für relevant hält.
- Führungskräfte müssen Zeit investieren. Die meisten Verbesserungsmaßnahmen, auch wenn schweres Gerät betroffen ist, kosten vor allem Zeit, nämlich die Zeit der Führungskräfte, um die Veränderungen zu planen und in die Abläufe zu integrieren. Oft erhält der Berater die Anweisung, die Zeit der Manager nicht zu sehr in Anspruch zu nehmen. weil »sie« die Produktion nicht unterbrechen wollen. Das ist ein Warnsignal dafür, daß der Vertrag nicht ausbalanciert ist und neu verhandelt werden muß.
- Die Gelegenheit, innovativ zu handeln. Berater möchten im allgemeinen gern etwas Neues ausprobieren. Der Berater muß das Recht haben, seine diesbezüglichen Wünsche direkt vorzutragen, statt sie irgendwie »unterjubeln« zu müssen.

Im nächsten Kapitel werden wir uns näher mit den Bedürfnissen und Wünschen des Beraters beschäftigen. Vorerst muß man sich merken, daß man lediglich seinen Einfluß und seine Bedeutung untergräbt, wenn man seine eigenen Bedürfnisse und Wünsche am Anfang herunterspielt. Der Vertrag muß daher die Bedürfnisse beider Seiten in gleichem Maß berücksichtigen, um Gewicht zu haben.

Der perfekte Vertrag

Die zwei wichtigsten Voraussetzungen seien vorab genannt. Erstens: Verhalten Sie sich authentisch. Zweitens: Lassen Sie keinen Schritt in der Vertragsphase aus.

Vertragsverhandlungen sollen das Verhandeln über die Wünsche jeder Seite zum Inhalt haben, ferner das Klären widersprüchlicher Motivationen, das Aufdecken von Ängsten vor Bloßstellung und Kontrollverlust sowie das Festlegen aller Vertragspartner. Bevor wir die einzelnen Schritte einer Vertragssitzung besprechen, wollen wir darstellen, welche Kompetenzen man haben muß, um die Vertragsverhandlungen richtig zu führen. – Sie müssen in der Lage sein,

- direkte Fragen darüber zu stellen, wer der Klient ist und welche nicht anwesenden Partner noch zum Vertrag gehören;
- herauszufinden, was der Klient eigentlich von Ihnen erwartet;
- klar und deutlich zu sagen, was Sie vom Klienten erwarten;
- ein Projekt abzulehnen oder zu verschieben, das Ihrer Einschätzung nach weniger als 50 Prozent Chancen auf Erfolg hat;
- die versteckte Angst vor Kontrollverlust des Klienten direkt zu sondieren;
- die versteckte Angst des Klienten vor Bloßstellung und seine Verletzbarkeit direkt zu sondieren;
- den Klienten mit klaren Worten zu unterstützen.

Wenn das Meeting zur Vertragsbesprechung nicht gut verläuft, sollten Sie offen mit dem Klienten diskutieren, warum das so ist.

Im nächsten Kapitel, in dem wir uns mit den Einzelheiten beim Meeting zur Vertragsbesprechung beschäftigen, werden noch mehr notwendige Kompetenzen auftauchen. Die oben angeführte Liste enthält die wichtigsten Voraussetzungen. Diese sind es auch, die vielen von uns die meisten Schwierigkeiten bereiten. Die Schwierigkeiten liegen dabei nicht so sehr in der Durchführung als vielmehr in der Einschätzung ihrer Wichtigkeit. Dabei macht die Bereitschaft zur offenen Diskussion mit dem Klienten über Kontrolle, Verletzlichkeit, über Ihre Wünsche, die Erfolgschancen und darüber, wie die Diskussion verläuft, den Unterschied zwischen einer herkömmlichen und einer herausragenden Sitzung aus. Es kann passieren, daß eine Sitzung stattfindet, in der keiner der eben genannten Punkte zur Sprache kommt. Das geschieht, wenn sich Berater und Klient im stillen darüber einig sind, daß bestimmte unangenehme Themen nicht zur Sprache kommen sollen. Man sagt dann: »Darüber werden wir sprechen, wenn sich die Notwendigkeit ergibt.« *Es ist immer notwendig, über Kontrolle, Verletzlichkeit, Ihre Wünsche und die Erfolgschancen zu reden.* Wenn Sie meinen, daß *Sie* mit ihren Klienten immer über diese Dinge reden, dann sollten Sie zufrieden sein – vielleicht ist Ihre Beratung besser, als Sie denken.

Die Bestandteile eines Vertrags

Bis hierher haben wir uns mit der Form des Vertrags beschäftigt. In diesem Abschnitt wollen wir nun auf die Inhalte des Vertrags eingehen. Zuerst aber noch ein paar Worte über die äußere Form.

Ich werde immer wieder gefragt, ob der Vertrag schriftlich abgefaßt sein sollte. Haben Sie genug Zeit und Energie, dann lautet die Antwort »ja«, denn die schriftliche Form ist klarer. Hat man einen schriftlichen Vertrag gemacht und ändert der Klient seine Meinung über seine Forderungen, so muß man einen neuen Vertrag abfassen – oder das Projekt beenden. Auch eine schriftliche Übereinkunft ändert daran nichts. Wenn Sie beispielsweise im Vertrag Bezahlung nach investierten Arbeitsstunden ausgemacht haben, so können Sie den Lohn für die Zeit fordern, die Sie bis dahin investiert haben, falls das Projekt vorzeitig beendet werden sollte. Für die meisten internen Berater liegt der wahre Wert eines schriftlichen Vertrags darin, daß so eine Verständigungsebene mit dem leitenden Angestellten gefunden werden kann, bevor das Projekt beginnt. Die schriftliche Formulierung der Vereinbarungen zwingt zur Klarheit darüber, was man tun wird.

Der schriftliche Vertrag sollte kurz, direkt und mehr oder weniger in Umgangssprache gehalten sein. Der Sinn der Sache ist die Verständigung – nicht die, sich eventuell vor Gericht schützen zu können.

Der Vertrag sollte nach Möglichkeit die nachfolgend aufgeführten Bestandteile enthalten, besonders dann, wenn der Vertrag einem bedeutenden Projekt vorangeht ...

1. Der äußere Rahmen Ihrer Analyse

Beginnen Sie mit der Bezeichnung des Problems, auf das Sie sich konzentrieren werden. Wenn darüber schon in der Vertragssitzung gesprochen wurde, so können Sie im Vertrag auch festlegen, mit welchen Themen Sie sich nicht beschäftigen werden.

Beispiele

»Die Studie betrifft den Reaktorofen der Firma Brogan und das dazugehörige Betriebssystem. Mit den Problemen des Kraftwerkblocks B werden wir uns nicht beschäftigen.«
»Wir werden die Effektivität der gegenwärtigen Struktur der Marketingorganisation und ihre Interaktion mit der Verkaufsabteilung untersuchen.«

2. Zielsetzungen für das Projekt

Hier werden die organisatorischen Verbesserungen beschrieben, die Sie sich von einem erfolgreichen Beratungsprojekt versprechen. Auch für den Klienten ist das eine gute Orientierungshilfe, und es kann verhindert werden, daß er sich übertriebene Vorstellungen vom Erfolg des Projekts macht. Sie können keine Wunder vollbringen, und es ist wichtig, daß der Klient das nicht vergißt.

Es gibt drei Gebiete, auf denen Sie dem Klienten voraussichtlich gute Dienste leisten können. Sie sollten von vornherein klarlegen, welche dieser Gebiete Teil Ihres Vertrags sein werden.

Das Lösen eines bestimmten technischen/organisatorischen Problems. Der Klient möchte Ihre Hilfe, weil ihm irgend etwas in seinem Unternehmen Kummer bereitet. Das unmittelbare Ziel ist es, diesen Kummer zu lindern, ob er nun von derzeit unbefriedigenden Ergebnissen oder von der Tatsache herrührt, daß Verbesserungsmöglichkeiten für die Situation nicht erkannt und genutzt werden können.

Dem Klienten beibringen, wie er das nächste Mal das Problem selbst lösen kann. Es ist möglich, eine Lösung zu entwickeln und sie einfach dem Klienten zu überreichen. Knüpft man aber die Erwartung daran, daß der Klient das nächste Mal in der Lage sein soll, die Lösung des Problems alleine zu finden, so muß man das klar herausstellen. In diesem Fall wird nämlich eine Menge mehr Mithilfe von seiten des Klienten während des Projektverlaufs erforderlich, damit ihm der Vorgang der Problemlösung klar wird.

Das Unternehmen möchte die Nutzung seiner Ressourcen, den Gebrauch seiner Systeme und die interne Arbeitsstruktur verbessern. Bei jedem geschäftlichen oder technischen Problem ist der Umgang mit dem Problem selbst Teil des Problems. Man nennt das manchmal die »Politik der Situation«. Viele interne Berater begeben sich nur ungern auf dieses heikle Gebiet. Je mehr Sie das Thema Problembewältigung aber in die Zielsetzung des Projekts einbauen können, desto effektiver wird Ihre Intervention auf lange Sicht sein. (Mehr hierüber findet sich in den Kapiteln über Datensammlung und -analyse.)

Beispiele: Geschäftliche Ziele

»Das Ziel der Studie ist es, die Betriebseffizienz des Hochofens um vier Prozent zu steigern.«

»Wir möchten, daß die Marketingabteilung künftig flexibler auf Veränderungen reagieren kann, die den Verbrauchermarkt betreffen. Wir werden dabei vor allem darauf hinarbeiten, die Einführungszeit für ein neues Produkt um sechs Wochen zu verringern.«

Lernziele

»Das zweite Ziel besteht darin, den Technikern des Werks Anleitungen zu geben, wie man diese Art von Reaktoranalyse durchführt.«

»Die Marketingabteilung wird mehr Effektivität erzielen, indem sie lernt, ihre Fähigkeit, auf den Markt zu reagieren, selbst einzuschätzen, um sich dann entsprechend zu strukturieren.«

Ziele für die Entwicklung der Organisation

»Dieses Projekt soll dem Werksleiter helfen, neue Organisationsmöglichkeiten für die Interaktion von Technik und Organisation im Werk zu finden.«

»Ein Ziel des Projekts ist es, die Zusammenarbeit zwischen Marktforschungsgruppe und Produktleitung zu verbessern.«

3. Welche Information suchen Sie?

Zugang zu den Leuten und zu Informationen sind die Hauptwünsche des Beraters. Die Betriebsleitung hat Schwierigkeiten zu entscheiden, wie weit sie sich von Ihnen in die Karten sehen lassen soll. Auf der einen Seite möchte sie Ihnen gern mitteilen, was los ist, auf der anderen Seite hat sie Angst, Ihnen mitzuteilen, was wirklich los ist. Sie sollen näherrücken, aber nicht zu nahe. Was immer der leitende Angestellte Ihnen erzählen mag – immer möchte er irgendwie zu hören bekommen, daß das Unternehmen unter den gegebenen Umständen sein Bestes gibt. Dieses Bedürfnis nach Bestätigung kann unter Umständen stärker sein als der Wunsch, ein Problem zu lösen. Das Mitteilungsbedürfnis des Unternehmens ist aus den genannten Gründen sehr ambivalent. Diese Ambivalenz kann man umgehen, indem man von Anfang an klar zum Ausdruck bringt, welche Arten von Informationen man braucht.

So kann man im Vertrag bereits die Informationen, die man benötigt, spezifizieren, wie zum Beispiel technische Daten, Zahlen, Arbeitsabläufe; die Einstellung der Leute zu dem betreffenden Problem, Rollen und Verantwortlichkeiten.

Beispiele: Technische Daten, Zahlen und Arbeitsablauf

»Um das Projekt ausführen zu können, benötigen wir die täglichen Produktionszahlen der Anlage sowie Arbeitstemperatur und -druck im Hochofen.«

»Ihre Aufgabe bei dem Projekt wird unter anderem darin bestehen, eine Liste von Maßnahmen bereitzustellen, mit deren Hilfe die täglichen Hauptbucheintragungen mit den Umsatzzahlen der Gruppe in Einklang gebracht werden können.«

»Die geplanten und bestehenden Zeitpläne für die ersten sechs Maßnahmen, die zur Verbesserung des Produkts vorgenommen werden sollen, müssen uns vorgelegt werden.«

Die Meinungen der Leute

»Wir möchten uns mit den Operatoren des Hochofens unterhalten, um von ihnen zu erfahren, welche Art von Fortbildung sie ihrer Meinung nach benötigen. Außerdem möchten wir herausfinden, warum die Art, wie die Überwachungsgruppe auf gute oder schlechte Leistungen reagiert, auf sie so und nicht anders wirkt.«

»Wir möchten mindestens fünfzehn Leute nach ihrer Einschätzung der derzeitigen Marketingeffizienz befragen, um uns ein Bild hiervon machen zu können.«

Rollen und Verantwortlichkeiten

»Alle Aufseher werden uns darüber informieren, wie sie ihren Job einschätzen, und die Autorität beurteilen, die sie haben, um ihren Teil der Arbeit zu bewältigen.«

»Die Marketingorganisation wird in jeder Arbeitsphase darlegen, wer für wichtige Entscheidungen über neue Produkte zuständig ist.«

4. Die Rolle des Beraters beim Projekt

Hier erläutern Sie *Ihre Wünsche zur Zusammenarbeit* mit dem Klienten. Wenn Sie eine gute Zusammenarbeit mit dem Klienten wünschen, so sollten Sie dafür schon jetzt die Weichen stellen. Äußern Sie Absichten und Ideen. Es hat keinen Sinn, die möglichen Wege der Zusammenarbeit einfach aufzuzeigen, denn die lassen sich am Anfang schwer voraussagen. Sie können aber zum Ausdruck bringen, daß Sie sich eine ausgewogene Verteilung der Verantwortung hinsichtlich der Identifikation der Probleme wünschen, ferner der Interpretation des Resultats und der Entwicklung von Vorschlägen und Aktionsplänen.

Beispiel

»Wir sehen unsere primäre Aufgabe darin, Ihnen ein klares und verständliches Bild davon zu geben, wie Ihre Anlage im Moment läuft und wie der Reaktorofen betreut wird. Während wir das Sachwissen zur Bauweise der Anlage haben, besitzen Sie eine Menge Wissen über die täglichen Arbeitsabläufe. Wir würden gern eine Analyse der Effizienzprobleme anfertigen und dann gemeinsam mit Ihnen Vorschläge erarbeiten, welche Veränderungen vorgenommen werden sollten. Große Bedeutung kommt dabei unserer Aufgabe zu, unsere Hilfestellung so zu gestalten, daß Sie in die Lage versetzt werden, ein solches Problem das nächste Mal selbst zu lösen. Es ist deshalb erforderlich, daß die Vorarbeiter an jedem Schritt der Studie beteiligt sind. Unsere Aufgaben bestehen darin, sowohl passende Lösungen für das aktuelle Problem zu finden, als auch einen wichtigen Beitrag zu Ihrer Weiterbildung und der Ihrer Vorarbeiter zu leisten.«

5. Das Produkt, das Sie liefern werden

An dieser Stelle ist es wichtig, genau zu erklären, was Sie anzubieten haben. Wird Ihr Feedback mündlich oder schriftlich sein? Wie lang wird es sein und wie detailliert? Wird Ihr Report fünf Seiten oder eher fünfzig Seiten umfassen? Wie detailliert werden Ihre Empfehlungen sein? Werden Sie eher allgemeine Vorschläge dazu machen, wie man Verbesserungen erlangen könnte, oder werden Sie eine konkrete Liste von Handlungsschritten zur Durchführung von Maßnahmen geben? Werden die Lösungsvorschläge, die Sie für das aktuelle Problem anbieten, auf spätere Probleme übertragbar sein?

Natürlich kann man nicht alles am Anfang voraussagen, aber aus Erfahrung wissen Sie, wie weit Sie ins Detail gehen werden. Diese Dimension einer Beratungsbeziehung – Detailliertheit und die Art der Vorschläge – ist ein Hauptgrund dafür, daß Klienten von Beratungen, die sie erhalten haben, nicht selten enttäuscht waren. Das bedeutet nicht, daß Vorschläge immer detailliert oder immer allgemein sein sollen, hängt das doch ganz von der Aufgabe ab, der der Berater gegenübersteht. Es bedeutet aber, daß Sie dem Klienten klar zu verstehen geben sollten, wie Ihr Produkt aussehen wird.

Beispiel: Sie stellen spezifische Empfehlungen in Aussicht

»Das Resultat des Projekts wird eine detaillierte schriftliche Beschreibung unserer Untersuchungsergebnisse sein, wobei der Report zwischen fünfzehn und vierzig Seiten umfassen wird. Für jedes wichtige Ergebnis werden wir spezifische Empfehlungen geben, mit denen Sie dann arbeiten können.«

Beispiel: Sie stellen allgemeine Empfehlungen in Aussicht

»Wir werden Ihnen eine grobe Zusammenfassung der wichtigsten Rückschlüsse aus unseren Interviews geben. Diese werden nur die kritischen Gebiete erfassen, die in Betracht gezogen werden müssen. Konkrete Empfehlungen werden mit Ihnen zusammen entwickelt werden, nachdem ein Themenkatalog aufgestellt worden ist. Diese Empfehlungen werden in dem halbtägigen Feedback-Meeting erörtert werden, das Sie an das Ende des Projekts gelegt haben.«

Wenn Sie dem Klienten Ergebnisse in Aussicht stellen, sollten Sie nicht vergessen, irgendwann klarzustellen, daß der Klient daran maßgeblich beteiligt sein wird. Schließlich ist es der Klient, der fortlaufend Ergebnisse liefern wird. Sie *können* die Lösung des Problems garantieren, aber Sie *können nicht* garantieren, daß die Lösungsvorschläge befolgt werden. Sie können zwar die Problemlösung von A bis Z auf Ihre Schultern laden und sich dabei wohler fühlen, aber dann enthalten Sie dem Klienten vielleicht den Teil der Verantwortung für die Problemlösung vor, die ihm eigentlich zusteht.

6. Welche Art von Unterstützung und Mitarbeit soll der Klient Ihnen geben?

Dies ist für den Berater das Herzstück des Vertrags. Hier erläutern Sie, in welcher Weise der Klient Sie unterstützen soll, damit das Projekt ein Erfolg wird. Diese Liste zeigt auch, was der Klient Ihnen anbietet. Führen Sie hier vor allem die Wünsche auf, die Gegenstand von Diskussionen in der mündlichen Vertragsbesprechung waren. Die schriftliche Fixierung Ihrer Wünsche gewährleistet, daß sie den Partner auch erreichen – und sollte irgendein Problempunkt zur Sprache gekommen sein, so sollten Sie hiervon eine Notiz anfertigen, um sicher zu sein, daß der Punkt geklärt wird.

Beispiel

»Sie, der leitende Angestellte, haben eingewilligt, das Bestehen und die Notwendigkeit dieses Projekts Ihrem Unternehmen mitzuteilen. Wir haben uns auch darüber geeinigt, daß wir den stellvertretenden Abteilungsleiter einbeziehen, um seine Meinung zu dem Problem zu hören und ihn zur zweiten gemeinsamen Sitzung einzuladen [ein mögliches Beispiel für ein heikles Diskussionsthema]. Außerdem werden zwei Leute aus Ihrer Belegschaft für einen Zeitraum von höchstens sieben Tagen abgestellt, um uns bei der Datenanalyse und der Zusammenfassung zu unterstützen.«

7. Zeitplan

Der Zeitplan umfaßt den Start, einige Eckpfeiler während der Problemlösungsphase und den Endpunkt des Projekts. Wenn Sie dem Klienten Zwischenberichte geben möchten, legen Sie die Zeitpunkte dafür schon am Anfang fest. Es ist immer einfacher, eine Sitzung zu streichen, als in letzter Minute noch eine anzuberaumen.

Beispiel

»Wir können in sechs Wochen mit der Arbeit beginnen, und wir planen, sie zehn Wochen nach Beginn zu beenden.«

8. Vertrauen

Da es niemals nur um die technische Lösung von Problemen geht, sondern immer auch um das Arbeitsklima, sollte man sich stets Gedanken darüber machen, wer welchen Bericht bekommt. Ich neige dazu, in diesem Punkt sehr zurückhaltend zu sein, und ziehe es vor, dem Klienten die Entscheidung darüber zu überlassen, wer über die Untersuchungsergebnisse informiert werden soll. Diesen Luxus kann man sich leisten, wenn man als externer Berater arbeitet. Als interner Berater hat man vielleicht gar keine andere Wahl, als eine technische Untersuchung oder das Ergebnis einer Buchprüfung nach oben weiterzugeben. Alles, was Sie in diesem Fall tun können, ist, dem Klienten mitzuteilen, wem Sie Kopien Ihres Reports übergeben müssen. Das gibt dem Klienten die Möglichkeit, sich zu überlegen, wie er sich im Bedarfsfall schützen kann.

Beispiel: Ein leichter Fall

»Die Ergebnisse dieser Studie werden dem technischen Leiter übergeben werden. Jede Weitergabe der Erkenntnisse bleibt dem technischen Leiter überlassen. Sollten die internen Berater Anordnung erhalten, die Ergebnisse anderen Teilen des Unternehmens mitzuteilen, so wird der technische Leiter hierüber informiert werden, und man wird ihn zu den Sitzungen zu diesem Thema einladen.«

Beispiel: Ein schwieriger Fall

»Die Ergebnisse der Buchprüfung werden dem Buchprüfungsausschuß des Managements mitgeteilt werden. Bevor der Bericht ausgehändigt wird, erhält der Abteilungsleiter Gelegenheit, die Ergebnisse der Buchprüfung und die Empfehlungen durchzusehen und zu kommentieren. Diesem [üblichen] Verfahren liegt die Absicht zugrunde, daß der Buchprüfungsbericht, der an den Buchprüfungsausschuß geht, sowohl vom Abteilungsleiter als auch vom Buchprüfungsteam getragen wird. Der Abschlußbericht enthält auch eine Liste von Korrekturmaßnahmen, welche die Abteilung plant.«

9. Feedback an den Berater

Sie können in den Vertrag die Bitte einfügen, daß der Klient Sie über die Ergebnisse Ihrer Intervention sechs Monate nach deren Beendigung informiert. Wenn Sie also an Feedback interessiert sind, bitten Sie darum, einen entsprechenden Bericht zu erhalten.

Beispiel

»Sechs Monate nach Beendigung des Projekts wird der Berater den Klienten auffordern, ihm mitzuteilen, welche Wirkung das Projekt hatte. Das kann geschehen, indem man die Leute bittet, einen Fragebogen auszufüllen; das kann telefonisches Feedback bedeuten; das kann aber auch durch Übersendung einiger neuerer Betriebsdaten an den Berater geschehen.«

Checkliste Nr. 2: Auswerten eines älteren Vertrags

Suchen Sie einen der schwierigeren Verträge aus, die Sie bisher abgeschlossen haben. Schreiben Sie die Bestandteile dieses Vertrags heraus, und teilen Sie sie in Gruppen mit folgenden Überschriften ein:

1. Der Rahmen Ihrer Auswertung
2. Ziele des Projekts
3. Welche Informationen suchen Sie?
4. Ihre Rolle beim Projekt
5. Das Produkt, das Sie liefern werden
6. Welche Art von Unterstützung und Mitarbeit benötigen Sie vom Klienten?
7. Zeitplan
8. Vertrauen
9. Feedback an Sie (nach einiger Zeit)

Grundregeln für den Vertragsabschluß

Im nächsten Kapitel findet sich ein Muster für eine Vertragsbesprechung. Dem Muster liegt ein Katalog von Grundregeln zugrunde, den ich nach intensiver Beschäftigung mit der Gestaltpsychologie entworfen habe.*

1. Die Verantwortung muß auf beide Partner gleich verteilt sein. Jede Geschichte hat zwei Seiten. Es muß Symmetrie herrschen. Ist das nicht der Fall, wird die Partnerschaft zusammenbrechen. Der Vertrag muß unbedingt »50 zu 50« sein.
2. Der Vertrag muß ohne Zwang geschlossen werden.
3. Von nichts kommt nichts. Beide Seiten müssen an einem befriedigenden Ausgang des Projekts interessiert sein – auch bei einem Vorgesetzten-Untergebenen-Verhältnis.
4. Alle Wünsche sind legitim. Wollen ist ein natürliches Grundrecht des Menschen. Man kann nicht sagen: »Das dürfen Sie nicht wollen.«
5. Man darf sich weigern, etwas zu tun, was andere von einem verlangen. Auch gegenüber Klienten.
6. Sie bekommen nicht immer, was Sie wollen. Dennoch atmen Sie noch. Sie werden überleben, und Sie werden auch weiterhin Klienten haben.
7. Sie können durch den Vertrag das Verhalten reglementieren, aber Sie können nicht vertraglich verlangen, daß der andere Mensch seine Gefühle ändert.
8. Sie können vom anderen nicht verlangen, daß er ihnen etwas gibt, was er nicht hat.
9. Sie können nichts versprechen, was sie nicht geben können.
10. Sie können nicht mit Personen Verträge abschließen, die nicht anwesend sind, wie zum Beispiel die Vorgesetzten und die Untergebenen des Klienten. Um mit ihnen Übereinkünfte treffen zu können, müssen Sie persönlich mit ihnen sprechen.
11. Wenn möglich, sollten Sie Verträge niederschreiben. Die

---

* Ich habe ein Seminar besucht, das von Claire und Mike Reiker geleitet wurde. Die beiden stellten die Grundregeln so klar und eindrücklich dar, daß ich mich seither immer nach ihnen gerichtet habe.

meisten Verträge werden aus Nachlässigkeit, nicht absichtlich gebrochen.
12. Zwischenmenschliche Vereinbarungen kann man immer neu verhandeln. Wenn jemand den Vertrag mitten im Projekt ändern möchte, so seien Sie froh, daß er es sagt und nicht stillschweigend eigenmächtig handelt.
13. Der Vertrag muß auf eine bestimmte Dauer festgelegt sein.
14. Gute Verträge verlangen gutes Vertrauen – und oft unvorhergesehenes Glück.

KAPITEL 5

DIE VERTRAGSBESPRECHUNG

Es gibt einen alten Witz von David Steinberg: Ein Mann erscheint zur ersten Sitzung bei seinem Psychiater. Er tritt ein und sieht zwei Stühle vor sich stehen. Daraufhin wendet er sich an den Psychiater und fragt: »Welchen Stuhl soll ich nehmen?« Der Psychiater antwortet: »Irgendeinen.« Der Mann setzt sich auf einen der Stühle – und im selben Augenblick springt der Psychiater auf, zeigt mit anklagendem Finger auf ihn und ruft aus: »Aha! Wissen Sie, egal, wofür Sie sich entscheiden, es hat immer etwas zu bedeuten.«

Mit dem Vertragsabschluß verhält es sich genauso. So gut wie jedes Ereignis trägt in sich eine Botschaft darüber, wie das Projekt sich entwickeln und wie der Klient sein wird.

Die Art, wie Berater und Klient während der ersten Vertragsbesprechungen miteinander kommunizieren, ist ein sicheres Indiz dafür, wie das Projekt selbst verlaufen wird. Wenn Sie diesen Grundsatz verinnerlicht haben, werden Sie dem Verlauf dieser ersten Treffen viel Aufmerksamkeit schenken. In der Tat besteht der schwierigste Teil der Vertragsphase darin, Problemsituationen zwischen Berater und Klienten in dem Moment, in dem sie auftreten, zu erkennen und zu diskutieren.

Der Termin für die erste Besprechung wird in der Regel telefonisch vereinbart. Im Verlauf dieses Gesprächs können verschiedene Dinge geklärt werden, die zur Vorbereitung des Treffens wichtig sind. Zunächst einmal: Wer hat um diese Besprechung gebeten? Die Antwort auf diese Frage gibt einen ersten Hinweis darauf, bei wem die Verantwortung liegt. Sollte irgend jemand anderes dem leitenden Angestellten vorgeschlagen haben, einen Mitarbeiter um Rat zu fragen, ist das ein Hinweis darauf, daß der Manager vielleicht unter Druck handelt. Finden Sie heraus, wer beim ersten Treffen zugegen sein wird und welche Rollen die Anwesenden spielen. Und weiter: Wieviel Zeit steht für die Besprechung zur Verfügung? Hier kann man schon gleich erkennen, welche Wichtigkeit der Manager dem Projekt beimißt. Sagt er: »Wir haben eine halbe Stunde«, so kommt dieser Aussage grundsätzlich eine andere Bedeutung zu als der Antwort: »Wir haben so viel Zeit, wie wir brauchen.«

Klären Sie, welche Ergebnisse man sich von diesem Treffen verspricht. Soll hier besprochen werden, wie man anfangen soll, oder soll überhaupt erst einmal besprochen werden, ob etwas getan werden soll? Dann: Wird man von Ihnen Vorschläge erwarten? Wenn man diese Punkte schon vor dem ersten Treffen klärt, hat man mehr Material an der Hand, um sich auf das Treffen vorzubereiten. Der Klient sollte auch sofort erkennen, daß Sie von folgender Maxime ausgehen: Die Partner werden die Verantwortung zu gleichen Teilen tragen – Sie wollen also eine verantwortliche Rolle spielen und nicht nur dienende Funktion haben.

All das ist natürlich leichter zu erreichen, wenn der Wunsch nach diesem Treffen vom Klienten ausgeht und nicht Sie derjenige sind, der anklopft. Deshalb werden wir uns in diesem Kapitel auch damit beschäftigen, wie man Klienten seine Dienste anbietet, die noch gar nicht wissen, daß sie Hilfe benötigen. Auf jeden Fall sollten Sie zumindest folgende Fragen stellen, wenn der Klient Sie anruft, um ein Treffen mit Ihnen zu vereinbaren:

- Worüber möchten Sie mit mir sprechen?
- Wer ist bei diesem Projekt der Klient?
- Wer wird noch bei dem Treffen anwesend sein? In welcher Funktion?
- Wieviel Zeit werden wir haben?
- Sind Sie sich bereits sicher, daß ein Projekt begonnen wird, oder wollen Sie erst einmal besprechen, ob überhaupt etwas getan werden muß?

Wer ist der Klient?

Wenn Sie dann mit dem Klienten zusammenkommen, um die Vertragsbesprechungen zu beginnen, lautet die primäre Frage: Wer ist der Klient? Die meisten Projekte haben mehrere Klienten. Der leitende Angestellte, mit dem Sie sich unterhalten, ist bestimmt einer der Klienten. Wahrscheinlich haben aber noch andere Personen ein Mitspracherecht (siehe auch Kapitel 7). Eine Grundregel bei der Vertragsbesprechung lautet: Schließe keine Verträge mit Abwesenden ab. Wenn einer der Hauptakteure bei der Planung des Projekts nicht anwesend ist, können Sie nicht davon ausgehen, daß er mit allen Punkten des Projekts einverstanden sein wird. Deshalb sollten Sie auf jeden Fall um ein Gespräch bei ihm nachsuchen. Klient oder Klienten bei einem Projekt sind in der Regel die Leute, die

– bei der ersten Planungssitzung anwesend sind;
– die Zielsetzungen des Projekts vorgeben;
– den Aktionen zustimmen;
– Ihre Abschlußberichte erhalten werden.

Der Klient kann also eine einzelne Person sein, ein Topmanagement-Team, eine ganze Abteilung, die bei der Zusammenarbeit mit Ihnen durch eine Planungsgruppe repräsentiert sein wird, oder der Klient kann sogar Ihr eigener Chef sein. Versuchen Sie, sich wenigstens einmal mit jeder Person besprochen zu haben, die am Betreiben dieses Projekts beteiligt ist, selbst wenn eine der Personen eine Funktion auf einer sehr hohen Verwaltungsebene ausübt. So können Sie sich selbst ein Bild davon machen, was man von Ihnen will und ob Ihre Planung alle Beteiligten zufriedenstellen wird.

Es ist ratsam, die Schritte bis hin zum endgültigen Vertragsabschluß in logischer Reihenfolge zu absolvieren. Schaubild 2 zeigt eine Reihe von Schritten, die entweder zu einer Einigung über eine Zusammenarbeit führen oder aber zu der Übereinkunft, nicht miteinander zu arbeiten. Wenn Sie dieses Modell benutzen, können Sie sicher sein, daß Sie die Vertragsphase adäquat angehen und zu Ende führen. Durch die Beschreibung der einzelnen Verhandlungsschritte möchte ich erstens jede Aufgabe, die erfüllt werden muß, klar darstellen und zweitens zeigen, wie die Erfüllung der Aufgabe in einer echten Vertragsverhandlung aussehen würde.

Das Ziel, das wir hier vor Augen haben, ist es, einen tragfähigen, ausgewogenen und ausführbaren Vertrag zwischen Berater und Klienten auszuarbeiten.

Schritt 1: Gegenseitige »Aufwärmphase«

Auch wenn ein leitender Angestellter noch so motiviert ist, Hilfe zu suchen, fällt es Unternehmen immer schwer, um Hilfe zu bitten. Ich bin nun schon seit Jahren als Berater tätig, und ich spüre nach wie vor ein gewisses Unbehagen, wenn mein eigenes Unternehmen einen Berater engagiert, um uns bei der Lösung eines Problems zu helfen. Zu Beginn des ersten Treffens muß also erst einmal das Eis gebrochen werden. Einige Leute versuchen das zu erreichen, indem sie über Fußballergebnisse oder das Wetter reden. Es wäre aber besser, die Sache etwas persönlicher zu gestalten. In meinen Workshops schlage ich den Leuten folgendes vor:

Sprechen Sie über Ihre persönlichen Gefühle, die Sie anläßlich dieses Treffens mit dem Klienten verspüren.

Einige Beispiele

»Dieser Produktionsbereich gehört zu den wenigen, mit denen ich noch nicht zusammengearbeitet habe. Ich freue mich, daß Sie angerufen haben.«

»Ich war überrascht, daß Sie sich für unsere Tätigkeit interessieren. Ich hoffe, wir können etwas erarbeiten.«

»Es sieht so aus, als ob es etwas hektisch für Sie ist. Ich hoffe, dies ist ein guter Zeitpunkt für eine Zusammenarbeit.«

Wer ist der Klient?

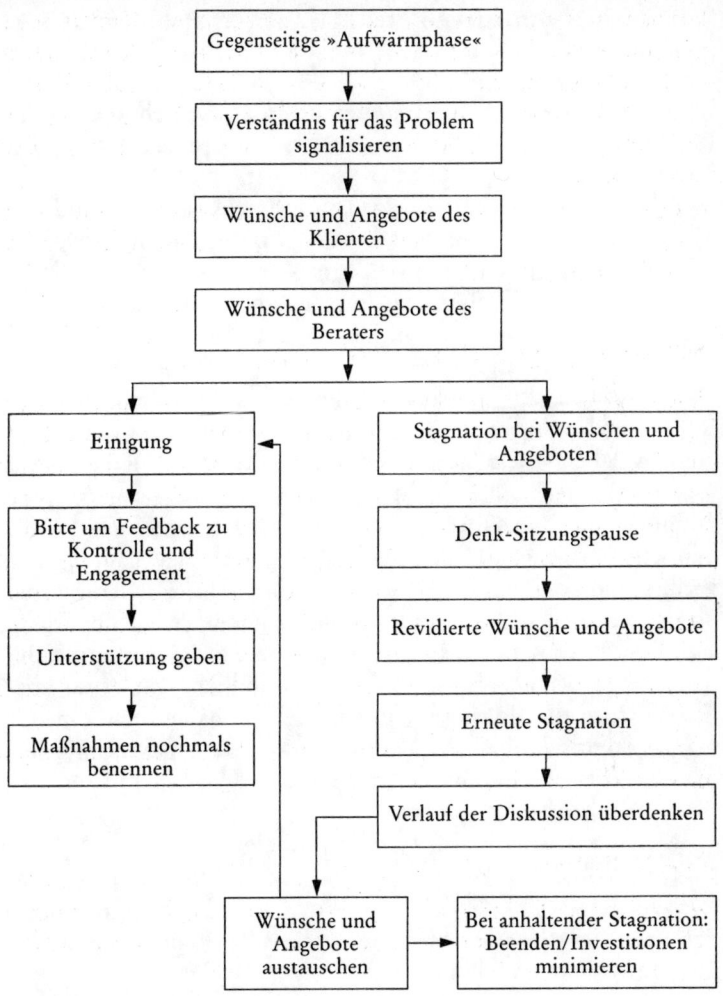

Schaubild 2: Dirigieren des Meetings zur Vertragsbesprechung

Schritt 2: Signalisieren Sie, daß Sie das Problem verstehen

Klienten legen in der Regel großen Eifer bei der Schilderung des Problems oder der allgemeinen Situation an den Tag. Hinter diesem Eifer versteckt sich oft der Glaube des leitenden Angestellten, daß einige Aspekte der Situation einzigartig sind und daß seine Organisation wirklich etwas ganz Besonderes ist. Oft herrscht der Glaube vor, daß die Situation so besonders und einzigartig ist, daß sie überhaupt nur jemand verstehen kann, der mit ihr seit mindestens einem Jahr vertraut ist.

Der Glaube an die Einzigartigkeit der Situation und folglich der Zweifel an der Fähigkeit des Beraters, sie zu verstehen, wird oft unterschwellig zum Ausdruck gebracht. So fragt der Klient gern, welche Arbeit Sie an anderen Stellen des Unternehmens tun, wem Sie Bericht erstatten, seit wann Sie diese Art von Tätigkeit schon ausüben und ob Sie überhaupt meinen, behilflich sein zu können. Hinter all diesen Bemerkungen und Fragen verbirgt sich die einfache Frage, ob dem Klienten geholfen und ob das Problem gelöst werden kann. Schließlich hat der Klient sein Bestes getan, um das Problem selbst zu lösen, bevor der Berater ins Spiel kam. Es ist nur zu verständlich, daß er darüber frustriert ist, die Lösung nicht gefunden zu haben, und einigermaßen skeptisch, daß dem Berater dieses gelingen wird.

Folgende grundsätzliche Anliegen des Klienten müssen von Anfang an bearbeitet werden:

»Meine Situation ist ganz und gar einzigartig.«

»Das Problem ist kompliziert und widersetzt sich einer einfachen Lösung.«

»Wie also sollen Sie, ein Berater, ein Außenstehender, uns eine große Hilfe sein, noch dazu in so kurzer Zeit?«

Der Berater muß signalisieren, daß er Einblick in das Problem hat, indem er die besonderen Aspekte der Situation anerkennt, auf die scheinbare Komplexität der Situation eingeht und die Angst des Klienten (»Mir kann nicht geholfen werden«) zur Sprache bringt.

Gehen Sie deshalb (weitgehend) wie im folgenden beschrieben vor:

Erkennen Sie die besonderen Aspekte der Situation an

Da jeder Klient mit anderen Leuten und in anderer Umgebung arbeitet, hat der Anspruch des leitenden Angestellten auf Besonderheit eine gewisse Gültigkeit. Aus der Sicht des Beraters sind dagegen die Ähnlichkeiten dieses Klienten mit anderen Klienten, mit denen er gearbeitet hat, von größerer Bedeutung. Am Anfang ist es dennoch wichtig, die Besonderheiten des jeweiligen Projekts in Worte zu fassen.

Beispiele

»Ihre Situation birgt zwei besondere Aspekte, nämlich der Druck, der von oben auf Sie ausgeübt wird, und das Wüstenklima, das an diesem Ort herrscht.«

»Ihre Situation hat einige Besonderheiten, die sie zugleich interessant und frustrierend machen.«

Sagen Sie mit Ihren eigenen Worten, wie das Problem auf Sie wirkt

Erklären Sie, daß das Problem tatsächlich ziemlich schwierig ist, daß Sie aber trotzdem beginnen, es zu verstehen. So wächst in dem Klienten langsam das Gefühl, verstanden und unterstützt zu werden. An diesem Punkt kennen Sie das wirkliche Problem noch gar nicht, denn das *wirkliche Problem* unterscheidet sich oft ziemlich von dem, was der Klient zu Beginn dargestellt hat. Vorerst möchten Sie dem Klienten mitteilen, daß Sie ihm zuhören und daß Sie genug technisches Fachwissen haben, um die Situation schnell zu begreifen.

Die meisten Manager haben die Erfahrung gemacht, daß Experten ihnen so gut wie gar nicht zuhören. Deshalb sind sie nun überrascht von der »Aufnahmefähigkeit« des Beraters. Der Manager sagt zum Beispiel: »Die Technikdesigngruppe und die

Werktechniker geben sich immer gegenseitig die Schuld für das Versagen der Anlage.« Meine Antwort lautet: »Ich wette, daß sie gemeinsam nicht einen einzigen Aktionsplan zustande bringen, den sie gutheißen können.« Der Manager sagt: »Das stimmt. Woher wissen Sie das? Sie haben eine gute Auffassungsgabe.« Dabei hat so etwas nichts mit Auffassungsgabe zu tun – Sie hören lediglich zu und geben wieder, was der Manager gesagt hat.

Beispiele

»Sie haben zwar viele Elemente des Problems angesprochen, dennoch habe ich den Eindruck, daß die Einstellung des Operators gegenüber der Bedienungsweise der Anlage einer der wesentlichen Punkte ist, über die gesprochen werden muß.«

»Sie haben mir sehr detailliert Ihre Probleme mit Spesenabrechnungen, der Portokasse oder dem Bezahlen von Rechnungen geschildert. Ich meine aber herauszuhören, daß Ihre wirkliche Sorge dem Fehlen von bestimmten Kontrollen auf bestimmten Gebieten gilt.«

»Ich sehe, daß Sie besorgt sind über die Bummelei, den wilden Streik, die verdächtigen Explosionen, die mutwillige Zerstörung von Eigentum und die Tatsache, daß irgend jemand am Wochenende alle beweglichen Teile der Ausrüstung verklebt und verlötet hat. Wenn ich Sie recht verstehe, gilt Ihre wirkliche Sorge jedoch der Tatsache, daß die Leute offensichtlich nicht gern hier arbeiten.«

Versichern Sie dem Manager, daß es auch zu diesem besonderen und komplizierten Problem Lösungen gibt und daß Sie ihm helfen können

Ihre Versicherung muß echt sein. Sie sagen nur, daß Sie bei der Hilfe nach einer Lösung behilflich sein können, und nicht, daß Sie die Lösung parat haben. Ihr Fachwissen liegt darin, daß Sie Wege kennen, eine Lösung zu finden. Das ist es, was Sie anzubieten haben. An diesem Punkt möchte der Klient wissen: »Ist der Berater jemand, an den ich mich vertrauensvoll wenden kann bei der Suche nach Hilfe bei diesem Problem?« Der Berater gibt sein »Ja«, aber mit Vorbehalt – mit Vorbehalt deshalb, weil Sie zu diesem frühen Zeitpunkt noch nicht wissen, was genau der Klient von Ihnen will oder welche Art von Unterstützung er bereit ist, Ihnen zu geben. Bevor Sie nicht genau wissen, was der Klient will und was er bietet, wissen Sie nicht, ob es sich hier um ein Projekt handelt, bei dem Sie Erfolg haben werden.

Beispiele

»Trotz der Frustration, die Sie spüren, kann ich Ihnen bei diesem Problem helfen.«

»Mein Hintergrundwissen kann in dieser Situation sehr nützlich sein. Ich glaube, ich kann Ihnen helfen.«

»Diese Art von Projekt interessiert mich sehr. Außerdem haben wir uns in letzter Zeit viel mit Dingen dieser Art beschäftigt.«

Es ist hilfreich, das Verständnis für das Problem in kurzen, einfachen Sätzen auszudrücken. Man läßt sich leicht dazu verleiten, sich etwas im Detail zu verlieren, zu früh zu tief in die Analyse des Problems einzutauchen. Zunächst einmal geht es um die Auseinandersetzung mit den unterschwelligen Ängsten des Klienten, ob ihm angesichts der Einzigartigkeit und Komplexität seiner Probleme überhaupt geholfen werden kann. Die Aufgabe besteht vorerst nicht darin, den Kern des Problems zu ergründen – das kommt später. Auf die emotionalen Nöte des Klienten kann man besser mit kurzen statt mit langen Worten, mit direkten Äußerungen statt mit Gerede reagieren. Machen Sie direkte Aussagen, die Verständnis und Unterstützung ausdrücken, ohne übermäßige Fürsorglichkeit oder falschen Optimismus. Der nächste Schritt ist die genauere Beschäftigung damit, was Sie und der Klient wirklich voneinander erwarten.

Schritt 3: Wünsche und Angebote des Klienten

Nachdem man sich begrüßt hat und Sie die ersten Äußerungen des Managers darüber, was ihm Sorgen bereitet, angehört haben, schauen Sie ihm in die Augen und sagen: »Also ... was wollen Sie von mir?« Die Antwort ist das Kernstück der Vertragsverhandlungen, und die Frage muß geradeheraus gestellt werden. Mit Hilfe dieser Frage können Sie feststellen, ob und wie das Projekt ein Erfolg werden kann.

Es besteht ein Unterschied zwischen den Erwartungen, die der Klient an *das Projekt* stellt, und dem, was er sich *von Ihnen* erwartet. Der Klient hat oft sehr klare Vorstellungen dessen, was das *Projekt* bewirken soll – bessere Kostenkontrolle, Verringerung der allgemeinen Kosten, weniger Materialausfälle, bessere Arbeitsmoral der Angestellten, besser ausgebildetes Aufsichtspersonal, ein effektiveres Organisationssystem für den Verkauf – dennoch sagt er nicht, was er sich von *Ihnen, dem Berater,* erwartet.

Hier sind einige Dinge, die Klienten üblicherweise von ihren Beratern fordern:

- Eine Studie zu einem bestimmten geschäftlichen Problem
- Lösungsvorschläge zu dem Problem
- Planung und Durchführung eines Fortbildungsprogramms
- Persönlichen Rat und persönliche Unterstützung
- Eine Bewertung des Führungspersonals
- Reparatur eines Geräts
- Einen Plan für einen billigeren Ablauf

In der Regel werden die Forderungen hinsichtlich Ihrer Hilfestellung ohne Umschweife zum Ausdruck gebracht. Komplexer wird es, wenn Sie verstehen wollen, *wie* Sie nach Meinung des Klienten arbeiten sollen. Um dieses Verständnis zu bekommen, fragen Sie den Klienten, ob es bestimmte Vorstellungen darüber gibt, wie Sie vorgehen sollen oder welchen Einschränkungen das Projekt unterworfen ist. Die Frage nach den Einschränkungen klärt frühzeitig Sachlagen wie zum Beispiel die folgenden:

- Sie haben zwei Wochen Zeit für einen Vier-Wochen-Job.
- Sie sollen Zeitpersonal nicht einbeziehen.
- Die Leute kennen die wirklichen Gründe für diese Untersuchung nicht, und Sie sollten sie ihnen auch nicht mitteilen.
- Sie sollten niemanden beunruhigen und nicht die Büchse der Pandora öffnen.
- Das Budget für das Projekt beträgt 2,50 DM.
- Nach diesem Treffen wird der Klient keine Zeit mehr für Sie haben.

Natürlich ist es für Sie äußerst wichtig, die Einschränkungen, denen das Projekt unterworfen sein wird, bereits jetzt zu kennen. *Wie Sie vorgehen,* ist oft der am schwierigsten zu verhandelnde Teil des Vertrags.

Um herauszufinden, welche Einschränkungen für das Projekt existieren könnten, fragt man am besten geradeheraus,

1. welche Vorstellungen der Klient über eine gemeinsame Arbeit mit Ihnen hat und
2. welche Einschränkungen für die Durchführung dieses Projekts bestehen. Das umschließt die Methode der Datensammlung, beteiligte Personen, wer die Ergebnisse erfährt, Zeitplan und Kosten.

Wenn Sie sich also Klarheit darüber verschafft haben, was der Klient von Ihnen erwartet, ist der nächste Schritt, genau herauszufinden, welche Unterstützung Sie bei dem Projekt erwarten können. Sollte der Klient Sie direkt für Ihre Dienste bezahlen (Sie gehören nicht zu seinem allgemeinen Kostenplan), so interessiert Sie, welches Budget das Projekt hat. Außerdem möchten Sie wissen, in welchem Umfang der Klient seine Mitarbeiter abstellt, damit die Sie unterstützen können, außerdem, welchen Zugang zu Informationen Sie erhalten werden. Diese Fragen werden natürlich an der Stelle zur Sprache kommen, an der Sie Ihre eigenen Wünsche formulieren.

Diese Phase der Vertragsverhandlungen bereitet den meisten

Beratern eigentlich keine Schwierigkeiten. Besonders interne Mitarbeiter haben eine gute Antenne für die Wünsche ihrer Klienten und sind sehr geschickt im Erkennen derselben. Berater, die dem Mitarbeiterstab angehören, haben es deshalb wesentlich schwerer mit dem nächsten Schritt, wenn es darum geht, ihre eigenen Wünsche und Bedürfnisse zu erkennen und auszudrücken.

Schritt 4: Was möchte der Berater, und was hat er zu bieten?

Eine der heikelsten Herausforderungen perfekter Beratung ist es, offen zu artikulieren, was Sie, der Berater, an Beiträgen vom Klienten wünschen und erwarten, damit sich das Projekt erfolgreich gestaltet.

Wenn interne Berater sagen sollen, was Sie vom Klienten erwarten, so antworten sie oft: »Wir sollen eine Dienstleistung vollbringen, und unsere Aufgabe besteht darin, die Anforderungen des leitenden Angestellten zu erfüllen. Gelingt uns das, haben wir unsere Aufgabe erfüllt. Es steht uns nicht zu, von den Leuten, denen wir dienen, etwas zu verlangen.« Diese einseitige Ausrichtung auf die Dienstleistung an den Klienten kann die Leistungen des Beraters beeinträchtigen. Wenn er deutlich sagt, was er vom Klienten will, so geschieht das, um vor allem eines sicherzustellen: Das Projekt soll erfolgreich werden. So etwas hat nichts mit der Befriedigung von persönlichen Launen und Bedürfnissen zu tun.

Die Erwartungen des Beraters betreffen vielmehr Dinge wie den Wunsch, genügend Zeit zur Verfügung zu haben, um die Sache gut zu machen, den Wunsch, Zugang zu den richtigen Leuten und der richtigen Information zu haben, den Wunsch, sich der Unterstützung durch den Klienten in schwierigen Situationen sicher zu sein, und auch den Wunsch, daß Mitarbeiter des Unternehmens freigestellt werden, damit sie am Projekt mitarbeiten können. Dazu kommen noch Vereinbarungen über Vertrauen, die Befolgung der Empfehlungen – und nicht zuletzt

Zeit, mit dem leitenden Angestellten ungestört zu reden. *Diese Wünsche müssen während der Vertragsphase klar zum Ausdruck kommen.* Geschieht das nicht, besteht die Gefahr, daß das Projekt nicht erfolgreich verlaufen wird – und ein erfolgloses Projekt ist schlimmer als gar kein Projekt.

Es ist ratsam, bei seinen Wünschen Prioritäten zu setzen. Wenn man eine Vertragsbesprechung plant, sollte man zwischen unverzichtbaren und verzichtbaren Wünschen unterscheiden.

Unverzichtbare Wünsche sind die Anforderungen, die mindestens erfüllt werden müssen, die *Musts*. Wenn Ihnen ein solcher Wunsch verwehrt wird, ist es besser, von dem Projekt die Finger zu lassen. Was unverzichtbar ist, variiert von Situation zu Situation. Mögliche Musts sind:

- Zugang zu den wichtigsten Leuten, die an dem Problem, das ich lösen soll, beteiligt sind.
- Genug Zeit, damit ich die Arbeit professionell durchführen kann.
- Die Zusage, daß man nicht von mir verlangen wird, die Leistung der Leute zu beurteilen, die mit mir an dem Projekt arbeiten.
- Ausreichende finanzielle Mittel.
- Zugang zu bestimmten Akten und Dokumenten.
- Engagement des obersten leitenden Angestellten des Unternehmens beim Projekt.
- Erstattung meiner Kosten (Telefon etc.).

Mit wachsender Erfahrung, durchaus begleitet von einigen Mißerfolgen, lernt man, das Wichtige vom Unwichtigen zu unterscheiden. Bei keinem Projekt werden alle unsere Wünsche in Erfüllung gehen. Vielmehr zwingen wir uns mitunter, zu Beginn eines Projekts ein wenig nachzugeben, um die Sache voranzutreiben. Verzichtet man auf unerläßliche Hilfeleistung – sei es, weil man unbedingt einen Klienten bis zum Schluß betreuen will oder weil unser Chef den Klienten will und uns deshalb unter Druck setzt ... in jedem Fall wird es einem leid tun. Mit dem

Verzicht auf notwendige Hilfen steht das Projekt mehr oder weniger auf wackligen Füßen – und wir werden mehr oder weniger daran scheitern.

Wenn Sie sich in der Mitte einer Vertragsbesprechung befinden und die Vorschläge hin und her zwischen Ihnen und dem Klienten gehen und Sie plötzlich zu entscheiden haben, ob Sie einem Punkt zustimmen oder nicht, so unterbrechen Sie den Vorgang und gönnen sich eine kleine Verschnaufpause. Schlagen Sie beispielsweise eine Kaffeepause vor, oder plädieren Sie für einen kurzen Spaziergang – tun Sie aber auf jeden Fall irgend etwas, um sich Zeit zum Nachdenken zu verschaffen. Während dieser kleinen Pause, die nicht länger als drei oder vier Minuten sein muß, beantworten Sie sich eine einzige Frage, und zwar die, ob der Vorschlag, der gerade gemacht wurde, gegen etwas verstößt, was *Sie* als unverzichtbar bei diesem Projekt ansehen. Ist die Antwort positiv, kehren Sie in den Sitzungsraum zurück und sagen: »Ihr Vorschlag klingt zwar sehr vernünftig, aber er entspricht nicht den Voraussetzungen, die ich als unerläßlich für das Gelingen des Projekts erachte.« Dann fahren Sie fort, nach einer Einigung zu suchen.

Wenn Sie mit einem Projekt beginnen, so gibt es für Sie nichts Besseres, als realistisch einzuschätzen, welche Dinge Ihrer Meinung nach für das Projekt unerläßlich sind. Haben Sie das getan – weder mit Gier noch mit Selbstaufopferung –, dann kann im weiteren Verlauf der Vertragsverhandlungen nicht mehr viel passieren, das Ihnen schaden könnte. Es kann zwar noch viel geschehen, was Sie sehr unglücklich machen kann, aber wenn Ihre Grundbedingungen erfüllt sind, dann deuten die Aussichten für das Gelingen des Projekts auf Erfolg hin. Sind dagegen Ihre Grundbedingungen nicht erfüllt, führt das unweigerlich zum Mißlingen des Projekts.

Eventuell verzichtbare Wünsche sind solche, die Sie gerne erfüllt sähen, aber auf die Sie zur Not verzichten können. Dabei muß es sich beileibe nicht um exotische Wünsche handeln, sondern um solche, deren Erfüllung dazu beitragen würde, das Projekt effektiver zu gestalten. Derartige Wünsche sind beispielsweise:

- Ein Angehöriger der Organisation Ihres Klienten wird mit Ihnen zusammen an dem Projekt arbeiten.
- Der maßgebende Manager spricht persönlich mit allen, die an dem Projekt beteiligt sind, um das Projekt zu erklären und zu unterstützen.
- Die Spitzenführungskräfte der Gruppe engagieren sich persönlich und intensiv bei dem Projekt.
- Das Einhalten gewisser Zeitvorgaben ist Inhalt des Vertrags.
- Die Mitarbeit der Angestellten aller Ebenen der Organisation ist ohne Vorbehalt gewährleistet.
- Der Klient hat zugesagt, dafür zu sorgen, daß es sich im Unternehmen herumspricht, falls meine Arbeit an dem Projekt erfolgreich sein wird.

Manchmal sind interne Berater so sehr damit beschäftigt, die Bedürfnisse ihrer Klienten zu erfüllen, daß es ihnen schwerfällt herauszufinden, was sie als Gegenleistung von ihren Klienten zu erwarten haben.

Hier ist eine Liste dessen, was einige interne Berater nach eigener Auskunft von ihren Klienten haben wollten:

- Eine klare Definition der Tätigkeit.
- Gemeinsame Arbeit an dem Problem.
- Engagement beim Projekt.
- Lob und Tadel teilen.
- Willkommen und nützlich sein.
- Keine Voreingenommenheit hinsichtlich des Ergebnisses.
- Für akzeptable Arbeitsbedingungen sorgen.
- Ein offenes Ohr für Rückmeldungen während des Projekts.
- Probleme mit dem Projekt werden mir dann mitgeteilt, wenn sie auftreten.
- Berichterstattung darüber, was gelaufen ist, nachdem ich weg war.
- Rückmeldung an meinen Chef.
- Mehr Zeit.
- Das Bestreben des Klienten, ein besserer Manager zu werden.

- Der Klient soll mehr Verantwortung auf sich nehmen.
- Man soll mir nicht nach dem Mund reden.
- Verständnis.
- Toleranz gegenüber Fehlern.
- Akzeptieren der Tatsache, daß einige Dinge undurchführbar sind.
- Jeder soll seinen Teil tun.
- Versöhnlichkeit.

Formulieren der Wünsche

Mit dem ersten Schritt ist zu klären, welche Wünsche man an den Klienten hat. Der nächste Schritt ist durch die Arbeit an der Erfüllung der Wünsche bestimmt. Diese beiden Schritte entsprechen den beiden Grundanforderungen perfekter Beratung: Alle Aufgaben einer Phase sind zu bearbeiten, wobei authentisches Verhalten den Arbeitsstil prägt. Die Aufgaben dieser Phase bestehen darin, genau zu erkennen, was man selbst braucht, und authentisches Verhalten bedeutet, daß man seine Wünsche so einfach und direkt wie möglich formuliert.

Es besteht oft die Neigung, sich kompliziert auszudrücken. Wir denken, daß wir ausführliche Erklärungen und Rechtfertigungen für unsere Wünsche benötigen. Dabei formulieren wir unsere Wünsche auf dem Hintergrund unserer bisherigen Erfahrungen, berücksichtigen dabei die Bedürfnisse des zu beratenden Unternehmens – und drücken uns dann meist sehr vage und allgemein aus. Manchmal kleiden wir unsere Wünsche auch in eine Frage. All das führt lediglich zu einer unklaren Ausdrucksweise.

Vergleichen Sie einmal die beiden Beispiele, in denen Wünsche ausgedrückt werden...

Der Wunsch

Ein Trainingsleiter schlägt einer Abteilungsleiterin vor, ihre Untergebene zu einem Kurs über Möglichkeiten der Leistungsbeurteilung zu schicken. Er wünscht sich dabei, daß sich die Abteilungsleiterin direkt an dem Projekt beteiligt, indem auch sie den Kurs besucht.

Der Umweg: Der Wunsch wird vage ausgedrückt

Trainingsleiter: Die bisherigen Erfahrungen haben gezeigt, daß das in einem Fortbildungskurs Erlernte länger behalten wird, wenn es bei der Umsetzung am Arbeitsplatz positiv verstärkt wird. Die neu erworbenen Fähigkeiten können so besser zum Einsatz gebracht werden, und in Ihrem Fall würde das bedeuten, daß der Kurs über Leistungsbewertung einen völlig neuen Zugang zu Betreuung und Beratung der Angestellten ermöglicht, denn produktive Betreuung ist sehr wichtig. Findet die positive Verstärkung nicht statt, müssen Sie damit rechnen, daß der Lerneffekt schwindet und sich das Kosten-Erfolgs-Verhältnis Ihrer Investition deutlich verschlechtert. Haben Sie schon einmal einen Kurs über Leistungsbeurteilung besucht?

Kommentar: Alle Argumente des Trainingsleiters treffen zu. Es gibt gute Gründe für die Abteilungsleiter, den Fortbildungskurs zu besuchen. Das Problem ist, daß der Wunsch unter einer Rechtfertigung begraben wird. Die Frage am Ende führt wohl schließlich zur Übermittlung des eigentlichen Anliegens, daß die Abteilungsleiterin den Kurs besuchen sollte, aber der Weg dahin ist verschlungen und überflüssig.

Die Alternative: Der Wunsch wird auf den Punkt gebracht

Trainingsleiter: Ich möchte gern, daß auch Sie den Kurs über Leistungsbeurteilung besuchen.

Kommentar: Das klingt vielleicht zu simpel. Ist es aber nicht. Gerade in der Einfachheit der Äußerung liegt die Stärke – auch darin, daß sie in alltäglicher Sprache gehalten ist. Das Ziel perfekter Beratung ist es ja, soviel Einfluß und Bedeutung wie möglich zu gewinnen, damit Ihr Fachwissen auch zur Anwendung kommt. Natürliches Verhalten und direkte Ausdrucksweise führen am ehesten zu diesem Ziel – in jeder Phase.

Wenn wir dem Klienten erklären wollen, was wir von ihm erwarten, kommt zuerst das Anliegen und dann die Rechtfertigung. Wir wollen, daß die Abteilungsleiterin den Kurs besucht. Erst wenn das klar ist, denken wir darüber nach, wie wir diesen Wunsch der Klientin gegenüber begründen können. Wir überlegen, wie wir unseren Wunsch formulieren, wie wir ihn in einfache und prägnante Worte kleiden können, Worte, welche die Klientin verstehen wird. Übertriebener Aufwand kann dagegen das eigentliche Anliegen vernebeln und verhindern, daß wir erreichen, was wir wollen.

Die beste Vorgehensweise:

1. Den Wunsch in einfacher Umgangssprache formulieren.
2. Dem Klienten Zeit geben zu antworten.
3. Auf Rückfragen des Klienten in wenigen Sätzen antworten und den Wunsch wiederholen.
4. In Ruhe abwarten, ob die Antwort »ja« oder »nein« lautet.

Nicht immer werden Sie eine positive Antwort erhalten. So ist das Leben. Wenn man seinen Wunsch einfach und klar formuliert, dem Klienten Zeit läßt, über seine Gefühle zu reden, und nur kurze Erklärungen abgibt, hat man alles getan, was möglich war. Umständliche Erklärungen geben Ihnen vielleicht ein besseres Gefühl bei der Sache, aber sie erfüllen nicht ihren Zweck. Einfache, ehrlich gemeinte Aussagen bieten die besten Aussichten auf Erfolg, und man erkennt so am ehesten, wo man in diesem Punkt mit dem Klienten steht.

Ihre Chancen

Nehmen Sie bitte Bleistift und Papier zur Hand. Unterteilen Sie nun das Papier in zwei Sparten: unerläßliche Wünsche und verzichtbare Wünsche. Nehmen Sie sich einen Klienten vor, mit dem Sie gerade beschäftigt sind, und tragen Sie in Ihre Liste ein, welche unerläßlichen und verzichtbaren Wünsche Sie an diesen Klienten haben. Denken Sie nicht darüber nach, ob Sie diese Wünsche Ihrem Klienten jemals wirklich mitteilen werden.

Notieren Sie sie einfach so, wie sie kommen, also ohne viel zu überlegen.

Die Angebote des Beraters (Fortsetzung von Schritt 4)

Natürlich teilt man dem Klienten nicht nur mit, was man sich von ihm wünscht, sondern auch, was man zu bieten hat. Dabei muß man seine eigenen Grenzen vernünftig einschätzen können. Meistens bietet der Berater an, ein klares Bild von dem zu liefern, was in der Organisation des Klienten passiert, außerdem Verbesserungsvorschläge. Daß wirklich Verbesserungen eintreten werden, kann der Berater nur dann versprechen, wenn die Betriebsleitung bereit ist, die Hälfte der Verantwortung zu tragen. Verbesserungen im Arbeitsablauf können nur erreicht werden, wenn Berater und Klient gemeinsam daran arbeiten – der Berater allein kann dafür keine Verantwortung übernehmen. Wenn ich verspreche, daß ich als Berater ganz allein in der Lage sein werde, die Situation zu verbessern, dann behaupte ich damit, Wunder vollbringen zu können. Ich kann nicht etwas anbieten, das nicht meiner Kontrolle untersteht. Das Verhalten und die Handlungen des Klienten kann ich zum Beispiel nicht bestimmen. Wenn ich aus Übereifer bestimmte Resultate verspreche, die in Wirklichkeit nur der Klient erreichen kann, erhöre ich damit im stillen den geheimen Wunsch des Klienten, sich gemütlich zurückzulehnen und meinen Zauberkünsten zuzuschauen. – Ein Beispiel:

Klient:	Wie bald kann ich mit Ihren Ergebnissen rechnen?
Der Berater als Zauberer:	In drei Tagen bringen wir die Maschine wieder zum Laufen, und Sie werden danach keine Probleme mehr damit haben.
Der realistische Berater:	In drei Tagen wird die Maschine wieder laufen. Danach müssen Sie dafür sorgen, daß sie weiterläuft.

Auf zwei Dinge muß der Berater grundsätzlich achten:

1. Er muß klar zum Ausdruck bringen – auch wenn manchmal die Gefahr der Übertreibung besteht –, welche Hilfestellungen er vom Klienten braucht, damit das Projekt funktioniert.
2. Er muß vorsichtig sein – auch wenn die Gefahr der Untertreibung besteht –, wenn er erklärt, welche Resultate er für sich bei diesem Projekt erzielen kann.

Schritt 5: Einigung erzielen

Nachdem sich Berater und Klient über die gegenseitigen Erwartungen ausgetauscht haben, bleiben zwei Möglichkeiten: Entweder einigen Sie sich, oder die Verhandlungen stocken.*
Gelingt es Ihnen, eine Einigung zu erzielen (was meistens der Fall ist), so sollten Sie eine kleine Pause einlegen und sich darüber freuen. Wenn Sie in gesprächiger Verfassung sind, können Sie sogar zum Klienten sagen: »Offensichtlich sind wir uns über das weitere Vorgehen einig. Darüber bin ich wirklich glücklich.«
So kann man auch noch einmal wiederholen, welcher Art die Übereinkunft ist.

Viele Berater denken, die Vertragsbesprechung sei vorüber, sobald eine Einigung erzielt worden ist. Das ist ein Irrtum. Es müssen noch drei weitere Schritte folgen, damit ein tragfähiger, ausgewogener Vertrag gewährleistet ist.

Schritt 6: Der Berater bittet um Feedback über Kontrolle und Engagement

Dieser Schritt dient der Rückversicherung. Die Schwäche von Verträgen hat meistens einen von zwei möglichen Verhandlungsfehlern als Ursache:

---

* Was zu tun ist, wenn man steckenbleibt, ist ab Seite 118 nachzulesen.

1. Der Klient hat unter irgendeinem Zwang zugestimmt, auch wenn der Zwang noch so subtil oder indirekt vorhanden war.
2. Der Klient hat dem Projekt zwar zugestimmt, bekommt aber mit der Zeit immer mehr das Gefühl, daß er keine angemessene Kontrolle über die Maßnahmen hat.

Zu Beginn eines jeden Projekts muß der Berater in jedem Fall testen, ob einer dieser Verhandlungsfehler vorhanden ist.

Test Nr. 1

Fragen Sie den Klienten geradeheraus: »Möchten Sie wirklich, daß dieses Projekt durchgeführt wird? Sind Sie zufrieden mit unseren Vereinbarungen darüber, wie wir das Projekt aufbauen wollen?«

Es gibt viele mögliche Gründe, die den leitenden Angestellten genötigt haben könnten, in das Projekt einzuwilligen. Die Geschäftsleitung könnte das Projekt vorgeschlagen haben, oder Projekte dieser Art könnten im Unternehmen gerade als der letzte Schrei gelten. Es könnte also gut sein, daß der Manager das Gefühl hat, es wäre taktisch unklug, nein zu Ihnen zu sagen.

Wenn Sie nach dem Engagement fragen, so muß die letzte Konsequenz etwa nicht die sein, daß Sie sich von dem Projekt zurückziehen, falls der Klient wenig Engagement zeigt. Sie stellen diese Frage deshalb, damit Sie von vornherein wissen, woran Sie sind. Wenn der Klient unter Druck handelt, so möchten Sie das gleich zu Beginn erfahren. Das Leben spielt eben manchmal so. Es ist wichtig, daß man sich keine Illusionen macht über dieses oder jenes, damit man sich nicht verrennt oder sich gar vormacht, daß ein Vertrag tragfähig ist, obwohl dem nicht so ist.

Die Frage nach dem Engagement des Klienten bringt einen weiteren Vorteil mit sich: Der Klient ist so gezwungen, Verantwortung für den Umstand zu übernehmen, daß er mit dem Projekt beginnt, obwohl auch er nicht voll und ganz dahintersteht. Dagegen wächst vielleicht in dem Moment, in dem der Klient zugibt, daß er unter einem gewissen Zwang steht, sogar seine Hingabe an das Projekt.

Es ist sehr wichtig, am Ende der Vertragsverhandlungen das Gespräch auf das Engagement an dem Projekt zu bringen. Tun Sie es.

Test Nr. 2

Wenn die Frage des Engagements, das der Klient bei dem Projekt an den Tag legen will, befriedigend beantwortet ist, fragt man als nächstes: »Glauben Sie, daß Sie genug Kontrolle über den Ablauf dieses Projekts haben?« Leitende Angestellte neigen (ebenso wie wir alle) dazu, Kontrolle in der Bewertung über alles andere zu stellen. Wenn der Klient das Gefühl hat, daß ihm die Kontrolle über die Situation entgleitet, sind Vertrag und Projekt gefährdet. So wie Sie mit Ihren Fragen Klarheit über das Engagement gewinnen wollten, so möchten Sie jetzt Klarheit über ein eventuelles Unbehagen des Klienten haben. Der Verlust von Kontrolle ist ein Hauptgrund für Unbehagen in Organisationen. Da das Hinzuziehen eines Beraters automatisch ein gewisses Maß an Kontrollverlust mit sich bringt, muß der Berater herausfinden, wie groß das Unbehagen ist.

Immer dann, wenn ich internen Beratern vorschlage, nach Engagement und Kontrolle zu fragen, ist der Tenor der Gegenfrage schon vorprogrammiert: »Ja, ja, aber woher weiß ich, ob die Antwort ehrlich gemeint ist?« Wenn Sie die Fragen nach Kontrolle und Engagement so stellen, daß der Klient Ihr ehrliches Interesse an der Antwort spürt, wird er Ihnen die richtige Antwort geben. Hat Ihre Frage allerdings einen beschwörenden Unterton, ist eine ehrliche Antwort eher unwahrscheinlich. Der Zweck der Fragen ist es, den Managern zu helfen, eventuelle Vorbehalte zum Ausdruck zu bringen. Keinesfalls sollen sie dazu dienen, den Managern irgend etwas unterzujubeln.

Auch wenn Sie die Frage offen und ehrlich stellen, kann es hin und wieder passieren, daß Sie keine direkte Antwort bekommen. Dennoch lohnt es sich, die Fragen in diesem Sinne zu stellen.

Schritt 7: Unterstützung geben

Machen Sie positive Äußerungen darüber, daß der Klient bereit ist, mit Ihnen ein Projekt anzugehen. Es gehört immerhin einiges an Mut dazu, wenn ein Manager jemanden bittet und es ihm auch noch gestattet, in sein Unternehmen »einzudringen« und Vorschläge zu unterbreiten, wie etwa bestimmte Abläufe verbessert werden könnten. Selbst wenn der Klient zwei Meter groß sein, Schuppen haben und Feuer speien sollte, unterstelle ich ihm dennoch, daß er sich nach Unterstützung sehnt, und so bin ich gern bereit, ihm diesen Wunsch zu erfüllen.

Die Unterstützung muß echt und angemessen sein. Hier sind einige Beispiele ...

»Ein Projekt wie dieses zu beginnen bringt einige Risiken für Sie mit sich, und ich weiß Ihre Bereitschaft, dieses Risiko mit mir zusammen zu tragen, zu schätzen.«

»Sie ertragen diese Situation schon seit geraumer Zeit. Es ist großartig, daß Sie jetzt die Möglichkeit wahrnehmen, etwas daran zu ändern.«

»Sie haben einen sehr guten Einblick in diese Art von Problematik. Das wird uns bei der Gestaltung dieses Projekts sehr behilflich sein.«

»Ich weiß, daß Sie zuerst Zweifel hatten, ob Sie mich an die Sache heranlassen sollten. Ich bin froh, daß Sie sich dennoch dazu entschlossen haben.«

Schritt 8: Wiederholung der Handlungsschritte

Als letzte Rückversicherungsmaßnahme sorgen Sie dafür, daß der Klient und Sie stets darüber Bescheid wissen, was der jeweils andere als nächstes tun wird. Es genügen einfache Feststellungen.

»Sie werden Ihren Leuten ein Memo über das Projekt zukommen lassen.«

»Ich werde am vierten März damit anfangen, die Leute zu befragen.«

»Ich werde morgen damit beginnen, mit George zusammen die Akten durchzuarbeiten. Sie und ich werden dann am Freitag nachmittag um vier Uhr zusammentreffen.«

Hat man sich noch über weitere Schritte geeinigt, sind die Vertragsverhandlungen abgeschlossen. Kein sozialer Vertrag hält ewig, und so werden Verträge während der Laufzeit eines Projekts auch tatsächlich oft revidiert. Haben Sie aber die acht Schritte, die wir soeben besprochen haben, genau befolgt, so haben Sie alles getan, was in dieser Phase möglich war.

Schritt 5-S: Stagnation bei Wünschen und Angeboten

Nach »Schritt 4: Was möchte der Berater, und was hat er zu bieten?« haben wir besprochen, was zu tun ist, wenn man eine Einigung erzielt hat. Was aber geschieht, wenn die Einigung Schwierigkeiten bereitet? Dieser Abschnitt heißt Schritt 5-S, wobei das »S« für Stagnation steht. Zwei Phasen sind zu absolvieren, wenn die Verhandlungen ins Stocken geraten. Erstens: Man muß erkennen, daß man festsetzt. Zweitens: Man muß etwas dagegen unternehmen.

Man hat erkannt, daß die Verhandlungen stagnieren

Es kann passieren, daß man gerade das Gefühl hat, eine vernünftige Diskussion über die Pros und Kontras des Projekts mit dem Klienten zu führen, und dabei nicht bemerkt hat, in einer Sackgasse zu stecken. Es gibt aber einige sehr deutliche Signale dafür ...

1. Sie hängen fest, wenn Sie dieselbe Sache zum dritten Mal erklären. Das erste Mal, als Sie erklärten, was Sie möchten, haben Sie sich vielleicht nicht klar ausgedrückt. Das zweite Mal hat der Klient vielleicht nicht richtig zugehört. Wenn Sie nun zum dritten Mal versuchen, eine Sache noch anders, noch deutlicher auszudrücken, dann sollten Sie sich selbst eingestehen, daß Sie feststecken.

Bedenken Sie: Nahezu die gesamte Kommunikation innerhalb eines Unternehmens ist kodiert.

Was die Leute meinen	*Was sie sagen*
Es gefällt mir nicht.	Ich verstehe das nicht.
Ich will es nicht.	Wir brauchen mehr Daten. *Oder:* Ich komme wieder auf Sie zu. *Oder:* Ich muß das mit meinen Leuten besprechen.
Ich verstehe kein Wort von dem, was Sie sagen.	Nichts.
Tun Sie, was ich sage, verdammt noch mal.	Denken Sie noch einmal darüber nach, und kommen Sie dann wieder.
Sie und Ihre Leute lasse ich bestimmt nicht an die Sache heran.	Wir werden noch mit ein paar anderen Leuten über das Problem sprechen. Sie werden dann wieder von uns hören. Und so weiter, und so weiter.

Diesem Code kann man vertrauen. Wenn Sie ihn verinnerlicht haben, sind Sie in der Lage, frühzeitig zu erkennen, wann die Verhandlungen mit dem leitenden Angestellten festgefahren sind. Wenn Sie zu sich selbst sagen: »Der Klient versteht einfach nicht, wovon ich rede«, so bedeutet das eigentlich, daß der Klient zwar versteht, wovon Sie reden, damit aber nicht einverstanden ist. Falls das passiert, versuchen Sie nicht, ein viertes und fünftes Mal etwas zu erklären, sondern finden Sie sich damit ab, daß Sie sich in der Sackgasse befinden.

2. Sie stecken auch fest, wenn Sie bemerken, daß der Klient zum dritten Mal versucht, dieselbe Idee mit anderen Worten zu erklären. Wenn der Klient denkt, daß Sie ihn noch immer nicht verstanden haben, sagt er: »Mal sehen, ob ich das noch anders ausdrücken kann.« Er sagt das, weil er annimmt, fehlende Klarheit sei das Problem. Beim dritten Versuch liegt es aber nicht mehr an fehlender Klarheit, sondern an fehlender Übereinstimmung. Sie befinden sich in der Sackgasse. Akzeptieren Sie es.

3. Die Signale Ihres Körpers geben klar zu erkennen, daß Sie feststecken. Wenn Sie immer häufiger ein Gähnen unterdrücken müssen, ist das ein Zeichen dafür, daß die Besprechung nicht Ihren Erwartungen gemäß verläuft. Langeweile und Ermüdung sind normalerweise ein indirekter Ausdruck von Irritation. Damit reagieren sie unterschwellig auf den Widerstand des Klienten, den Sie spüren. Vielleicht registrieren Sie auch mangelnden Enthusiasmus. Wenn Sie merken, daß Sie etwas irritiert, sagen Sie sich, das sollte nicht passieren – und unterdrücken die Signale. Das Unterdrücken der Irritation ist anstrengend, besonders dann, wenn es unbewußt geschieht – und Sie ermüden. Sie verspannen sich, so daß Schultern und Nacken schmerzen, und dann entschlüpft Ihnen ein Gähnen, das Sie in letzter Sekunde in ein Lächeln verwandeln. Sie schauen auf Ihre Armbanduhr und denken an das Tennisspiel, das Sie gestern gemacht haben. Oder Sie bemerken, daß auch der Klient sehr müde aussieht, Gähnen in Lachen verwandelt, aus dem Fenster starrt oder einnickt, während Sie sprechen.

All diese Dinge sind Zeichen dafür, daß die Konversation steckengeblieben ist. Wenn Sie Fortschritte machen und sich auf eine Einigung zubewegen würden, würde Ihre Energie anwachsen. Läßt Ihre Energie aber nach und fangen Sie an, Irritation zu spüren, dann bedeutet das nichts anderes, als daß Sie nicht erreichen, was Sie möchten, und deshalb feststecken.

4. Trauen Sie Ihren Augen. Sie geben Ihnen die besten Hinweise darauf, daß sich die Vertragsbesprechung festgefahren hat. Glauben Sie den nonverbalen Botschaften.

Es ist schon eine Menge über Körpersprache geschrieben worden – wie man verschiedene Haltungen interpretieren und wie man sich selbst postieren soll, entweder, um Botschaften zu übersenden oder sie zurückzuhalten. Es ist jedoch ein Fehler, Körpersprache oder nonverbales Verhalten zu benutzen, um Situationen zu manipulieren oder sich selbst irgendwie darzustellen. Wenn Sie Ihren Körper in eine bestimmte Haltung zwingen, die Ihre wahren Gefühle verbirgt, so wirken Sie auf andere eben wie jemand, der seinen Körper in eine bestimmte Haltung zwingt, um seine wahren Gefühle zu verbergen.

Sie sollten also darauf verzichten, mit Ihrem nonverbalen Verhalten zu »arbeiten« oder psychologische Rückschlüsse aus dem nonverbalen Verhalten anderer zu ziehen – erst dann werden die Körpersignale zu einer brauchbaren Informationsquelle.

Beobachten Sie den Klienten. Er bewegt sich vorwärts, also hinein in die Diskussion, oder rückwärts, also weg von der Diskussion. Beobachten Sie die Gesten seiner Hände – wie er sie benutzt, um Sie wegzuschieben, nach Ihnen zu greifen, Sie zu umklammern, auf Sie zu zielen wie mit einem Gewehr. Oder er streckt Ihnen die geöffneten Hände mit den Innenflächen nach oben entgegen und sagt Ihnen damit: »Ich bin irrtümlicherweise hier, als hilfloses Opfer des Schicksals. Wir sind nur normale sterbliche Wesen. Was können wir da an dieser Situation schon ändern?« Diese Gesten können nur auf einer ganz allgemeinen Ebene interpretiert werden: Sollen sie Unterstützung oder Ablehnung ausdrücken? Möchte der Klient in das Projekt einsteigen oder lieber nicht? Läuft die Besprechung gut oder schlecht?

Die Körpersprache des Klienten und Ihre eigene sind nur Indizien, mit deren Hilfe man besser erkennen kann, wann man festgefahren ist. Sie geben keine Auskunft über die Gründe der Stagnation. Geben Sie sich keinen psychologischen Spielchen hin, indem Sie versuchen, diese oder jene Geste zu interpretieren. Verlassen Sie sich auf die allgemeinen Botschaften.

Oft besteht ein scharfer Kontrast zwischen den verbalen Äußerungen der Klienten und ihrem nonverbalen Verhalten. Sie sagen, daß sie an diesem Projekt wirklich sehr interessiert sind, doch gleichzeitig sitzen sie mit dem Rücken zur Wand und falten die Arme über dem Kopf zusammen, als ob sie sich vor einem Bombeneinschlag schützen müßten.

Muß ich mich entscheiden, wem ich mehr glauben soll: den Worten oder dem Körper, so entscheide ich mich für den Körper. Wohl jeder Manager verfügt über ausgeklügelte verbale

Abwehrstrategien, wohingegen die Körperabwehr längst nicht so subtil ist. Also vertraue ich meinen Augen. Was ich sehe, werte ich aber lediglich als Signal, beginne also nicht mit einer Interpretation. Ich widerstehe der Versuchung, etwa folgendes zu sagen: »Jedesmal, wenn ich vorschlage, Ihre Angestellten zu befragen, rücken Sie mit Ihrem Stuhl an die Wand, schließen die Arme über dem Kopf und halten die Luft an, bis Ihr Gesicht rot anläuft. Warum? Verursacht mein Vorschlag Ihnen Unbehagen?«

Dem Gesprächspartner Motive für sein Verhalten zu unterstellen ist eine sehr aggressive Handlung, die zu einer Abwehrhaltung führt. Ihre Aufgabe ist es aber, dem Klienten dabei zu helfen, seine Abneigung direkter auszudrücken. Sie möchten eine klare Aussage von ihm, damit Sie wissen, wie die Dinge stehen. Empfangen Sie eine doppelte Botschaft, das heißt, die Körpersprache paßt nicht zu den Worten, so fragen Sie den Klienten, was er zu der Sache, die Sie gerade besprechen, empfindet. Stellen Sie die Frage so, daß die Antwort völlig offen sein kann.

Noch einmal: Das nonverbale Verhalten unseres Klienten stellt eine Art Frühwarnsystem dar, das uns rechtzeitig nähere Hinweise darauf geben kann, wie der Klient wirklich auf das reagiert, was wir sagen.

Auch Ihr eigener Körper zeigt an, was Sie wirklich über die Vertragsbesprechung denken. Wenn Sie oberflächlich den Eindruck haben, daß die Unterhaltung ganz gut läuft, daß aber gleichzeitig Ihre Kräfte schwinden und Sie immer mehr in sich auf dem Stuhl zusammensinken, so sollten Sie sich fragen, ob Ihr Körper womöglich Warnsignale aussendet, die Ihr Verstand nicht wahrhaben möchte. Es kann übrigens auch sein, daß sie auf dem Stuhl herumhängen, obwohl die Unterhaltung tatsächlich gut läuft. Vielleicht sind Sie ja einfach nur müde. Auch das ist in Ordnung.

Was ist nun zu tun, wenn man bemerkt, daß die Verhandlungen stagnieren?

Schritt 6-S: Eine Denkpause

Der schwierigste Teil im Umgang mit der Stagnation beginnt dann, wenn man zugeben muß, daß man sich in der Sackgasse befindet. In dem Moment, in dem man sich eingesteht, daß man steckengeblieben ist, sollte man sich innerlich erst einmal aus der Konversation zurückziehen. Nehmen Sie bei den Verhandlungen, in denen Sie sich befinden, den Posten des Beobachters ein. Sie können sich weiter am Gespräch beteiligen und gleichzeitig darüber nachdenken, ob Sie Ihre Position irgendwie ändern können. Könnten Sie Ihre Wünsche anders ausdrücken und dennoch Ihre Ziele erreichen?

Manchmal kann es sinnvoll sein, die Sitzung zu vertagen. Sagen Sie beispielsweise: »Es sieht so aus, als wenn wir uns an diesem Punkt festgebissen hätten, und ich hätte gern etwas Zeit, um weiter darüber nachzudenken.« So gewinnen Sie Zeit, darüber nachzudenken, ob zwischen Ihnen und dem Klienten wirklich eine unlösbare Differenz besteht oder ob das Ganze nicht eher auf einem Mißverständnis beruht, das in der Art, wie die Sitzung selbst abgelaufen ist, begründet ist. Indem man sich geistig und körperlich von der Front zurückzieht, gewinnt man Zeit, einen neuen Zugang zu dem betreffenden Projekt herauszufinden oder aber die Übereinkunft zu besiegeln.

Schritt 7-S: Wünsche und Angebote neu formulieren

Wenn Sie der Meinung sind, daß man über die Meinungsverschiedenheiten mit dem Klienten verhandeln kann, formulieren Sie ein paar neue Ideen hinsichtlich Ihrer Wünsche und Angebote. Oft gelingt es nicht, über den Zeitplan Einigung zu erzielen. Der Klient möchte, daß wir die Arbeit in dreißig Tagen erledigen, wir aber glauben, sechzig Tage zu benötigen. Jede Seite hat gute Argumente für ihre Einstellung, und so kommt es zu keiner Einigung.

Während Ihrer kleinen Denkpause könnten Sie nun zu folgendem Schluß gekommen sein: Sie sehen eine Möglichkeit, das Projekt in dreißig Tagen unter der Bedingung durchzuziehen, daß der Klient Ihnen zwei Leute zur Verfügung stellt, die mit Ihnen zusammenarbeiten, und daß der Abschlußbericht die Form einer Zusammenfassung hat anstelle einer ausführlichen Berichterstattung. Man kann das so ausdrücken:

Verändertes Angebot: Wir ziehen die Sache in dreißig Tagen statt in sechzig Tagen durch.
Veränderte Wünsche: Geben Sie mir zwei Leute zur Unterstützung, und akzeptieren Sie einen verkürzten Abschlußbericht.

Das Modifizieren der Wünsche und Angebote ist immer ein Versuch, der sich lohnt. Aber manchmal hilft auch das nicht.

Schritt 8-S: Erneute Stagnation

Wenn Sie bemerken, daß auch die Modifizierung der Wünsche und Angebote nichts anderes bewirkt hat, als daß Sie erneut in einer Sackgasse stecken, dann ist es wirklich an der Zeit, einen anderen Gang einzulegen. Sie haben zwei ernsthafte Versuche unternommen, um zu einer Einigung zu kommen, und es hat nicht geklappt. Sie sollten sich nun fragen, ob das wahre Problem nicht in der Art der Zusammenarbeit und des Umgangs zwischen Ihnen und dem Klienten liegt.

Die Entscheidungen von leitenden Angestellten über Projekte hängen primär davon ab, was sie von den beteiligten Leuten halten. So muß man sich fragen, ob der Manager dem Berater oder dessen Abteilung überhaupt Vertrauen entgegenbringt. Ebenso hängt die Entscheidung des Beraters in erster Linie davon ab, ob er dem Manager traut. Wenn sich Berater und Klient nicht einig werden können, ob und wie weitergearbeitet werden soll, muß die Diskussion auf eine andere Ebene verlegt werden.

Schritt 9-S: Verlegung der Diskussion auf eine andere Ebene

Bei erneuter Stagnation muß die Besprechung des eigentlichen Projekts erst einmal abgebrochen und der Gang der Verhandlungen selbst zum Diskussionsthema werden. Es gibt viele Wege, eine Diskussion zu lenken, und in den Kapiteln 8 und 9 wird hierauf noch näher eingegangen werden, wenn es darum geht, wie man mit Widerstand umgeht.

Hier sind nun einige Vorschläge, wie man den Mittelpunkt der Diskussion vom eigentlichen Gegenstand auf den Fortgang der Verhandlung verlegen kann.

1. Der wirksamste Weg ist immer noch der, geradeheraus zu sagen, wie es ist: »Ich glaube, wir hängen fest.« Man muß die Tatsachen beim Wort nennen: Die Besprechung führt zu nichts. Natürlich verwenden Sie Ihre eigene Sprache und Ausdrucksweise, doch das Wesentliche ist, ohne Umschweife zu sagen, daß die Verhandlungen in einer Sackgasse gelandet sind. Fährt der Klient fort, über das Projekt zu reden, betonen Sie noch einmal, daß das im Moment keinen Sinn hat, und lenken Sie die Diskussion auf die Frage, warum es nicht weitergeht.

Fragen Sie den Klienten, was er über den Verlauf der Besprechung denkt. Fragen Sie offen und einfach: »Was meinen Sie, wie kommen wir voran bei unseren Verhandlungen über das Projekt?« Wenn Sie auf der Beantwortung der Frage bestehen, werden Sie schnell erfahren, was der leitende Angestellte über die Zusammenarbeit mit Ihnen denkt. Der Manager könnte sich unter anderem Sorgen machen

- über einen möglichen Kontrollverlust im Projekt;
- über Ihre scheinbare Sturheit;
- darüber, wie mißverstanden er sich fühlt;
- über die Reputation, die Ihre Gruppe in seiner Organisation hat;

– darüber, wie vage doch der Nutzen des Projekts erscheint;
– über Ihren Jargon und Ihre bemutternden Äußerungen.

Es ist wichtig für Sie zu wissen, wenn sich der leitende Angestellte diese Art von Sorgen macht. Also fragen Sie einfach danach. Solche Besorgnisse sind weit häufiger die Ursache für die Stagnation bei der Vertragsbesprechung als die Einzelheiten zur Gestaltung des Projekts. Berater und Klient müssen ohne Umschweife über solche Sorgen sprechen. Wenn diese Besorgnisse einmal ausgesprochen sind, wird es viel einfacher, über die technische Durchführung des Projekts zu reden.

Schritt 10-S: Neubesprechung der Wünsche und Angebote

Die offene Aussprache über den Verlauf der Besprechung öffnet in der Regel die Sackgasse. Jetzt können Sie zur Besprechung des Projekts zurückkehren, und in der Regel wird man sich nun so weit einig, daß man zum Ausgangspunkt zurückkehrt (Schritt 5: Vertragsabschluß) und am erfolgreichen Abschluß der Besprechung weiterarbeiten kann.

Manchmal öffnet sich jedoch die Sackgasse trotz all Ihrer Fähigkeiten nicht, obwohl Sie alle Ratschläge genau befolgt und perfekt beraten haben.

Schritt 11-S: Anhaltende Stagnation – Sie beenden bzw. minimieren Ihr Engagement

Auch wenn Sie noch so sehr daran interessiert sind, Projekte erfolgreich zu beenden – manchmal soll es einfach nicht sein. Für Sie ist es lebenswichtig, diese Tatsache jetzt, am Anfang des Projekts, zu akzeptieren und nicht darauf zu hoffen, es möge noch ein Wunder geschehen.

Wenn absolut kein Weg aus der Sackgasse führt, so bleibt Ihnen nichts anderes übrig, als zum Klienten zu sagen: »Wir tun uns sehr schwer damit, eine Einigung zu erzielen. Vielleicht ist jetzt nicht der richtige Zeitpunkt für das Projekt?!« Oder: »Ich schlage vor, daß wir dieses Projekt lieber nicht beginnen, da wir offensichtlich keine Einigung über die Durchführung erzielen können.« Verwenden Sie Ihre eigenen Worte, und bleiben Sie bei Ihrem eigenen Stil, um die Vertragsbesprechungen zu beenden und so Ihre Verluste zu minimieren.

Nein sagen – gar nicht so einfach

Besonders interne Berater haben oft das Gefühl, daß sie enorme Risiken auf sich nehmen, wenn sie dem leitenden Angestellten mitteilen, daß es für alle besser wäre, wenn das Projekt beendet würde. Trotz des Risikos dient es dem Interesse des Beraters und des Klienten, Projekte abzulehnen, die keine vernünftigen Erfolgsaussichten haben. Wenn die Vertragsverhandlungen nicht vorwärtskommen, liegt das daran, daß jeder der Verhandlungsteilnehmer meint, das Projekt wird scheitern, wenn die Sache nicht so läuft, wie er es sich vorstellt. Wenn man an einem Projekt weiterarbeitet, an das man eigentlich nicht glaubt, ist das Risiko des Scheiterns sehr groß. Der Grund dafür, daß man ein Projekt beendet, beruht weder auf der verdrießlichen Art noch auf der Reserviertheit des Beraters, auch nicht auf seinem Verlangen, sich nur bei exotischen oder berufsfördernden Maßnahmen zu engagieren. Der Grund für die Ablehnung ist einfach der Wunsch, Mißerfolge und Verschwendung der eigenen Ressourcen zu vermeiden.

Wenn Sie einfach nicht nein sagen können, was können Sie sonst tun? Sie können Ihre Zeitinvestitionen so gering wie möglich halten und hoffen, daß Sie Ihre Verluste klein halten können. Die einfachste Lösung hierfür ist die, das Projekt zu verschieben. »Ich bin bereit, das Projekt durchzuziehen, wie Sie es gewünscht haben, schlage aber vor, daß wir erst in acht Monaten damit beginnen.« Vielleicht wird dieser Manager bis dahin auf einem anderen Posten sitzen, oder Sie haben etwas Besseres an der Hand.

Können Sie das Projekt nicht verschieben, halten Sie den Rahmen der Arbeit und den Zeitaufwand so klein wie möglich. Stecken Sie die Ziele des Projekts zurück. Unternehmen Sie, was Sie können, um die Laufzeit des Projekts zu verkürzen und den Zeit- und Energieaufwand zu reduzieren. Ausschlaggebend hierfür ist: Man muß sich selbst gegenüber ehrlich sein, was die Grenzen eines Projekts angeht.

Oft betrügen wir uns selbst. Ein Klient kommt zu uns und möchte uns als Handlanger benutzen, möchte uns in einer Position arbeiten sehen, die unserem Gefühl nach viel mit Katzbuckeln einhergeht. Wir akzeptieren diese Situation zunächst und geben uns der Illusion hin, daß der Klient so Vertrauen zu uns fassen und uns später die Möglichkeit geben wird, in Eigenverantwortung zu arbeiten. Wenn man sich dem Klienten andient, ihm die eigenen Wünsche nicht mitteilt, Dinge akzeptiert, zu denen man eigentlich nicht steht – dann gibt all das uns das Gefühl, daß wir uns gebeugt haben. Also arbeiten wir in gebeugter Haltung. Auch der Klient bemerkt unsere gebeugte Haltung, und nach kurzer Zeit kommt er zu dem Schluß, daß das unsere normale Arbeitshaltung ist – gebeugt. Das Ergebnis ist, daß sich der Klient in dem Moment, indem er jemanden braucht, der eine starke Haltung einnimmt, an jemand anderen wendet.

Seien Sie also realistisch gegenüber unattraktiven Projekten. Sagen Sie Ihrem Chef und anderen klar und deutlich, daß das Projekt auf wackeligen Füßen steht, daß Sie es lieber beenden würden, aber es nicht können, weil Sie es sich nicht leisten können, dem Klienten eine abschlägige Antwort zu geben. Halten Sie dann das Projekt so klein wie möglich.

Der kritische Punkt ist die Überlegung, ob es wirklich im eigenen Interesse liegt, das Projekt weiterzuführen. Es könnte besser sein, auf ein Projekt zu verzichten und den Klienten nicht »bekehrt« zu haben, als ein Projekt zu beginnen, das vielleicht scheitern wird. Wenn Sie sich von einem Klienten zurückziehen, wird er vielleicht nicht gut auf Sie zu sprechen sein und sich zurückgestoßen fühlen. Dennoch haben Sie lediglich einen Kunden verloren. Wenn Sie ein Projekt beginnen, von dem Sie meinen, daß es keinen Erfolg haben wird, und es läuft tatsächlich nicht so gut, sind Sie in größeren Schwierigkeiten. Der Klient wird fünf anderen Managern erzählen, wie enttäuschend das Projekt verlaufen ist und wie Sie gescheitert sind. Jetzt haben Sie *sechs* Manager im Nacken und nicht nur einen. Es ist einfach nicht gut für das Geschäft, wenn man Projekte mit geringen Erfolgsaussichten akzeptiert.

Sie haben nun alle Informationen, die wichtig sind, um eine Vertragsbesprechung fehlerfrei zu leiten.

Die Abfolge der einzelnen Schritte entspricht dem Ablauf einer Vertragsbesprechung. Diese Sitzung unterteilt sich in drei Abschnitte: Verstehen des Problems und Austausch der Wünsche; Schließen der Sitzung, wobei die Sorgen und die Bereitschaft zum Engagement des Klienten geklärt werden; Aufspüren von Auswegen aus der Sackgasse, wenn eine Einigung schwierig ist. Jeder Schritt ist unerläßlich und darf nicht übergangen werden. Haben Sie alle Schritte absolviert und kommt der Vertrag, den Sie sich wünschen, trotzdem nicht zustande, haben Sie dennoch alles getan, was möglich war, und die Beratung fehlerfrei durchgeführt.

Die folgende Checkliste wird Ihnen helfen, die Vertragsbesprechung vorzubereiten. Beantworten Sie die Fragen vor jedem Meeting zur Vertragsbesprechung – dann sind Sie gut vorbereitet.

Checkliste Nr. 3:
Planung einer Vertragsbesprechung

1. Wie ungleich wird Ihrer Meinung nach die Verantwortung für dieses Projekt verteilt sein? Gehen Sie davon aus, daß der Klient Sie als den Experten ansieht und Ihnen 80 Prozent der Verantwortung überlassen möchte? Oder wird er Sie eher als Handlanger betrachten und selbst 80 Prozent der Verantwortung übernehmen wollen?

2. Was möchten Sie vom Klienten?
   - Unverzichtbare Wünsche?
   - Verzichtbare Wünsche?

3. Was haben Sie dem Klienten anzubieten?
   - Technisch.
   - Persönlich.

4. Welche Wünsche könnte der Klient Ihrer Vorstellung nach haben? Listen Sie alle Möglichkeiten auf.
   - Technisch.
   - Persönlich.

5. Werden alle maßgeblich beteiligten Klienten anwesend sein?
   - Wer ist weisungsberechtigt bei dem Projekt?
   - Wer wird von dem Projekt stark betroffen sein?
   - Wer fehlt bei der Besprechung?

   Welche Rolle, haben die Beteiligten? (Beispiele: Aktionen zur Problemlösung einleiten, die Ergebnisse Ihrer Beratung in die Tat umsetzen, Sie haben die besten Informationen zu dem Problem.)

6. Welche Art von Widerstand erwarten Sie?

7. Unter welchen Umständen wäre es nicht ratsam, weiterzumachen?

Wahrscheinlich sind zu diesem Zeitpunkt nicht alle Fragen in der Checkliste Nr. 3 zu beantworten. Durch die Auseinandersetzung mit den Fragen werden einem aber die wesentlichen Bestandteile der Besprechung bewußt. Ist es ein Beratungsteam, mit dem Sie zusammenarbeiten, so kann Ihnen die Checkliste als Regieanweisung für das Team dienen. Das Wichtigste aber ist, daß Ihnen die Fragen helfen, sich auf Ihre Anliegen in der Besprechung zu konzentrieren und sich nicht aus der Bahn bringen zu lassen, indem Sie zu sehr auf den Klienten und seine Sicht der Dinge eingehen.

Sie verkaufen Ihre Dienste – Gut verkaufen heißt gut verhandeln

Kommt der Klient zu uns, ist die Sache einfach. Wir können davon ausgehen, daß ein echter Bedarf besteht, irgendeine Motivation – und daß einiges an Respekt vor unseren Fähigkeiten herrscht. Die meisten von uns müssen sich allerdings auch an die Klienten wenden und sie davon überzeugen, daß sie mit uns arbeiten sollten. Interne Berater wiederum müssen die Zielsetzungen ihrer eigenen Abteilung befriedigen. So trägt man ihnen beispielsweise auf, eine bestimmte Gruppe dazu zu bringen, daß sie sich der Dienste einer bestimmten Abteilung bedient. Dann wiederum werden Berater danach bewertet, welchen Erfolg sie bei der Rekrutierung bestimmter Klienten haben.

Im Prinzip sind die Voraussetzungen für den erfolgreichen Verkauf Ihrer Dienste dieselben wie bei der Vertragsbesprechung. Im folgenden finden Sie jedoch einige zusätzliche Konzepte zur Verkaufssituation, die recht hilfreich sein könnten.

Sie suchen den Klienten auf – und drücken Ihre Wünsche aus

Wenn der Klient auf Sie zukommt, beginnen Sie das Gespräch über die Wünsche mit der Frage danach, was der Klient von Ihnen will. Geht die Kontaktaufnahme von Ihrer Seite aus, müssen Sie von vornherein zum Ausdruck bringen, was Sie vom Klienten wollen. Schaubild 3 ist das Gegenstück zu Schaubild 2, jedoch in umgekehrter Reihenfolge.

Natürlich haben Sie Ihre Gründe dafür, daß Sie diesen potentiellen Klienten ansprechen, und das erklären Sie ihm, indem Sie das Problem definieren, das er Ihrer Meinung nach hat. Bevor Sie auf Ihre Wünsche zu sprechen kommen, fragen Sie den Klienten erst einmal, ob das Problem, so wie Sie es geschildert haben, auch wirklich so besteht. Verneint das der Klient, unternehmen Sie noch einen Versuch. Erst wenn der erfolglos bleibt, sollten Sie einen sanften Rückzug in Betracht ziehen.

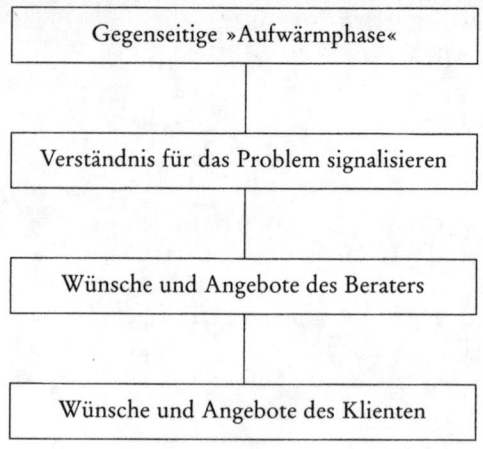

Schaubild 3: Die ersten Verhandlungsschritte, wenn Sie »verkaufen«

Nachdem Sie dem Klienten klargemacht haben, was für ihn von Nutzen ist, erklären Sie, was Sie von ihm wollen. Vergessen Sie nicht, daß Sie ein Verkaufsgespräch führen. Berater, die der Belegschaft angehören, haben oft schon das Gefühl, erfolgreich zu sein, wenn Sie den leitenden Angestellten dazu gebracht haben, ihre Dienste zu nutzen. Dieser Umstand ist jedem bekannt – auch dem leitenden Angestellten. Der Mitarbeiter möchte aber vor allem eines erreichen: Er möchte, daß der leitende Angestellte sein Kunde wird – man sollte demnach niemals vergessen, das zu erwähnen. Wenn Sie nur sagen, daß Sie behilflich sein möchten, ist das nur die halbe Wahrheit.

Sich selbst verkaufen: Basisarbeit statt Höhenflug

Das Image des Handelsvertreters ist wohlvertraut: tatkräftig, dynamisch, wortgewandt und von herzerfrischender Aufrichtigkeit. Das ist noch nicht einmal von der Hand zu weisen. Es gibt aber auch gute Verkäufer, die ruhig sind, sich langsam bewegen und um die richtigen Worte ringen – und angenehm durchschnittlich wirken. Beide Arten sind erfolgreich, doch wird die Persönlichkeit des Verkäufers als ausschlaggebendes Moment beim Verkauf allgemein stark überbewertet. Die meisten Leute, die zu meinen Seminaren zum Thema Beratung kommen, sind daher der Meinung, daß sich gute Berater vor allem durch ihr Charisma und ihre starke Persönlichkeit auszeichnen.

Charisma und eine starke Persönlichkeit sind zwei mythische Eigenschaften, die leicht überbewertet werden. Ich gestehe, daß ich ein heimliches Bedürfnis habe, diese beiden Tugenden herunterzuspielen. Ich bin ein ruhiger Typ, bewege mich langsam, ringe um Worte und wirke angenehm durchschnittlich. Seminarteilnehmer schauen mich oft an und fragen mich, ob ich schon immer so war. Ich frage dann zurück: »Wie meinen Sie das?« Die Antwort: »Nun ja, so zurückhaltend und verschlafen.« Dann kommen sie zu dem Schluß, daß meinem Verhalten eine Strategie innewohnt: daß ich mich zurücknehme, damit ihr Lernerfolg um so größer wird – und daß ich, wenn ich erst mit einem Klienten zusammen bin, schon ordentlich aufdrehen werde. Das ist natürlich nicht so. Jeder ist, wie er ist. Die Teilnehmer sind davon überzeugt, daß man eine bestimmte Art von Persönlichkeit haben muß, um ein erfolgreicher Berater zu sein. Das gilt erst recht, wenn es um das Verkaufen geht. Ich glaube nicht daran, und zwar aus den nachfolgend aufgeführten Gründen ...

Wenn ich Dienste anzubieten habe, die auf einen echten Bedarf im Unternehmen des Klienten treffen, kann ich davon ausgehen, daß ein »Teil« des Klienten mit Sicherheit auf meine Vorschläge eingehen würde. Wenn ich die Notwendigkeit meiner Dienste angemessen erklärt habe und der andere »Teil« des Klienten die Notwendigkeit oder die Tatsache leugnet, daß mit meiner Hilfe die Situation verbessert werden könnte, dann frage ich mich: Was hindert den Klienten daran, meinem Angebot zu vertrauen? Wenn ein Klient also »nein« sagt, versuche ich herauszufinden, warum er sich sträubt. Häufige Gründe sind:

Die Vertragsbesprechung

- Er hat kein Vertrauen in die Kompetenz und die Vertrauenswürdigkeit der Abteilung, die ich repräsentiere.
- Er hat Angst, die Kontrolle zu verlieren, wenn er einwilligt.
- Er hat Angst, daß er zu verwundbar wird, wenn er einwilligt.
- Er empfindet kein Vertrauen oder keinen Respekt meiner Person gegenüber.
- Er hat bei vergleichbaren Situationen in der Vergangenheit schlechte Erfahrungen gemacht.

Wenn ich versuche, ein Programm zu verkaufen, und der Klient nicht so recht will, so liegt das vor allem an dem schlechten Gefühl, das er der Sache gegenüber hat. Die unguten Gefühle werden sich aber noch verstärken, wenn ich mein Charisma aus dem Hut ziehe und beim »Verkaufen« richtig loslege. Meine Persönlichkeit – sei sie nun dominant, sei sie zurückhaltend – ist nicht das Problem. Das Problem sind vielmehr die negativen Gefühle des Klienten, die ihm sagen, daß er mir und meinen Worten nicht trauen sollte – deshalb zögert er, das Angebot anzunehmen. Diesen inneren Widerstand kann man lösen, indem man dem Klienten hilft, seine negativen Gefühle mit Worten auszudrücken. Je besser der Klient in der Lage ist, seine Gefühle des Mißtrauens offen auszusprechen, desto leichter wird es ihm fallen, die Vorteile meines Angebots realistisch zu beurteilen. Je authentischer ich mich verhalte, desto mehr wird der Klient mir vertrauen und desto schneller wird sein Widerstand schwinden. Hier sind also ein paar Tips, was Sie beim Verkauf Ihrer Dienstleistungen beachten sollten:

- Seien Sie bei der Verkaufsverhandlung derselbe wie bei der Kontaktaufnahme.
- Versuchen Sie nicht, Widerstände zu überwinden, indem Sie noch mehr erklären und schwören, daß Sie nur das Beste für das Unternehmen wollen.
- Helfen Sie dem Klienten, seine Vorbehalte Ihnen und Ihrem Produkt gegenüber auszudrücken.
- Geben Sie zu, daß sie etwas zu verkaufen haben, und las-

sen Sie erkennen, daß Ihnen daran liegt, wenn der andere es kauft.
- Verhalten Sie sich authentisch, und befolgen Sie nacheinander die einzelnen Schritte zur Vertragsbesprechung.

Wenn Sie all das beachtet haben, das heißt, wenn der Klient wirklich seine Vorbehalte zum Ausdruck bringt, und es Ihnen gelungen ist, ein gewisses Vertrauensverhältnis aufzubauen, und dennoch die Antwort »nein« lautet, dann sollten Sie sich zurückziehen und noch einmal darüber nachdenken, ob Sie sich nicht hinsichtlich des Bedarfs Ihres Klienten geirrt und ob Sie wirklich die richtigen Dienste angeboten haben. Es ist viel besser, zu keinem Verkaufsabschluß zu kommen, aber eine gute Beziehung zum Klienten zu behalten, als auf einem Verkaufsabschluß zu beharren, der am Ende doch nichts bringt.

Zeit und Geld: Einige Anmerkungen

Oft wird ein Vertrag von Klienten mit der Begründung abgelehnt, daß ihnen das Geld fehlt, um das Projekt durchzuführen, oder daß ihr Unternehmen nicht soviel Zeit investieren kann. Beides sind vorgeschobene Gründe, die ich niemals als Ablehnung akzeptiere. Fast immer sollen diese Gründe die einfache Tatsache bemänteln, daß der Manager kein Interesse an dem Projekt hat.

Das Problem ist also die Motivation, sind nicht Zeit oder Geld. Manager scheuen nicht davor zurück, ihre eigene Zeit und die des Unternehmens für Dinge zu investieren, die sie gerne tun. Mit dem Geld verhält es sich genauso. Schließlich sind sie die Manager, haben sie Kontrollbefugnis, und sie tun nun einmal das, was sie gerne tun – unabhängig von Zeit und Geld. Wenn Sie wirklich Ihr Projekt durchführen wollten, würden sie einen Weg finden, die erforderlichen Schritte zu tun. Indem sie von Zeit und Geld reden, wollen sie die wahren Gründe umgehen. Lassen Sie sich darauf nicht ein. Bestehen Sie darauf, die wahren Gründe zu erfahren – dann haben Sie auch bessere Chancen.

Die Besprechung:
Ein Modell Ihrer Arbeitsweise

Die Beratertätigkeit hat vor allem weiterbildenden Charakter. Durch die Beratung lernen leitende Angestellte etwas darüber, wie sie ihr Unternehmen führen oder wie sie technische Probleme lösen können. Auch wenn Sie gerufen wurden, um ein ausgesprochen technisches Problem zu lösen, so kann der Manager selbst dann noch etwas darüber lernen, wie man solche Probleme angeht – einfach, indem er Sie beobachtet. Vielleicht ist das Vorbild des Beraters sogar lehrreicher, als es seine Worte sind. Deshalb ist das authentische Verhalten auch so wichtig bei der fehlerfreien Beratung.

So ist auch das Meeting zur Vertragsbesprechung ein Beispiel dafür, wie Sie mit Klienten erfolgreich arbeiten. In dieser Sitzung sammeln Sie Daten über das Problem, testen die Wirkung von einigen Ihrer eigenen Theorien und berichten dem Manager schließlich über Ihre Reaktionen darauf. Sie *unterstützen* ihn auch bei der Definition des Problems und bei der Planung. Wenn Klienten Sie fragen, welche Pläne Sie hinsichtlich der Zusammenarbeit mit ihren Unternehmen haben, können Sie das Meeting zur Vertragsbesprechung als Modell für Ihre Arbeitsweise benutzen, indem Sie erklären, daß das Projekt nach demselben Schema ablaufen wird – nur umfangreicher als das Meeting.

Je detaillierter Sie Ihre Vorgehensweisen erklären, desto mehr helfen Sie dem Klienten, seine Ängste hinsichtlich Kontrollverlust und Verletzbarkeit abzubauen. In Fällen, in denen es dem Manager sehr schwerfällt, genau zu erkennen, in welcher Weise ich ihm helfen könnte, selbst wenn ich das Meeting zur Vertragsbesprechung wie ein Modell für meine Arbeitsweise gestaltet hatte, habe ich vorgeschlagen, daß wir zur Demonstration meiner Arbeitsweise ein kleines Rollenspiel machen sollten. Der Manager und ich kommen dann überein, daß wir direkt eine zwanzigminütige Beratungssitzung durchführen. Während der nächsten zwanzig Minuten führe ich dann eine Beratung über irgendein Problem durch, das er ausgesucht hat. Wenn die zwanzig Minuten um sind, beenden wir die kleine Beratung und sprechen über ihren Verlauf. Mit Hilfe dieser Methode kann ich meine Arbeitsweise erklären und demonstrieren, und dem Manager fällt es so leichter zu beurteilen, wie eine Zusammenarbeit mit mir sein wird und ob er sich diese Zusammenarbeit so oder anders vorgestellt hat.

Eine kleine Beratung verläuft wie folgt: Der Manager schildert ein Problem. Ich stelle Fragen über die Situation und nehme Stellung zu der Sichtweise des Managers und seinem Versuch, das Problem zu lösen. Dabei hebe ich besonders die Rolle hervor, die der Manager in der Problemsituation spielt. Neigen sich die zwanzig Minuten dem Ende zu, berichte ich, was ich über seine Rolle bei dem Problem herausgefunden habe, und gebe einige Empfehlungen, soweit mir das bei der begrenzten Anzahl von Daten, die sich aus der kurzen Diskussion ergeben haben, möglich ist. Dann schließen wir die Beratung ab. Bevor wir zur Vertragsbesprechung zurückkehren, frage ich den Manager, wie er sich bei der kleinen Beratung gefühlt hat. Aus dieser Erfahrung lernen wir beide einiges darüber, wie eine Zusammenarbeit an einem Projekt aussehen würde.

Eine »Modellberatung« wie diese ist besonders dann sinnvoll, wenn das Projekt sehr weitläufig und unüberschaubar ist und der Manager Angst hat, daß er die Kontrolle über das Projekt verlieren könnte. Während der kurzen Beratung hat der Manager Gelegenheit, Sie als jemanden zu erfahren, der auf der einen Seite kooperativ und konziliant ist, der aber auf der anderen Seite durchaus seine eigenen Betrachtungsweisen hat.

Beendigung der Vertragsbesprechung

Es folgen zwei weitere Anregungen, die man beherzigen sollte.

Wie mißt man Erfolg?

Fragen Sie, woran Sie und der Klient werden erkennen können, ob Sie erfolgreich waren. Vielleicht kann man eine solche Frage gar nicht beantworten. Schlimmstenfalls klären sich die Erwartungen des Managers, und bestenfalls erhält man einen Leitfaden zur Strukturierung des Projekts.

Zwanzig Minuten vor Sitzungsende

Keine Vertragsbesprechung darf zu Ende gehen, ohne daß Sie den Manager um Rückmeldung darüber gebeten haben, was er über das Projekt, die Besprechung und über Sie denkt. Fragen Sie beispielsweise: »Was denken Sie über die Besprechung? Haben Sie irgendwelche Einwände?« Oder: »Was denken Sie über das, was ich gesagt habe, und über meine Annäherungsweise an das Problem? Haben Sie Einwände, oder sind Sie voll ungezügelten Enthusiasmus?« Sorgen Sie dafür, daß für die Diskussion dieser Fragen zwanzig Minuten Zeit bleiben. Vielleicht ist in zwei Minuten alles erledigt, doch sollten die Fragen bisher unbesprochene Probleme aufdecken, so ist es besser, sie jetzt gleich zu besprechen.

Nach der Vertragsbesprechung

In Checkliste Nr. 2 haben Sie einen Ihrer Verträge analysiert und so eine Aufstellung der Vereinbarungen erhalten, die in der Vertragsbesprechung erreicht wurden. Es folgen nun einige Fragen, die Sie stellten, um Klarheit darüber zu erhalten, wie die *Interaktion* mit dem Klienten gelaufen ist. Die Vertragsbesprechung ist richtungsweisend dafür, wie der Rest des Projekts ablaufen wird. Schließlich wird Ihnen die Auswertung der Antworten auf diese Fragen darüber Aufschluß geben, welche Probleme Ihnen im Verlauf des Projekts immer wieder begegnen werden.

Checkliste Nr. 4:
Beurteilung der Vertragsbesprechung

1. Wie ist Ihrer Meinung nach die Verteilung des Gleichgewichts bei folgenden Punkten?

	Klient	Berater
• Beteiligung?	100% -- 50:50	-- 100%
• Wer hat die Initiative ergriffen?	100% -- 50:50	-- 100%
• Wer hatte die Kontrolle?	100% -- 50:50	-- 100%

2. Welche Art von Vorbehalten hat der Klient zum Ausdruck gebracht?
   - Welche davon sind im Gespräch mit dem Klienten geklärt worden?
   - Welche haben Sie nicht wirklich geklärt?

3. Welche Vorbehalte haben Sie dem Vertrag gegenüber?
   - Welche davon haben Sie mit dem Klienten besprochen?
   - Welche haben Sie nur indirekt oder gar nicht angesprochene

4. In welcher Weise haben Sie den Klienten unterstützt?

5. Wie kamen die Bedenken des Klienten zum Ausdruck?
   - Schweigen?
   - Fügsamkeit?
   - Angriff?
   - Fragen?
   - Durch die Antworten des Klienten?
   - Durch direkte Aussprache?

6. Welche Gesichts- und Körpersprache haben Sie wahrgenommen?

7. Wie schätzen Sie die Motivation des Klienten ein, weiterzumachen?

8. Wie schätzen Sie Ihre eigene Motivation ein, weiterzumachen?

9. Was haben Sie dem Klienten gegenüber nicht deutlich gemacht?

10. Schauen Sie sich noch einmal das Kapitel »Das Führen der Vertragsbesprechung« an. Haben Sie Schritte übersprungen?
    - Wenn ja: Welche?

11. Was würden Sie das nächste Mal anders machen?

KAPITEL 6

SCHWIERIGKEITEN BEI DER VERTRAGSBESPRECHUNG

Es gibt ein paar besonders schwierige Punkte bei der Vertragsbesprechung, die es wert sind, uns etwas näher mit ihnen zu beschäftigen. Da ist zunächst einmal die schwierige Situation, in der der Klient zwar seinen Willen bekundet, mit dem Projekt fortzufahren, Sie aber um seine geringe Motivation für das Projekt wissen. Leitende Angestellte nehmen eine ganz unnatürliche Haltung ein, wenn sie mit einem Projekt weitermachen, das sie eigentlich gar nicht interessiert. Wenn sie sich bereit erklären, ein Projekt durchzuführen, obwohl sie das eigentlich nicht wollen, dann kann das nur bedeuten, daß sie unter Druck gestanden haben. Sie können von ihrem Chef gezwungen worden sein, von ihren Untergebenen oder sogar von der Tatsache, daß sie Schwierigkeiten haben, zu Ihnen, dem Berater, »nein« zu sagen. Vielleicht stehen auch Sie unter dem Druck Ihres Chefs, das Projekt durchzuführen.

Vom Umgang mit schwacher Motivation

Schaubild 4 ist ein Modell, das Ihnen helfen soll, wenn Sie es mit schwacher Motivation zu tun bekommen.

Zunächst einmal jeweils eine kleine Anleitung zu jedem Schritt, den man im Umgang mit schwacher Motivation unternehmen muß.

1. Wenn der Klient wenig Energie für das Projekt aufbringt, sollte man als allererstes in Erwägung ziehen, mit dem Pro-

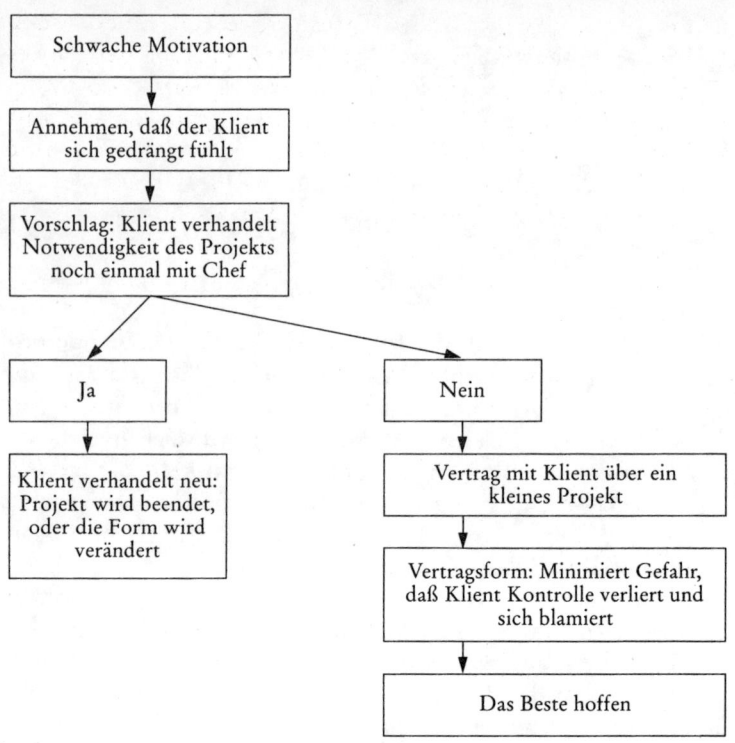

Schaubild 4: Umgang mit schwacher Motivation

jekt nicht zu beginnen. Wenn Sie beide das Gefühl haben, daß Sie keine andere Wahl haben, als mit dem Projekt zu beginnen, dann ...

2. nehmen Sie zur Kenntnis (zumindest für sich selbst), daß das Projekt unter Zwang beginnt. Fragen Sie den Klienten, ob er irgendwie unter Druck steht. Meistens gibt der Klient es dann zu, falls es so ist.
Wenn der Klient eingesteht, unter Druck zu stehen, dann ...

3. schlagen Sie vor, daß der Klient noch einmal zu der Person geht, die den Druck auf ihn ausübt, damit er mit ihr be-

spricht, ob das Projekt wirklich durchgeführt werden muß. Man kommt entweder mit dem Klienten überein, das Projekt zu stoppen oder die Form des Projekts zu ändern, so daß er sich wohler dabei fühlen kann. Sind Sie dagegen in einer prüfenden oder überwachenden Position und selbst die Quelle des Drucks, so geben Sie zu verstehen, daß Ihnen klar ist, warum der Klient keine andere Wahl hat, als mit Ihnen zu arbeiten.

Wenn Sie trotz Druck gezwungen sind, weiterzumachen, dann ...

4. vereinbaren Sie mit dem Klienten, das Projekt in kleinen Schritten durchzuführen. Schlagen Sie vor, daß Sie und der Klient erst einmal ein kleines Stück des ganzen Projekts gemeinsam bearbeiten, damit sich der Klient ein Bild davon machen kann, ob der Vorgang wirklich so schlimm ist, wie er ihn sich vorgestellt hat. Wenn der Klient erst einmal einige positive Erfahrungen mit Ihnen gemacht hat, werden sich seine Vorbehalte in der Regel verringern.

Machen Sie dem Klienten klar, daß Sie weitermachen, obwohl Sie wissen, daß seine Motivation gering ist. Danach ...

5. fragen Sie den Klienten, ob er sich irgendeine Vorgehensweise denken kann, die seine Vorbehalte auf ein Minimum reduzieren würde. Meistens haben die Klienten ja Angst, die Kontrolle zu verlieren oder verletzbar zu werden. Fragen Sie also beispielsweise: »Gibt es einen Weg, die Sache so zu gestalten, daß Sie nicht das Gefühl bekommen, zuviel Kontrolle über die Situation abzugeben? Können wir in irgendeiner Weise so arbeiten, daß Ihr Gesicht gewahrt bleibt?« Es ist durchaus möglich, sich mit dem Klienten auf eine Vorgehensweise zu einigen, bei der Sie bekommen, was Sie brauchen, und der Klient sich dennoch nicht als Opfer fühlt.

6. Hoffen Sie das Beste. Solche Vertragsverhandlungen sind harte Nüsse. Leute, die den Auftrag haben, eine Überprüfung durchzuführen, haben es am schwersten, denn sie müssen die ganze Zeit kämpfen. Das Beste, was Sie tun können, ist anzuerkennen, daß der Klient unter Druck steht – und daß Sie ihn

unterstützen, indem Sie ihm helfen, seine Nöte in Worte zu fassen. Viel mehr gibt es nicht zu tun, außer die Sache voranzutreiben.

Ihre Rolle wandelt sich: Grund für ständige Verhandlungen

Beratungsprojekte finden mitten im Leben statt, mitten in Unternehmen, in denen eine Menge passiert, in denen die Mitarbeiter und die druckerzeugenden Umstände ständig wechseln. Auch Teile Ihres Beratungsprojekts sind ständigen Veränderungen unterworfen. Ferner ist die Art und Weise, wie der Klient Sie behandelt, Schwankungen ausgesetzt. Der Klient will Ihre Mitarbeit an dem Projekt bei gleichzeitiger Distanz – und dieser Widerspruch in sich führt dazu, daß Ihre Rolle bei der Zusammenarbeit mit dem Klienten Gegenstand ständiger Verhandlungen ist.

Manche Veränderungen am Projekt liegen auf der Hand. Ein neuer Manager kommt ins Spiel, die Mittel werden gekürzt, Sie stoßen während Ihrer Überprüfungsarbeit auf Dinge, die weitere Probleme anzeigen. Weit häufiger finden jedoch fast unmerkliche Veränderungen statt. Ohne daß Sie es bemerkt haben, hat der Klient angefangen, Sie anders zu behandeln. So waren Sie etwa davon ausgegangen, zu einer Sitzung gebeten zu werden, und es ist nicht geschehen. So wird etwa ein Termin vermasselt, den der Klient für eine Ihrer Sitzungen festgelegt hat. Solche und ähnliche Indizien sind schwer zu erkennen, aber sie sind ein Hinweis darauf, daß es neuer Verhandlungen bedarf.

Ich möchte Ihnen ein Beispiel aus meiner letzten Arbeit mit einem bedeutenden Pharmaunternehmen vorführen. Für den Monat Mai war eine große Konferenz über Managemententwicklung angesetzt. Ungefähr fünfundsiebzig Angehörige des oberen Managements sollten mit dem Zweck teilnehmen, daß sie gemeinsam an einer Problemlösung für drei schwierige neue Produkteinführungen arbeiten sollten, die für das darauffolgende Jahr geplant waren. Wir hatten gerade Januar, und ich war dabei, mit einem Planungskomitee zusammen die Konferenz im Mai vorzubereiten. Das Komitee bestand aus zwei leitenden Angestellten, Jim und Lou, einem Belegschaftsangehörigen, Rich, und meiner Person in der Rolle des externen Beraters. Jim, Lou und Rich waren stellvertretende Direktoren, die dem Direktor Bericht erstatteten. Meine Aufgabe bestand vor allem darin, die Sitzung im einzelnen zu gestalten und zu strukturieren. Der Vorschlag, die Konferenz im Mal abzuhalten, war vom Direktor ausgegangen, damit wir uns seiner Unterstützung sicher sein konnten. Das Komitee war schon einige Male zusammengekommen, und ich fühlte mich wirklich als Teil ihrer Arbeit, als Angehöriger des Komitees. Die Szene beginnt an einem trüben Dienstagmorgen im Januar.

Jim und Lou, die beiden Abteilungsleiter, diskutieren darüber, wie schwer sich die Spitzenmanagementgruppe in letzter Zeit mit der Zusammenarbeit getan hat. Wenn die Gruppe nicht bald bei einigen Dingen zu einem Schluß kommen sollte, würde sie bei der großen Versammlung im Mai ziemlich dumm dastehen. Die Diskussion führt zu dem Schluß, daß der Direktor Teil des Problems ist. Er ist sehr still, die Leute wissen nicht so richtig, woran sie mit ihm sind, und alle fühlen sich unwohl – und dieses Gefühl des Unbehagens wird bei der Versammlung im Mal offensichtlich werden. Schließlich schlägt Lou vor, daß es gut wäre, die Mai-Sitzung zu verschieben, und zwar so lange, bis die Managementgruppe besser vorbereitet ist. Jim setzt dagegen, daß es vielleicht nicht schlecht wäre, sich in die Mai-Sitzung zu stürzen, denn dann wären alle gezwungen, sich mit dem Direktor auseinanderzusetzen. Rich, der Belegschaftsangehörige, sagt, daß wir vielleicht zuviel Theater um die Managementgruppe machen würden, schließlich seien die Probleme gar nicht so groß, und wahrscheinlich würde niemand etwas bemerken.

Lou sagt: Verschiebt den Sitzungstermin. Jim sagt: Haltet den Termin. Und Rich sagt: Wo ist eigentlich das Problem, Kumpels? Rich weiter: Lediglich unsere Besprechung dreht sich im Kreise. Ich, als Berater, bin unbedingt dafür, daß der Sitzungstermin beibehalten wird, allerdings nicht unter diesen schlechten Vorzeichen. Schließlich schlage ich vor, daß wir uns an dem morgigen Mittwoch mit dem Direktor treffen, das Problem ganz allgemein besprechen und ihm vorschlagen, sich mit dem Problem vor der Mai-Sitzung zu beschäftigen. Der Direktor ahnt noch nicht einmal, welche Auswirkungen sein ruhiger Stil auf die Gruppe hat. Ich weiß das aus anderen Unterhaltungen, die ich mit ihm hatte. Mein Vorschlag löst eine heftige Diskussion aus. Lou hat Angst, daß er als Buhmann dastehen könnte, Jim sieht nicht ein, warum wir uns nicht mit ihm treffen sollten, und Rich meint, wenn wir die Sache richtig darstellen und kein zu großes Problem daraus machen würden, wäre es vielleicht in Ordnung. Schließlich, nachdem ich erheblichen Druck gemacht habe, beschließt die Gruppe, sich am nächsten Tag um sechzehn Uhr mit dem Direktor zu treffen, um die Angelegenheit zu besprechen. Ich erkläre mich einverstanden, das Thema vorzutragen, während die anderen das dazu beitragen sollen, was sie für nötig halten. Am Ende unserer Besprechung sagt Lou zu mir: »Für Sie ist es einfach, dem Direktor entgegenzutreten, da Sie nicht wie wir für ihn arbeiten.« Ich stimme zu, daß es für mich einfacher sei und daß ich es deshalb so vorgeschlagen hätte. Müde ging ich nach Hause mit der festen Überzeugung, daß das Treffen mit dem Direktor der einzige vernünftige Weg sei, das Problem zu lösen und das Komitee von seiner Blockierung zu befreien, damit es seine Aufgabe, die Mai-Sitzung zu planen, zu Ende bringen konnte.

Am Mittwoch kam ich frühzeitig zu besagter Vier-Uhr-Sitzung und unterhielt mich noch ein wenig mit Rich. Nach etwas Small talk sagte er: »Übrigens, die Vier-Uhr-Sitzung ist abgesagt worden.« Das Komitee hatte sich gleich Mittwoch morgen getroffen und noch einmal über das Treffen mit dem Direktor nachgedacht. Lou war zu dem Schluß gekommen, daß es zu riskant war. Jim und Rich hatten ihm recht gegeben. Das Komitee traf sich nun um vier Uhr, um mit der Planung der Mai-Sitzung fortzufahren.

Überrascht, enttäuscht, ein bißchen ärgerlich – so fühlte ich mich, als ich mit dem Komitee um vier Uhr zusammentraf. Ich stellte viele Fragen darüber, warum sie das Treffen abgesagt hatten und was wir nun mit ihren ursprünglichen Sorgen hinsichtlich der Mai-Sitzung anfangen sollten. Lou wiederholte seine Story, wie riskant es sei, zum Direktor zu gehen, und in welch verwundbare Position ihn das brächte. Er vergaß auch nicht, mich daran zu erinnern, wie einfach das alles für mich sei, da ich der Firma nicht angehöre – und im übrigen bauschten wir das Problem unnötig auf. Lous Bedenken zum Risiko waren nicht ganz unberechtigt. Wenn er meinte, dermaßen verwundbar zu sein, hatte er vielleicht Gründe dafür.

Ich ging davon aus, daß ich getan hatte, was ich konnte, und nachdem sie mich eine Weile besänftigt hatten, fuhren wir endlich fort, die Mai-Sitzung zu planen. Rich versicherte, daß er irgendwann in nächster Zeit die Beziehung der Managementgruppe zum Direktor zur Sprache bringen und dann sehen würde, welches Echo er bekäme. Eine nette Geste, von der wir alle wußten, daß sie niemals Wirklichkeit werden würde. Der Augenblick war verpaßt, und die Besprechung war zu Ende.

Die ganze Sache machte mir Sorgen, und ich versuchte herauszufinden, warum. Ich hatte Verständnis für Lous Bedenken zum Risiko, hielt und halte ich doch nichts davon, unabwägbare Risiken einzugehen. Es gab zwar ein Problem, aber doch keine Krise, und alles – dessen war ich mir gewiß – würde weiterlaufen wie bisher. Eine Gelegenheit war zwar verpaßt, aber das war etwas Alltägliches.

Nachdem ich etliche Stunden mit Grübeln verbracht hatte, in denen ich mir immer wieder einredete, daß ich nicht wirklich besorgt war, dämmerte mir langsam, was mich tatsächlich störte. Im Verlauf von vierundzwanzig Stunden und innerhalb einer Sitzung hatte sich meine Rolle in der Gruppe radikal verändert. Als ich unsere Sitzung am Dienstag verließ, war ich noch ein volles Mitglied des Komitees. Ich hatte Teil an wichtigen Entscheidungen, ich hatte den mir zukommenden Part an Einfluß – wenn nicht mehr als das –, und ich stand im Mittelpunkt des Geschehens. Am nächsten Tag hatte sich das alles verändert. Sie hatten eine wichtige strategische Entscheidung (nämlich den Direktor nicht aufzusuchen) ohne mich getroffen. Darüber hinaus hatten sie die Vier-Uhr-Sitzung abgesagt.

Innerhalb eines Tages hatte sich meine Rolle völlig verändert: Aus jemandem, der den Status eines Vollmitglieds in einem Komitee gehabt hatte, war jemand geworden, der nur eben beiläufig von einer Entscheidung in Kenntnis gesetzt wurde und den man danach beschwichtigen mußte. Sie hatten mich weder angerufen, um mich zu fragen, ob ich zu der Morgensitzung kommen könnte, noch angerufen, um die Sache überhaupt telefonisch mit mir zu besprechen, auch nicht, um mir ihre veränderten Pläne mitzuteilen, bevor sie sie in die Tat umsetzten. Von einem Komiteemitglied hatte ich mich in einen Spezialisten gewandelt, dessen Aufgabe es war, die Mai-Sitzung zu strukturieren. Es geschah direkt vor meinen Augen, aber erst drei Stunden nach der letzten Besprechung wurde mir das überhaupt klar. Nachdem ich nun verstanden hatte, was passiert war, arrangierte ich ein Treffen mit Rich. Einige Tage später traf ich mich mit ihm, um meine Rolle in der Gruppe bzw. meinen Vertrag mit ihr neu zu verhandeln. Wir vereinbarten, daß ich von nun an wieder als volles Mitglied behandelt werden würde – und so ist es das ganze Projekt hindurch auch wirklich geblieben.

Dieses Ereignis macht deutlich, wie schnell und unbemerkt der Beratervertrag auf eine andere Ebene gleiten kann. Das bedeutet, daß man immerzu am Ball bleiben muß und daß das Neuverhandeln der Vereinbarungen ein immerwährender Prozeß ist.

Auch der Zeitpunkt der Neuverhandlungen ist sehr wichtig. Sie müssen stattfinden, sobald Sie merken, daß sich entweder das Verhalten des Klienten Ihnen gegenüber oder sonst etwas verändert hat. Lassen Sie die Dinge erst einmal schleifen, ist es nachher viel schwieriger, sich hinzusetzen und zu besprechen, was einen Monat vorher passiert ist. Es war schon schwierig genug, sich mit Rich zusammenzusetzen und zu besprechen, was drei Tage vorher geschehen war. Als erste Reaktion stellte er die Frage, warum ich nicht gleich in der Sitzung darüber gesprochen hatte. Auf diese Frage wußte ich keine Antwort. Ich wünschte, ich *hätte* gleich in der Sitzung darüber gesprochen, denn dann hätte ich mit dem ganzen Komitee über meine Rolle verhandeln können – und nicht nur mit Rich.

Wenn es so aussieht, daß sich Ihr Vertrag ändern muß, indem etwa der Klient dabei ist, einige Grundregeln zu verändern, dann ist für Sie der beste Zeitpunkt, um auf die Situation Einfluß zu nehmen, der Moment der Veränderung. Je länger Sie damit warten, dem Klienten gegenüber zur Sprache zu bringen, daß sich seine Erwartungen Ihnen gegenüber offensichtlich verändert haben, desto schwieriger wird es, den Vertrag neu zu verhandeln. Egal, wieviel Zeit aber verstreicht – die Diskussion über die Veränderungen im Vertrag muß auf alle Fälle stattfinden. Haben Sie eine solche Diskussion vor sich, trösten Sie sich damit, daß ständige Neuverhandlungen über den Vertrag zum normalen Ablauf des Projekts gehören. Immer wieder durchlaufen Sie verschiedene Abschnitte der Beratung, und der Kreislauf der Verhandlungen ist wirklich endlos.

Noch ein paar charakteristische Schwierigkeiten

»Kokette« Klienten

Manchmal stellen Sie fest, daß Sie der vierte Mensch sind, den der Manager wegen eines Projekts angesprochen hat. Darauf könnten Sie reagieren, indem Sie sich teurer verkaufen. Es gibt auch die Möglichkeit, den Manager zu fragen, warum die Entscheidung so schwierig ist. Wenn die Auswahl des Beraters dem Manager so viel Kopfzerbrechen bereitet, bedeutet das in der Regel, daß er zwar ein Projekt starten möchte, eigentlich aber doch nicht will, daß etwas geschieht. Warum sonst sollte er den Vorgang so sorgfältig kontrollieren?

Referenzen? Natürlich ... auch in Ihrem Alter!

Irgendwann kommt die Frage: »Welche Erfahrungen haben Sie?« Oder: »Welche Referenzen haben Sie?« Wird man auf diese Weise in die Zange genommen, gibt es zwei Möglichkeiten zu reagieren. Die erste ist, Ihre gut eingeübte Lieblingsstory »von der Front« zu erzählen. Bestenfalls erkennt der Klient seine eigene Situation in der Geschichte wieder. Die zweite Reaktion entspräche der Frage: »Sie machen sich Gedanken, ob ich Ihnen wirklich helfen kann?« Wenn der Manager zugibt, daß er tatsächlich besorgt ist, nehmen Sie es nicht persönlich. Manager (egal, wie hart gesotten sie auch sein mögen) neigen immer dazu, ihre Lage als aussichtslos zu betrachten. Sie brauchen die Vergewisserung, daß Hilfe möglich ist. Geben Sie ihnen diese Gewißheit. Fangen Sie gar nicht erst damit an, Ihre Referenzen zu verteidigen, indem Sie stundenlang von Ihren Diplomen, Klienten und Erfolgen erzählen.

Vermittler

Manchmal gibt es einen Vermittler zwischen Berater und Manager – irgend jemand aus dem Mitarbeiterstab des Managers oder jemand aus einer anderen Abteilung. Wenn dieser Vermittler zu rührig oder zu beschützend ist, bildet sich zwischen Berater und Manager ein imaginärer Schild. Dieser Schild macht es sehr schwierig herauszufinden, wie die Dinge wirklich stehen. Bestehen Sie deshalb darauf, daß der Manager an den Besprechungen teilnimmt, damit Sie mit ihm persönlich über das Projekt sprechen können.

Ein häufiger Fehler: Das Problem wird »zu Tode« definiert

Bei der Beobachtung Hunderter von Beratern, die an meinen Seminaren teilnahmen, ist mir ein Fehler immer wieder aufgefallen, wenn die Berater mit widerspenstigen Klienten umzugehen hatten: Während der Vertragsbesprechung verbringen wir zuviel Zeit bei dem Versuch, ein Problem zu definieren.

Wenn wir eine einstündige Sitzung haben und wir fünfzig Minuten damit verbringen, das Problem zu ermitteln, bleiben uns zehn Minuten für das wirkliche Geschäft der Besprechung – das Verhandeln der Wünsche des jeweils anderen und der Umgang mit der Angst vor Kontrollverlust und Bloßstellung. Das geschieht, weil wir uns während der Besprechung von der Verunsicherung und der Starrsinnigkeit des Klienten vereinnahmen lassen. Wir wissen nicht so recht, was wir tun sollen, also halten wir uns an Fragen über das Problem fest. So haben wir natürlich beide etwas Erleichterung – wir und auch der Klient.

Verschwenden Sie nicht zuviel Zeit auf das Herausfinden des Problems. Während der ganzen Beratungsdauer haben Sie dazu Gelegenheit. Wenn Sie nicht wissen, wie Sie fortfahren sollen, oder wenn die Besprechung droht zu scheitern, dann

1. schauen Sie den Klienten an und sagen: »Wir wollen einen Moment aufhören, über das Problem zu reden. Erzählen Sie mir lieber, was Sie von mir wollen.« Oder
2. Sie schauen den Klienten an und geben ein paar Statements ab. Sie werden dahin führen, wohin Sie eigentlich wollen. Sagen Sie: »Es sieht so aus, als würde das Problem Sie verwirren.« Dann: »Wir wollen einen Schritt weiterkommen, und dafür müssen Sie folgendes tun ...« Gehen Sie nun dazu über, Ihre jeweiligen Wünsche auszutauschen.

Verbrauchen Sie nicht mehr als 35 Prozent der zur Verfügung stehenden Zeit für die Diskussion des Problems. Wenn Sie wirklich nicht verstehen, was der Klient als Problem ansieht, sollten Sie versuchen, einen kleinen Vertrag auszuhandeln, damit Sie mehr über das Problem herausfinden können. Falls Sie nach zwanzig Minuten Besprechung das Problem nicht erkannt haben, wird das während dieser Besprechung überhaupt nicht geschehen – egal, wie viele Fragen Sie stellen.

Der Fall Bonner

Bis hierher haben wir einige der wichtigsten Fähigkeiten, die ein Berater haben sollte, dargestellt: die Beratungsphasen, die verschiedenen Schritte der Vertragsbesprechung und die ständige Neuverhandlung der Vertragspunkte, außerdem das Ziel, die Verantwortung für die Durchführung der Beratung zu gleichen Teilen aufzusplitten. Es folgt nun als Fallstudie eine kleine Beratungsintervention. Versuchen Sie während der Lektüre herauszufinden, wie Dave, der Berater, und Alan, der Klient, die verschiedenen Phasen der Beratung handhaben: An-

fang, Vertragsbesprechung, Datensammlung, Feedback und die Entscheidung über weitere Vorgehensweisen. Beachten Sie auch, daß Daves und Alans Rollen Gegenstand ständiger Verhandlungen sind.

EIN BEISPIEL AUS DER FIRMA BONNER
Von Mike Hill

Hintergrundinformationen: Die Firma Bonner, in der sich die folgende Episode abspielt, ist eine große Herstellerfirma. Es geht um die Anstrengungen David Bells, einem internen Belegschaftsangehörigen, und seiner Reaktion auf die Bitte um Hilfe, die Alan Kane, der Leiter des Technischen Laboratoriums der Firma, an ihn heranträgt. Alan ist einer von sechs technischen Leitern, die Tom Bonner, dem stellvertretenden Direktor der Technischen Abteilung, direkt unterstellt sind.

Das Telefon klingelte. Am Apparat war Alan Kane. Die Konversation verlief ungefähr folgendermaßen:

Alan: Ich habe da ein Problem, Dave. Ich denke, Sie können mir dabei helfen.
Dave: Was ist passiert, Alan, kocht Bonner wieder über?
Alan: Ja, so ungefähr. Ich komme gerade aus einer Belegschaftssitzung. Er ist sehr unzufrieden mit unseren vierteljährlichen Belegschaftssitzungen.

Anmerkung: Bonner hält wöchentliche Meetings mit seinen Mitarbeitern ab (sechs Manager, die ihm direkt unterstellt sind). Alle drei Monate hält er außerdem eine größere Belegschaftssitzung ab, bei der alle technischen Leiter bis hinunter zu den Meistern anwesend sind (ungefähr vierzig Mitarbeiter). Eine dieser größeren Belegschaftssitzungen hat er dazu benutzt, allgemeine Informationen zur aktuellen geschäftlichen Situation der Firma mitzuteilen: ein Bild des gegenwärtigen Geschäftsverlaufs, neue Geschäftspläne, Status der wichtigsten Programme etc.

Dave: Wo ist das Problem?
Alan: Bonner findet die Sitzungen langweilig und unproduktiv. Er ist der Meinung, daß die Vorarbeiter Informationen benötigen, die sie nicht erhalten, und daß das derzeitige Schema des Sitzungsablaufs sein Ziel verfehlt.

Dave:	Denken Sie genauso?
Alan:	Ja, die Besprechungen sind wirklich eher eintönig. Bonner hatte eine gewisse Zeit für Fragen und Antworten zur Verfügung gestellt. Die Belegschaft diskutierte über eine Reihe von Dingen, welche die Leute verärgerte, wie zum Beispiel willkürliche Kürzungen von Arbeitsleistungen, die zu hohe Kosten verursachen, Lohnunterschiede zwischen verschiedenen Abteilungen, Gerüchte über drohende Entlassungen und so weiter. Bonner ist der Meinung, daß die Leute zu diesen Punkten oft falsch informiert sind und daß eine Frage-und-Antwort-Phase dazu beitragen würde, viele Dinge zu klären. Nun gut, einige Fragen wurden gestellt, nichts von Bedeutung, doch dann herrschte peinliche Stille. Bonner ist darüber unglücklich. Er möchte, daß sich etwas ändert.
Dave:	Hat er Ihnen gesagt, was er will?
Alan:	Nicht genau. Wir haben mehrere Vorschläge diskutiert. Keiner war akzeptabel. Die Zeit wurde knapp, und schließlich bekam ich die Aufgabe, bei der nächsten Sitzung einen Vorschlag zu machen.
Dave:	Warum Sie?
Alan:	Bonner weiß, daß ich schon einmal mit Ihnen zusammen mein Sitzungskonzept überarbeitet habe. Er wollte wissen, was wir gemacht haben. Kurzum, ich bekam den Job – ich bin jetzt ein Sitzungsexperte.
Dave:	Ihre Belegschaftssitzung und die vierteljährliche Sitzung kann man nicht miteinander vergleichen.
Alan:	Eben. Genau deshalb möchte ich, daß Sie mir helfen – gleich heute. Dave, Sie haben alle Informationen erhalten, über die ich verfüge. Ich möchte gerne, daß Sie einen Vorschlag für mich entwerfen. Im Moment bin ich zwar unter Druck, aber am Mittwoch habe ich Zeit, mich mit Ihnen zu treffen.
Dave:	Moment mal, Alan. Ich kann keinen Vorschlag aus dem Nichts entwerfen. Ich brauche ein paar Daten. Ich glaube nicht, daß wir das am Telefon regeln können. Soll ich nicht doch herüberkommen, damit wir darüber reden können?
Alan:	Dave, ich habe absolut keine Zeit. Ich habe Ihnen alles gesagt, was ich weiß. Die Sache ist doch einfach für Sie.

Dave: Alan, wenn die Sache wirklich einfach wäre, hätten Sie mich nicht um Hilfe gebeten. Ich möchte Ihnen gerne helfen, aber wir müssen miteinander reden.
Alan: Okay. Wenn Sie es unbedingt wollen. Kommen sie nach der Mittagspause.
Dave: Wie wäre es mit sechzehn Uhr dreißig? Wir brauchen mindestens eine Stunde, vielleicht sogar mehr – ohne Telefongespräche, Nebensitzungen oder andere Unterbrechungen. Okay?
Alan: Okay. Wir sehen uns dann um sechzehn Uhr dreißig.

Wie besprochen, trafen sich Dave und Alan. Dave begann die Unterhaltung mit einer Zusammenfassung des Telefongesprächs, das sie geführt hatten. Alan hat einen Flip-chart in seinem Büro, und am Ende von Daves kurzer Zusammenfassung ging er zu seinem Flip-chart und notierte: ZIELSETZUNG: Sitzungsschema, welches sicherstellt, daß wir den Informationsbedarf der Vorarbeiter ansprechen.

Dave: Ich habe in einem Satz zusammengefaßt, was Sie mir gerade erzählt haben, okay?
Alan: Stimmt. Das dürfte genügen.
Dave: In Ordnung. Lassen Sie uns ein Brainstorming zu den verschiedenen Möglichkeiten machen, wie man mit der Sache umgehen könnte.

Während des Gesprächs schrieb Dave jeden Punkt auf das Flip-chart. Sie hatten schnell ein Dutzend Vorschläge zusammen. Dann betrachteten sie jeden Punkt noch einmal genauer im Hinblick auf seine Durchführbarkeit. Der schwierigste Faktor war die Zeit. Die nächste Vierteljahresversammlung stand in zwei Wochen an, so daß wenig Zeit blieb, um Daten von den Vorarbeitern zu erhalten. Ein Vorschlag hatte jedoch einige Chancen. Dave unterstrich ihn auf dem Flip-chart: »Die Vorarbeiter sollen Punkte der Tagesordnung nennen, die Bonner mit Sicherheit auf der Sitzung anspricht.«

Dave: Bei der Zeitknappheit ist das der einzige Punkt, mit dem wir arbeiten können. Stimmen Sie mir zu?
Alan: Ja. ich denke, damit können wir arbeiten. Mir gefällt die Logik, denn sie ist einfach: Wenn wir ihren Bedarf an In-

> formationen ansprechen wollen, fangen wir am besten damit an, indem wir sie selbst fragen, welche Informationen sie brauchen. Dieses Thema haben wir schon einmal besprochen, als wir mit meinen Mitarbeitern gearbeitet haben – erinnern Sie sich?

Dave und Alan besprachen eine Weile die Pros und Kontras und beschlossen dann, es aus mehreren Gründen mit diesem Vorschlag zu versuchen.

1. Er würde sicherstellen, daß der Informationsbedarf der Vorarbeiter angesprochen würde (Bonners Anliegen).
2. Es würde sich herausstellen, ob Bonners Einwand, daß »sie einen Informationsbedarf haben, mit dem wir uns nicht auseinandersetzen«, berechtigt war.
3. Die Vorarbeiter würden nicht zuviel Zeit investieren müssen.
4. Die Zeit würde ausreichen, den Vorschlag umzusetzen.

Dave: Okay. Das ist ein Anfang. Wir sollten uns aber Gedanken darüber machen, welche Bedingungen Bonner und die Belegschaft akzeptieren müssen, damit der Versuch eine Chance hat.
Alan: Das bedeutet?
Dave: Das bedeutet, daß wir ein paar Grundregeln offen darlegen sollten. So kostet beispielsweise die Beantwortung von Fragen einiges an Zeit. Bonner muß sich bereit erklären, sich die nötige Zeit zu nehmen.

Alan und Dave unterhielten sich eine Weile über dieses Thema. Während sie sprachen, machte Dave Notizen auf dem Flip-chart. Ihre endgültige Liste sah folgendermaßen aus:

1. Die Belegschaft muß bereit sein, die nötige Zeit zu investieren.
2. Es könnte einige heikle Fragen geben. Bonner müßte bereit sein, offen zu antworten.
3. Die Fragen werden weder gefiltert noch bearbeitet, und es werden keine Fragen ausgesondert.
4. Jeder Manager müßte sich dazu verpflichten, bei seinen eigenen Mitarbeitern Tagesordnungspunkte zu sammeln, die eine Woche

vor der Sitzung bei Bonner abgegeben werden müßten. Diese Abgabefrist müßte verbindlich sein.

An jenem Punkt hatten sie ungefähr eine Stunde lang miteinander gesprochen, und Alan schlug vor, für diesen Tag Schluß zu machen.

Alan:	Okay, Dave. Ich denke, das wäre es für heute. Sie haben genug Material, um einen Vorschlag zu formulieren.
Dave:	Alan, es läßt sich alles gut an, aber wir sind noch nicht am Ende. Wir haben keine Zeit, lange hin und her zu reden. Für mich ist viel wichtiger, daß dies ihr Vorschlag wird – nicht meiner.
Alan:	Schauen Sie, Dave, Sie brauchen nur zu nehmen, was da ist. Schreiben Sie es genauso auf, wie wir es besprochen haben. Wir brauchen nicht noch einmal hin und her zu diskutieren. Sie können es einfach aufschreiben und es der Belegschaft vorlegen.
Dave:	Moment mal. Ich dachte, wir arbeiten zusammen an der Sache. Wenn ich sie vorlege, stehe ich im Mittelpunkt – das bringt mich in eine aussichtslose Position. Wenn Sie möchten, begleite ich Sie zur Belegschaftssitzung, aber meiner Meinung nach wäre es ein Fehler, wenn ich die Führung übernähme.
Alan:	Sie machen aus einer Mücke einen Elefanten.
Dave:	Das mag sein, meine Erfahrung mit Bonner lehrt mich aber, vorsichtig zu sein. Sehen Sie, wir haben einen Entwurf für den Vorschlag. Wir bitten Rita [Alans Sekretärin] herein und diktieren ihr, was wir haben.
Alan:	Wir haben keinen Vorschlag. Alles, was wir haben, ist ein Entwurf.
Dave:	Genau. Ich schlage vor, wir präsentieren es genauso, wie wir es entwickelt haben, damit die Belegschaft sich auch damit beschäftigen muß.
Alan:	Wird das nicht sehr viel Zeit in Anspruch nehmen?
Dave:	Die Diskussion wird einige Zeit in Anspruch nehmen. Aber wenn die Angelegenheit so wichtig ist, wie Bonner sagt, wird er sich bereit erklären müssen, einige Zeit zu investieren. Wenn er gerade keine Zeit hat, verschieben wir das Ganze, bis er eben mehr Zeit hat.

Alan:	Sie spielen mit dem Feuer! Bonner erwartet einen Vorschlag – in schriftlicher Form.
Dave:	Wir haben einen Vorschlag. Wenn Sie Rita hereinbitten, haben wir ihn schriftlich.
Alan:	In Ordnung. Bringen wir es hinter uns.

Alan bat Rita herein. Er diktierte ihr die Notizen, die auf dem Flip-chart vermerkt waren, und schließlich hatten sie einen Vorschlag mit fünf Punkten:

1. Eine allgemeine Einführung
2. Zielgebungen (was getan werden sollte)
3. Vorgehensweisen (Vorschläge zur Durchführung)
4. Grundregeln (Bedingungen, die verstanden und akzeptiert werden müßten)
5. Endauswertung (wie man mit den Ergebnissen umgehen würde)

Schlußendlich kamen sie überein, daß Alan alle Punkte der Liste vortragen würde. Sie würden als Ausgangspunkte für die Diskussion in der Belegschaft mit dem Ziel präsentiert werden, daß nach der Diskussion ein Entschluß gefaßt werden konnte.

Bonners Belegschaftssitzung fand zum festgesetzten Termin statt. Nachdem die normalen Tagesordnungspunkte erledigt waren, trug Alan seine Punkte vor.

Alan:	Bei der letzten Sitzung wurde ich gebeten, mir über ein neues Schema für unsere vierteljährliche Belegschaftsversammlung Gedanken zu machen. Ich habe Dave gebeten, mir dabei zu helfen, und wir möchten Ihnen einen Vorschlag zu Ihrer Begutachtung vorlegen. Wir haben uns ein Ziel gesetzt und unsere Überlegungen daran orientiert, und ich denke, als erstes sollte ich Ihnen das Ziel vorstellen.

Alan verteilte das erste Blatt. ZIELSETZUNG: Den Informationsbedarf unserer Vorarbeiter ansprechen.

Alan:	So habe ich es auf der letzten Sitzung gehört. Wir nehmen an, daß mit der Präsentation der allgemeinen Programminformationen ebenso wie in den vergangenen Sitzungen

	einige Zeit vergehen wird – sagen wir, fünfundvierzig Minuten. Die verbleibende Zeit – eine Stunde oder mehr – verwenden wir dann auf Fragen und Antworten.
Jim:	Ich bin nicht davon überzeugt, daß wir ein neues Schema brauchen. – Dave, was deutet Ihrer Meinung nach darauf hin, daß wir einen Frage-und-Antwort-Teil benötigen?
Dave:	Ich habe keine Hinweise darauf.
Jim:	Warum machen Sie also diesen Vorschlag?
Dave:	Vielleicht gibt es da ein Mißverständnis, was meine Rolle bei diesem Projekt angeht. Ich bin darum gebeten worden, Alan bei der Entwicklung eines neuen Versammlungsschemas zu helfen und dabei diese Zielsetzung zu verwenden, da sie zu denen gehörte, auf die sich die Belegschaft geeinigt hatte. Sollte das nicht zutreffen, müssen wir uns darüber unterhalten, bevor wir fortfahren. Jim, ich weiß nicht, ob Sie ein neues Schema benötigen. Sollte das die Frage sein, bin ich gerne bereit, einige Daten zu sammeln, die der Belegschaft helfen, sich zu entscheiden.
Bonner:	Nein. Das würde zu lange dauern. Jim, zu diesem Punkt habe ich keine zuverlässigen Daten. Ich habe da nur so ein paar Vermutungen, die auf informellen Unterhaltungen basieren. Deshalb möchte ich diese Sache als Test ansehen. Ich meinte, während der letzten Versammlung Zustimmung gehört zu haben.

Mehrere Belegschaftsangehörige nickten zustimmend.

Dave:	Es ist mir wichtig, daß ich nicht als jemand angesehen werde, der Veränderungen erzwingen will. Das trifft nicht zu. Ich denke, das würde nicht zu meinem Aufgabenbereich gehören. Ich bin hier, um Fragen zu beantworten, welche die Vorschläge betreffen, die Alan und ich ausgearbeitet haben, und unsere Ideen basieren exakt auf der Zielsetzung, wie sie gegeben war. Ich möchte von allen hier eine klare Auskunft darüber haben. – Ist dies Ihre Zielsetzung?
Mitarbeiter:	Wir stimmen zu.
Alan:	Okay. Mit der genannten Zielsetzung vor Augen, haben wir einen Plan entwickelt, wie man an Fragen herankommt, die für die Vorarbeiter wichtig sind.

Alan verteilte das nächste Blatt.

VORGEHENSWEISE

1. Die Vorarbeiter müssen darüber informiert werden, daß die nächste Versammlung zwei Teile haben wird:
   a) Allgemeines Programm und neue Betriebsdaten
   b) Einen Frage-und-Antwort-Teil
2. Die Tagesordnung für den Frage-und-Antwort-Teil besteht aus den Fragen, welche die Vorarbeiter unterbreiten werden.
3. Keine Einschränkungen bei der Art der Fragen.
4. Die Fragen werden nicht bearbeitet, und keine wird ausgesondert. So wie die Fragen kommen, werden sie in die Tagesordnung aufgenommen.
5. Bonner wird auf alle gestellten Fragen eingehen.

Alan: Was Punkt eins und zwei betrifft, so sollten wir die Dinge beim Namen nennen: Bonner hat den Eindruck, daß die Leute Fragen haben, die besprochen werden müssen. Die Belegschaft stimmt dem zu. Bei Fragen, die den Leuten so wichtig sind, sollten beide Seiten an der Diskussion beteiligt sein, und wir möchten die Voraussetzungen dafür schaffen. – Gibt es hinsichtlich der übrigen Punkte noch Fragen?

Jim: Punkt vier könnte alle möglichen Probleme verursachen. Wenn jeder auch nur zwei Fragen stellt, sind das am Ende hundert Fragen. Haben Sie daran gedacht, Dave?

Dave: Ja, wir haben lange über diesen Punkt gesprochen. Tatsache ist, daß eine Diskussion Zeit braucht. Darüber müssen wir uns im klaren sein. Ich empfehle das Frage-und-Antwort-Schema nur dann, wenn die Belegschaft wirklich bereit ist, die notwendige Zeit zu investieren.

Jim: Was meinen Sie, Dave? Wieviel Zeit wird notwendig sein?

Dave: Ich habe keine Ahnung.

Jim: Nehmen wir an, es kommen so viele Fragen, daß die Sitzung drei Stunden dauert. Was machen Sie dann?

Dave: Ich würde das Problem an die Vorarbeiter zurückgeben und zu ihnen sagen: »Nach Durchsicht ihrer Fragen schätzen wir, daß die Sitzung drei Stunden dauern wird. Wir sind dar-

	auf vorbereitet. Überlegen Sie, ob Sie es auch sind.« Sind sie einverstanden, gibt es kein Problem. Sind sie der Meinung, das wäre zu lange, gut – ich würde sie dann fragen, was wir ihrer Meinung nach tun sollten. Ich denke, man muß ihnen klarmachen, daß das ihre Sitzung ist und daß sie einen Teil der Verantwortung dafür mittragen müssen.
Bonner:	Ich glaube nicht, daß die Fragen drei oder vier Stunden in Anspruch nehmen werden. Außerdem können wir eine Stunde veranschlagen und in dieser Zeit so viele Fragen wie möglich besprechen. Für die verbleibenden Fragen legen wir dann einen weiteren Sitzungstermin fest. Jim, ich weiß, daß wir nicht genau wissen, was auf uns zukommt, aber ich möchte der Sache eine Chance geben.
Alan:	Wir haben den Aspekt des hohen Zeitaufwands diskutiert. Ich denke, daß sich einige Fragen gleichen werden, und es wird auch vorkommen, daß Fragen doppelt gestellt werden. Meines Erachtens werden wir das Zeitproblem in den Griff bekommen.
Jim:	Dann sollten eben die Fragen auf Wiederholungen hin durchgesehen werden.
Alan:	Wir haben darüber gesprochen, ob wir die Fragen filtern sollen, und diese Möglichkeit verworfen, weil das womöglich einen schlechten Eindruck machen könnte. Es könnte nach Zensur aussehen – nach der Melodie: Wir wollen zwar eure Fragen beantworten, aber wir entscheiden, welche. Diesen Eindruck möchten wir doch eigentlich nicht vermitteln.
Jim:	Das denke ich auch. Ich habe auch nicht davon gesprochen, daß Fragen eliminiert werden sollen. Ich wollte vorschlagen, daß ähnlich gelagerte Fragen in Gruppen zusammengefaßt werden sollten. Dann kann man sie genauso hinschreiben, wie sie gestellt werden.
Alan:	Stellen Sie sich für diese Arbeit zur Verfügung?
Jim:	Wenn Sie es auch tun.
Alan:	In Ordnung. Jim und ich werden die Fragen durchsehen und verwandte Fragen in Gruppen zusammenfassen.
Dave:	Keine Eliminierungen? Keine Neuformulierungen?
Alan:	Genau. Keine Eliminierungen. Keine Veränderungen.
Dave:	Sind damit alle einverstanden?
Mitarbeiter:	Einverstanden.

Bonner: Okay. Lassen Sie uns weitermachen. Ich erwarte von jedem von Ihnen, daß seine Fragen bis Freitag bei Jane auf dem Tisch liegen. Jane wird Jim und Alan anrufen, wenn alle Fragen da sind, damit sie dann damit beginnen können, die Fragen zu sortieren.

Alan: Ich habe da noch etwas. Wir haben darüber gesprochen, daß wir an der Reaktion auf das Projekt interessiert wären. Deshalb wollen wir wissen, ob die Mitarbeiter die Übung für sinnvoll halten.

Bonner: Dave, wie kann man das möglichst schnell erledigen?

Dave: Ich kann Jim und Alan dabei helfen, einen kleinen Fragebogen vorzubereiten, der am Ende der Sitzung ausgefüllt werden kann.

Bonner: Sind alle damit einverstanden?

Mitarbeiter: Einverstanden.

Bonner: Okay. Dann machen Sie es so. – Wir sehen uns am Freitag.

Besprechung des Falles Bonner

Der Fall Bonner ist nichts anderes als das Modell einer kleinen Beratung. Er enthält ein paar wichtige Ereignisse, die es wert sind, näher betrachtet zu werden, da sie noch einmal besonders gut zeigen, was mit der 50-zu-50-Verteilung der Verantwortung gemeint ist.

Wichtige Teile der Eingangsphase wurden schon erledigt, bevor der Fall Bonner einsetzt. David und Alan haben eine gute Beziehung am Arbeitsplatz, und sie haben vor kurzer Zeit schon einmal miteinander gearbeitet und entsprechende Erfahrungen gesammelt. Dennoch hat Alan an Dave Erwartungen, die dieser ungern erfüllen will. Deshalb besteht Daves erster Arbeitsschritt darin, mit Alan über dessen Erwartungen zu diskutieren und seine Position abzustecken. Der dargestellte Fall beginnt mit Alans Äußerung: »Ich habe da ein Problem, Dave. Ich denke, Sie können mir dabei helfen.« Zunächst versucht Alan das Problem mit den langweiligen, unproduktiven Belegschaftssitzungen darzustellen. Im darauffolgenden Dialog versucht Dave das Problem so zu verstehen, wie Alan es sieht – wer ist beteiligt, wer wird der Klient sein, welche Art von Hilfe wird benötigt? Das ist die erste Datensammlung. In diesem Fall dauerte das nur fünf Minuten. In anderen Fällen kann es sechs Monate dauern, bis sich der Berater ein klares Bild von der Situation machen kann.

Daß Dave Alan bittet, sich mit ihm zusammenzusetzen, bedeutet, daß er sich entschlossen hat, den Auftrag anzunehmen – und er hat Alan als Klienten identifiziert. Die »Identifikation des Klienten« ist ein kritischer Punkt in der Eingangsphase. Der Berater muß die gegenseitigen Erwartungen klären und Einigung über sie erlangen, bevor die Arbeit überhaupt begonnen werden kann. Dave hat Alan vorerst nur als Klienten identifiziert (das ist meistens so). Dieses Thema wird, wie wir sehen werden, im weiteren Dialog noch einmal aktuell.

Die Vertragsbesprechung beginnt, als Alan sagt: »Dave, Sie haben alle Informationen erhalten, über die ich verfüge. Ich möchte gerne, daß Sie einen Vorschlag für mich entwerfen. Im Moment bin ich zwar unter Druck, aber am Mittwoch habe ich Zeit, mich mit Ihnen zu treffen.« Mit dieser Bemerkung bringt Alan seine Erwartungen an Dave zum Ausdruck, und er setzt eine Frist für die Erfüllung seiner Erwartung. An dieser Stelle muß Dave eine bedeutende Entscheidung treffen. Akzeptiert er die Aufgabe so, wie Alan sie definiert hat, erklärt er sich damit einverstanden, die Rolle des Handlangers zu spielen. Hat man sich auf diese Art von Vertrag erst einmal eingelassen, ist es fast unmöglich, noch etwas daran zu ändern.

Dave reagiert, indem er sein eigenes Konzept seiner Rolle und der Zusammenarbeit mit Alan vorstellt. Er bringt klar zum Ausdruck, daß er den Vorschlag nicht alleine schreiben will, daß er nicht genug Daten hat, daß er nicht weiter am Telefon verhandeln und er mit der Fortsetzung der Arbeit nicht bis Mittwoch warten will.

Dave will durch seine scheinbar endlosen Forderungen nicht etwa mitteilen, daß er an dem Projekt kein Interesse hat, daß ihm nichts an Alan liegt oder daß er nicht offen für Einflüsse ist. Das sind die Phantasien, die die meisten von uns haben, wenn wir versuchen, nicht als Handlanger mißbraucht zu werden, und unsere Rolle deshalb genau definieren. Dave erreicht, daß Alan *mit* ihm zusammen an Alans Problem arbeitet. Der Unterschied ist bedeutungsvoll. Das Wort *Vertrag* ist zwar nicht gefallen, aber es ist eindeutig ein Vertrag geschlossen worden.

Nach Abschluß der Eingangsphase, der Vertragsbesprechung und der ersten Datensammlung gehen sie über zur Feedbackphase, die in diesem Fall ihren Ausdruck in einem einzigen Satz findet: »Zielsetzung: Sitzungsschema, das sicherstellt, daß wir den Informationsbedarf der Vorarbeiter ansprechen.« Diese Darstellung des Problems ist aussagekräftiger als die ursprüngliche (unproduktive Belegschaftssitzungen).

Dann richtet sich die Diskussion auf die Planung der wichtigsten Maßnahme. Bei dieser Planung muß zuerst festgelegt werden, welche Mindestanforderungen erfüllt sein müssen, um zum Erfolg zu gelangen. Mit anderen Worten: Es muß ein Entwurf des Vertrags mit Bonner und der Belegschaft angefertigt werden.

Im Verlauf dieser Phase möchte Dave zwei Dinge erreichen: Erstens versucht er Alan zu helfen, das unmittelbare Problem zu lösen, und zweitens, seine Hilfestellung so zu gestalten, daß Alan (und vielleicht Bonner und seine Belegschaft) für die Zukunft einiges davon begreifen, wie mit solcherart Problemen umgegangen wird.

Was also kann man über den Umgang mit dieser Art von Problemen lernen? Erstens, daß der Kommunikationsprozeß in einem großen Unternehmen nur zu steuern ist, wenn mindestens 50 Prozent der Aktionen in den Händen von Mitarbeitern liegen, die niedrigere Positionen bekleiden. Zweitens, daß eine bestimmte Struktur entworfen werden muß, damit Anliegen frei zum Ausdruck kommen können. Wenn Mitarbeiter in weniger einflußreichen Positionen ihre Bedürfnisse zum Ausdruck bringen sollen, müssen sie sich vergewissern können, daß diese Handlung nicht Strafe, sondern Lob zur Folge haben wird, besonders dann, wenn durch ihre Fragen das Management zum Handeln genötigt wird. Um sich vergewissern zu können, brauchen sie sichtbare Zeichen.

Zurück zu unserem Fall. Nachdem sich Dave und Alan auf

einen Handlungsplan geeinigt haben, finden sie sich in einer neuen Vertragsverhandlung wieder. Alan möchte, daß Dave der Belegschaft den Vorschlag unterbreitet. Dave wendet ein: »Wenn ich sie [die Sache] vorlege, stehe ich im Mittelpunkt – das bringt mich in eine aussichtslose Position.« Dave verweist darauf, daß Alan der Klient ist und daß er selbst keinen Vertrag mit Bonner und seiner Belegschaft hat.

Sie sind sich außerdem noch nicht einig darüber, welche Haltung sie Bonner gegenüber einnehmen sollen. Werden sie mit ihm unter der Voraussetzung zusammenarbeiten können, die Belegschaft einzubeziehen, oder sollen sie die Arbeit lieber allein machen und Bonner ein »Auftrag ausgeführt« melden? Sie einigen sich auf einen Kompromiß: Dave sorgt dafür, daß der Vorschlag in schriftlicher Form vorliegt, und Alan ist einverstanden, daß der Vorschlag keine fertige Handlungsanweisung darstellt, sondern dazu dient, eine Diskussion einzuleiten, aus der schließlich eine Entscheidung hervorgehen kann.

In der Besprechung mit Bonner kommt die Frage: »Wer ist der Klient?« wieder zur Sprache. So beginnt der Kreislauf von Vertragsbesprechung, Datensammlung und Planung von neuem. Die Lage wird etwas kritisch, als Jim sagt: »Ich bin nicht davon überzeugt, daß wir ein neues Schema brauchen. – Dave, was deutet Ihrer Meinung nach darauf hin, daß wir einen Frage-und-Antwort-Teil benötigen?« Hier geht es darum, Klarheit darüber zu erhalten, wer für die Intervention die Verantwortung übernimmt.

Anstatt den Versuch zu unternehmen, die Belegschaft zu überzeugen, gibt Dave die Verantwortung zurück an Bonner. Dort gehört sie ja auch hin, denn von ihm war die ganze Sache ausgegangen. Mit der Äußerung: »Sollte das nicht zutreffen, müssen wir uns darüber unterhalten, bevor wir fortfahren« macht er klar, daß ein Vertrag zwischen ihm und Alan besteht und er um Bestätigung bittet. Nachdem diese Sache geklärt ist (nur für den Moment, wie immer), läuft die Diskussion in der üblichen Weise weiter. Jims Bereitschaft, an der Gruppierung der Fragen mitzuarbeiten, ist ein klares Signal dafür, daß das Ziel, alle an der Arbeit zu beteiligen, erreicht worden ist.

KAPITEL 7

DER INTERNE BERATER

In meinen Seminaren für interne Berater hören die Teilnehmer in der Regel still zu, wenn ich Vorträge halte zu den Themen: »›Nein‹ zum Manager sagen« oder: »Probleme direkt mit dem Manager besprechen« oder: »Die eigenen Wünsche und Forderungen deutlich machen« oder: »Das Verhandlungsklima direkt ansprechen.« Irgendwann hebt dann jemand aus den hinteren Reihen den Finger und sagt: »Sie können das leicht sagen. Sie sind ein externer Berater. Sie müssen nicht in der Firma klarkommen, die Sie beraten. Wir aber sind interne Berater, die der Belegschaft angehören. Wenn ein leitender Angestellter über uns in Wut gerät, haben wir ein Problem. Sie können einfach nicht verstehen, wie das ist.«

Früher habe ich immer widersprochen. Ich habe dann eingewendet, daß jeder vor denselben Problemen steht. Sie müßten ebenso mit den Klienten umgehen wie ich – und so weiter. Dann lehnten sich die Teilnehmer in der Regel zurück, und ich kündigte eine Kaffeepause an, während der sie heftig untereinander diskutierten und mich ignorierten. Mittlerweile widerspreche ich nicht mehr, zum Teil deshalb, weil ich vermeiden will, abgelehnt zu werden. Außerdem ist mir klargeworden, daß sich interne und externe Berater doch in einigen Punkten unterscheiden. Die wichtigsten Unterschiede sind in Schaubild 5 aufgelistet.

Wichtige Unterschiede zwischen internem und externem Berater

Als interner Berater ist man zu jeder Zeit in irgendeinen Teil der Firmenhierarchie und den Verhaltensnormen des Unternehmens eingebettet. Man hat einen Chef, den man zufriedenstellen muß (jedenfalls bis zu einem gewissen Grade); die eigene Abteilung hat gewisse Ziele, die sie erreichen muß; technische Abteilungen haben zum Beispiel einen neuen Arbeitsablauf, den sie in den Fertigungshallen einführen möchten; und Finanzabteilungen haben vielleicht die Absicht, neue Kontrollabläufe einzuführen.

In welcher Weise beeinflussen also die Tatsachen, daß man einen Chef und daß die Abteilung bestimmte Zielsetzungen hat, die Art und Weise, wie interne Berater arbeiten und mit den leitenden Angestellten Verträge schließen?

1. Oft ist es einfach unmöglich, die Wünsche und Forderungen des leitenden Angestellten zu befriedigen. So möchte der Berater vielleicht, daß der leitende Angestellte bestimmte Vorgehensweisen übernimmt, die nicht zur Philosophie und dem Stil des Managers passen.
2. Es kann geschehen, daß interne Berater danach bewertet werden, wie viele Manager die Programme übernehmen, welche die Arbeitsgruppe erarbeitet hat. Oft wird vom Berater verlangt, daß er die Lösungsvorschläge der eigenen Abteilung verkauft, wobei der Druck, der deshalb auf ihn ausgeübt wird, immens sein kann.
3. Oft wird vom internen Berater erwartet, daß es ihm gelingt, einen Widersacher zu »bekehren«. Ein bestimmter Vorgesetzter lehnt vielleicht seit Jahren die Dienstleistungen einer bestimmten Abteilung ab, und der Berater soll nun derjenige sein, der endlich reinen Tisch macht.
4. Hat man auch nur einen Schlüsselmanager gegen sich, kann das schon eine Katastrophe sein. Es gibt im Unternehmen nur

so viele potentielle Klienten, wie es Manager gibt. Wenn man einen oder zwei Aufträge vermasselt, kann sich das sehr schnell herumsprechen, und die Nachfrage kann rasch schwinden. Wenn das passiert, ist der Berater aus dem Geschäft, auch wenn er auf der Gehaltsliste bleibt.
5. Der interne Berater hat einen Status und eine berufliche Stellung in der Firma, die so gut wie alle Mitarbeiter kennen. Das kann den Zugang zu den Angestellten in den hohen Schlüsselpositionen, zu denen man eigentlich direkten Kontakt benötigt, erheblich einschränken. Status und berufliche Stellung des externen Beraters sind eher vage, so daß es für ihn leichter ist, zwischen den verschiedenen Betriebsebenen »umherzuspringen«.
6. Die Schwierigkeit, »der Prophet im eigenen Lande« zu sein, wird in der Regel hochgespielt und kann als Vorwand benutzt werden, aber etwas Wahrheit ist doch daran. Da der Berater demselben Unternehmen angehört wie die leitenden Angestellten, sehen diese ihn schnell als jemanden, der denselben Kräften und demselben Irrsinn ausgeliefert ist wie sie selbst. Aus diesem Grunde sind sie zurückhaltender, wenn es darum geht, dem Berater zu trauen und zu erkennen, daß er etwas Besonderes anzubieten hat.
Auch der externe Berater sieht sich mit den meisten dieser Probleme konfrontiert, aber sie haben nicht dieselbe Intensität. Wenn man außerhalb des Unternehmens steht, ist der potentielle Markt für die Dienstleistungen des Beraters größer, und solange die Klienten mit der Arbeit des Beraters zufrieden sind, gibt es für sein eigenes Beratungsunternehmen eigentlich keinen Anlaß zur Klage.

Der Unterschied in der Intensität und dem Umfeld dieser Probleme macht die Position des internen Beraters anfälliger und verletzbarer. Dadurch entstehen Einschränkungen in der Art, wie interne Berater mit Klienten Verträge schließen und bis zu welchem Grad sie bereit sein werden, die Risiken zu tragen, die eine ehrliche Berichterstattung am Ende in sich trägt. Wenn die

Einschränkungen zu einem äußerst vorsichtigen Verhalten des internen Beraters führen, kann das zur Folge haben, daß der Berater nur als Handlanger benutzt wird. Werden die Einschränkungen aber völlig ignoriert, werden interne Berater leicht als unreif und illoyal angesehen, als »unsensibel gegenüber dem Stil der Firma«.

In diesem Buch wird ein Zugang zur Tätigkeit des internen Beraters beschrieben, der es erlaubt, im Bereich von höherem Risiko/höherer Bezahlung tätig zu sein und gleichzeitig Respekt und Wertschätzung des Klienten zu erhalten. Die Beratung muß aber perfekt sein. Der Rest dieses Kapitels beschreibt ein paar Dinge, bei denen man besondere Vorsicht walten lassen muß, wenn man als interner Berater tätig ist.

Dreiecke und Vierecke

Chefs

Die Besprechung mit dem leitenden Angestellten als Klienten ist oft nur ein Teil der Vertragsverhandlungen. Ein interner Mitarbeiter muß zumindest auch mit seinem eigenen Vorgesetzten einen Vertrag schließen.

Wohl jede innerbetriebliche Arbeitsgruppe, egal, auf welchem Gebiet sie tätig ist – Finanzprüfung, Konstruktion, Personal –, hat ihr eigenes Projekt, das »Priorität« hat und »dieses Jahr noch« durchgezogen werden muß. Und sie hat Strategien entwickelt, welche Art von Beratung unternommen werden sollte. Technische Organisationen verfügen über bestimmte innovative Herstellungsverfahren, und ihre technischen Berater sollen sie bei der Produktionsabteilung an den Mann bringen. Marketinggruppen haben bestimmte Preisgestaltungsstrategien entwickelt, die den Kunden verkauft werden sollen. Jede Arbeitsgruppe hat sich darauf geeinigt, welche Ziele erreicht werden sollen, und es ist die Aufgabe des internen Beraters, diese Ziele bei den Klienten, also bei den leitenden Angestellten, zu vertreten. Das be-

	Interne Berater	*Externe Berater*
Persönlicher Bereich	Einigermaßen stabil, verantwortungsbewußt und dankbar	Etwas chaotisch, freiheitsliebend
Phantasie	Wunsch nach Freiheit und Vielfalt der Tätigkeit des externen Beraters	Wunsch nach Kontinuität und Stabilität bei der Tätigkeit des internen Beraters
Unterschwellige Ängste	Ignoriert und abgewiesen zu werden, als unwichtig abgetan zu werden	Ignoriert und abgewiesen zu werden, als unwichtig abgetan zu werden

Schaubild 5: Bemerkenswerte Unterschiede zwischen internen und externen Beratern

deutet, daß der Berater sehr oft zweierlei tun muß: Er muß zum einen seine Aufgabe dem Klienten gegenüber erfüllen, und er muß zum anderen den Vertrag erfüllen, den er mit seinem eigenen Management abgeschlossen hat, um bestimmte Prioritäten durchzusetzen. Automatisch hat der Chef des Beraters so Teil an den Vertragsverhandlungen. Für den internen Berater bedeutet das, daß er Teil eines Dreiervertrags ist.

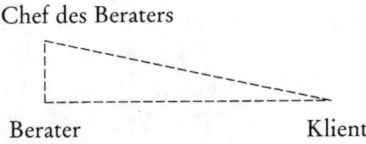

Schaubild 6: Ein Dreiervertrag

Manchmal kommt ein Vierer- oder gar ein Fünfervertrag zustande. Der Vierervertrag kann mit einer allgemeinen Übereinkunft zwischen dem Chef des Beraters und dem Chef des Klienten beginnen.

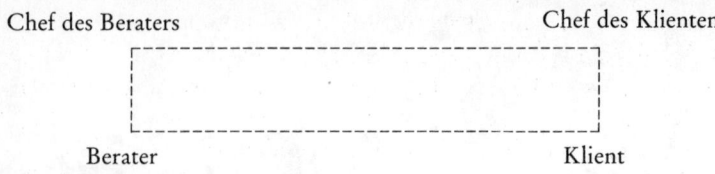

Schaubild 7: Ein Vierervertrag

Das bedeutet, weder Berater noch Klient stürzen sich mit Freuden in die Beratungssituation, aber es ist klar, daß sie die Arbeit mit Engagement beginnen werden. Diese Situation bringt eine Verlängerung der Vertragsverhandlungen mit sich. Für den Berater ist es wünschenswert, mit allen Vertragspartnern zu verhandeln, um die jeweiligen Erwartungen zu klären. Sicherlich ist das nicht in allen Fällen zu erreichen, aber es ist immer noch besser, als die Vertragsverhandlungen als bloße Formalität zu betrachten, denn man kann zumindest einschätzen, was auf einen zukommt. Alle Seiten des Vierer- oder Dreiervertrags müssen ausgelotet werden, bevor die Datensammlung beginnen kann.

Der Chef des Beraters und seine Erwartungen

Schließt man alle Parteien in die Vertragsgestaltung ein, wird man oft feststellen, daß viele Probleme, die scheinbar zwischen internem Berater und seinem Klienten bestehen, in Wirklichkeit Probleme zwischen dem internen Berater und seinem eigenen Chef sind. Der Chef kann Erwartungen an den Berater haben, die dieser nicht erfüllen kann. Und der Berater kann den Eindruck haben, daß er niemals »nein« sagen kann oder daß er sehr schwierige Klienten bekehren soll.

Einmal habe ich eine Gruppe von Konstruktionsberatern gefragt, welche Botschaften ihr Unternehmen hinsichtlich der Ausführung ihrer Tätigkeit aussendet. Ihre Antworten liefern eine Liste gängiger Klischees über interne Beratung.

- Egal, was passiert: Bringe den Job zu Ende.
- Wenn die Lösung des technischen Problems wirklich so wichtig ist, kümmere dich nicht um die Feinfühligkeiten des Klienten.
- Verärgere den Klienten nicht, und widersprich ihm nicht.
- Bleib so lange wie nötig, um den Job zu erledigen, aber nicht länger.
- Überzeuge den Klienten davon, daß er tun soll, was du ihm vorschlägst.
- Verkaufe den »Stil des Unternehmens«.
- Jedes Problem kann gelöst werden.
- Man kann jeden Klienten »erreichen«, wenn man nur am Ball bleibt.
- Sei loyal deiner eigenen Firma gegenüber.
- Wasche keine schmutzige Wäsche in der Öffentlichkeit.
- Sprich keine Wertungen über Leute aus, und sprich über niemanden schlecht.
- Gib vor dem Klienten niemals einen Fehler zu.
- Verträge mit Klienten sollten sehr, sehr flexibel sein.
- Mache keinerlei Versprechungen für künftige Arbeit.
- Sprich nicht über Persönliches.
- Sei immer zurückhaltend und sanft. Keine Emotionen.
- Sei würdevoll, taktvoll, vertrauenswürdig und anständig.

Diese Liste von Erwartungen zeigt: Der Druck, den Berater empfinden können, kann auch unrealistisch sein. Hier handelt es sich keinesfalls um Aussagen, die je irgendein Vorgesetzter ausgesprochen hat. In dieser Liste kommt das Dilemma zum Ausdruck, in dem sich der interne Berater befindet, wenn der Vertrag mit seinem Chef nicht klar und eindeutig ist.

Verträge mit Ihrem Chef

Wenn wir in Fortbildungsseminaren darüber sprechen, wie man mit dem Klienten Verträge aushandelt, kommen die Teilnehmer natürlich nach kurzer Zeit auf ihre Verträge mit ihren Vorgesetzten zu sprechen. Beim ersten Schritt während der Vertragsbesprechung gilt es zu klären, was man will. Einer Gruppe von internen Beratern stellten wir deshalb die Frage, was ihre Chefs dazu beitragen sollten, damit sie, die Berater, besser mit dem Druck umgehen konnten, unter dem sie standen. Hier sind ihre Antworten:

- Meine Aufgabe soll klar umrissen sein, bevor ich in ein Projekt geschickt werde.
- Zutritt zum Chef.
- Hilfe bei den Problemen, die auf der zwischenmenschlichen Ebene liegen.
- Ich möchte nicht immer überbeansprucht werden.
- Die Freiheit, Verträge auszuhandeln, die der jeweiligen Situation angemessen sind.
- Sowenig vorgefaßte Meinungen wie möglich darüber, was aus dem Projekt herauszukommen hat und wie die Empfehlungen aussehen sollten.

Dieselbe Beratergruppe nannte ihre Erwartungen an die Klienten. Sie werden sehen, wie sehr sich die Listen ähneln ...

- Der Auftrag soll klar umrissen sein.
- Zugang zu der Person, die wirklich das Unternehmen des Klienten repräsentiert, außerdem Zugang zu Daten.
- Gemeinsame Arbeit am Problem – Kooperation.
- Engagement für das Projekt.
- Freud und Leid teilen.
- Erwünscht sein. Das Gefühl haben, gebraucht zu werden.
- Keine vorgefaßten Meinungen über das Ergebnis.
- Bereitstellung der technischen Hilfsmittel, die benötigt werden, um die Arbeit entsprechend durchzuführen.
- Offenheit und Feedback.
- Feedback nach Beendigung des Projekts hinsichtlich der Auswirkungen.

Je klarer die Verständigung zwischen Ihnen und Ihrem Chef ist, desto mehr können Sie Ihre Fähigkeit entfalten, auf den Klienten angemessen einzugehen und die Beratung reibungslos durchzuführen. Ist dagegen der Vertrag mit Ihrem Chef eher verschwommen, werden Sie dazu neigen, mit Ihrem Klienten auch einen schwachen Vertrag abzuschließen. In diesem Falle ist man eher geneigt, dem Klienten zu schnell nachzugeben, und es fällt einem schwer, Projekte abzulehnen, die wenig Aussicht auf Erfolg haben. Es kann Ihnen auch leicht passieren, daß Sie bei dem Versuch, die Prioritäten der eigenen Abteilung um jeden Preis durchzusetzen, über das Ziel hinausschießen, wodurch eine Distanz zwischen Ihnen und dem Klienten entsteht.

Versuchen Sie es einmal mit der folgenden Übung ...

Fertigen Sie zuerst eine Liste mit den wichtigsten Wünschen an, die Sie an Ihren Chef haben. Bitten Sie dann Ihren Chef, dasselbe zu tun, indem er die Wünsche auflistet, die er an Sie hat. Tauschen Sie dann die fertiggestellten Listen aus, um zu sehen, ob Sie sich auf einen Vertrag einigen können, der so ausgewogen ist, daß Sie dem übergeordneten Unternehmen das notwendige Engagement entgegenbringen und gleichzeitig auf die Bedürfnisse und Prioritäten Ihres speziellen Klienten eingehen können.

Sollte dieses Gespräch nicht so gut laufen, sind Sie ein Fall für die nächsten beiden Kapitel. Dort geht es nämlich um den Umgang mit Widerstand.

KAPITEL 8

WIDERSTAND VERSTEHEN

Der schwierigste Teil der Beratung ist der erfolgreiche Umgang mit dem Widerstand des Klienten. Als Berater ist es für uns nur natürlich, daß der Klient unser Fachwissen akzeptiert und unsere Ratschläge befolgt, sofern wir nur unsere Ideen klar und logisch darstellen und erkennen lassen, daß wir für unseren Klienten nur das Beste wollen. Bald werden wir jedoch feststellen: Auch wenn wir unsere Daten und Empfehlungen noch so vernünftig darstellen, werden wir hin und wieder auf den Widerstand des Klienten stoßen.

Nicht immer tritt Widerstand auf, aber wenn es passiert, ist es verwirrend und frustrierend. Im Angesicht des Widerstands sehen wir den Klienten auf einmal als sture Person, die sich der Irrationalität verschrieben hat, und am Ende haben wir meist nichts besseres zu tun, als bei der Präsentation der Daten und der Rechtfertigung unserer Empfehlungen unsere Stimme zu erheben und mit mehr Nachdruck zu sprechen.

Wollen wir die Natur des Widerstands verstehen, müssen wir uns klarmachen, daß Widerstand eine Reaktion auf einen emotionalen Prozeß ist, der im Inneren des Klienten stattfindet. Der Widerstand spiegelt dabei nicht die Konversation, die wir mit dem Klienten führen, auf einer objektiven, logischen, rationalen Ebene. Widerstand ist eine vorhersehbare, natürliche, emotionale Reaktion auf den Umstand, daß man sich helfen lassen, und auf die Aussicht, daß man sich mit schwierigen organisatorischen Problemen auseinandersetzen muß.

Widerstand ist ein vorhersehbarer, natürlicher und notwendiger Teil des Lernprozesses. Wenn wir als Berater uns wünschen, daß Widerstand niemals auftreten oder einfach wieder verschwinden soll, so behindern wir mit dieser Haltung den Versuch des Klienten, sich wirklich in den Lernprozeß zu integrieren und von unserem Fachwissen zu profitieren. Damit ein Klient etwas Wichtiges darüber lernen kann, wie man mit einem schwierigen Problem umgeht, müssen die Gefühle von Widerstand direkt zum Ausdruck gebracht werden. Erst dann ist der Klient in der Lage, aus ganzem Herzen zu akzeptieren und aufzugreifen, was der Berater anzubieten hat.

Die Kunst im Umgang mit Widerstand besteht darin, daß

– man in der Lage ist zu erkennen, wann Widerstand auftritt;
– man Widerstand als natürlichen Vorgang und Zeichen dafür ansehen kann, auf dem richtigen Weg zu sein;
– man Möglichkeiten hat, den Klienten dabei zu unterstützen, Widerstand direkt zum Ausdruck zu bringen;
– man den Ausdruck von Widerstand nicht persönlich nimmt oder als Angriff auf die eigene Kompetenz mißdeutet.

Das alles ist gar nicht so einfach, und deshalb widmen wir dieses und das nächste Kapitel jener Problematik.

Facetten des Widerstands

Der Widerstand kann viele verschiedene Formen annehmen, wobei manche sehr subtil und schwer zu erkennen sind. Im Verlauf einer einzigen Sitzung kann eine ganze Reihe von Formen auftreten. Geht man auf die eine Art von Widerstand ein, verschwindet zwar bisweilen diese Form des Widerstands, um dann jedoch in anderer Form wieder aufzutauchen.

Für technisch orientierte Berater – wie Ingenieure, Buchhalter, Computer- und Systemfachleute – kann es sehr schwierig sein, Widerstand zu erkennen. Da sie auf einer technischen Grundlage arbeiten, stehen bei Ihnen Daten, Fakten und Logik im Vordergrund, und so hat denn das Begreifen emotionaler

Vorgänge für sie in etwa denselben Charakter wie das Anschauen eines Spielfilms in einer völlig unscharfen Kopie.

Der folgende – unvollständige – Überblick zeigt häufige Formen des Widerstands auf, und er soll dabei helfen, besagten Film in Scharfeinstellung zu bringen.

Geben Sie mir mehr Details

Der Klient bittet um immer genauere Informationen. Da heißt es etwa: »Was denken die Leute, welche die Elf-bis-sieben-Uhr-Schicht machen?« Oder: »Welche Arbeitsblätter haben Sie für die Zusammenstellung der Zahlen verwendet, und haben Sie die Zahlen mit roter oder mit blauer Tinte geschrieben?« Der Hunger des Klienten nach Informationen scheint unstillbar zu sein. Man kann ihm so viele Informationen geben, wie man will – es wird ihm niemals genügen. Aus jeder Unterhaltung werden Sie mit dem Gefühl herausgehen, daß Sie das nächste Mal noch mehr Hintergrunddaten unterbreiten müssen. Außerdem gewinnen Sie den Eindruck, daß zu viel Zeit mit dem Sammeln von Informationen verbracht wird und zu wenig mit dem Treffen von Entscheidungen. Einige Fragen des Klienten sind vernünftig – schließlich muß er wissen, was geschieht. Wenn Sie jedoch merken, daß die Fragen Sie ungeduldig machen, obwohl Sie in der Lage sind, sie zu beantworten, ist der Moment gekommen, sich darüber Gedanken zu machen, ob der Hunger nach Details eine Form von Widerstand darstellt und nicht das einfache Bedürfnis nach Information.

Der Berater wird mit Details überhäuft

Das Gegenstück zu übertriebenem Fragen nach Information ist das Überschütten mit Informationen. Sie fragen beispielsweise den Klienten, womit das Problem angefangen hat, und die Antwort ist: »Nun ja, es begann alles vor zehn Jahren an einem Donnerstagnachmittag im September. Ich glaube, ich trug ein blaues Sweatshirt, draußen war der Himmel bedeckt, und es hing Regen in der Luft. Ich hoffe, ich langweile Sie nicht, aber ich glaube, es ist wichtig, daß Sie den Hintergrund der Situation verstehen.« Der Klient gibt Ihnen nun immer mehr Informationen, und Sie verstehen immer weniger. In dem Moment, in dem Sie Langeweile oder Verwirrung überkommt, weil nicht zu erkennen ist, was das Ganze eigentlich mit dem gegenwärtigen Problem zu tun hat, sollten Sie sich fragen, ob dieser überschwengliche Versuch, Ihnen alle Fakten zu liefern, nicht der Ausdruck von Widerstand ist.

Zeit

Dann wiederum sagt eine Klientin, sie würde wirklich gerne mit dem Projekt fortfahren, aber leider sei die Zeit in bißchen knapp. Sie hält mit Ihnen Kontakt, erzählt aber immerfort, wieviel Arbeit sie gerade hat. Tatsächlich hat sie fast keine Zeit, um sich mit Ihnen zu treffen. Diese Form von Widerstand findet oft in andauernden Unterbrechungen Ihrer gemeinsamen Sitzungen ihren Ausdruck. Die Klientin nimmt ständig Anrufe entgegen, oder sie ruft die Sekretärin herbei, oder irgend jemand steckt den Kopf zur Tür herein. Dann sagt sie zu Ihnen etwa: »Entschuldigen Sie mich für eine Minute, Pete, aber ich muß schnell diese eine Sache mit Ann klären«, und die Klientin unterhält sich mit Ann, während Sie warten.

Welche Botschaft sendet der Klient in all diesen Beispielen aus?

- Es ist wirklich aufregend, in dieser Organisation zu arbeiten, denn irgend etwas ist immer los. Sind Sie nicht beeindruckt, und möchten Sie nicht auch gerne hier arbeiten?
- Meine Organisation hat ja so wenig Zeit.
- Ich möchte, daß Sie denken, ich lehne Sie aus Zeitmangel ab – und nicht, weil ich mich bei Ihrem Vorschlag sehr unwohl fühle.

Die ganze Sache mit der Zeit, der wir nahezu jeden Tag begegnen, ist sehr oft der Ausdruck von Widerstand. Damit will der

Klient Ihnen sagen, wie er sich wirklich bei Ihrem Projekt fühlt. Wenn sich Ihnen die Lage im Dezember so darstellt, daß der Klient das Projekt wirklich gerne durchführen möchte, aber erst im dritten Viertel des nächsten Jahres damit anfangen kann, sollte in Ihnen sofort der Verdacht aufkeimen, daß Sie auf Widerstand stoßen.

Praxisferne

Immer wieder weisen die Klienten darauf hin, daß sie in der »realen Welt leben und daß sie sich mit der Realität auseinandersetzen müssen«. Wie oft hat man mir nicht schon etwas von der wahren Welt erzählt – manchmal frage ich mich, wo Berater in den Augen der Klienten leben. Mit dieser Form von Widerstand will uns der Klient sagen, daß er uns für praxisfern und für zu akademisch hält. Wie bei allen Formen von Widerstand beruht auch diese sicherlich auf einem Quentchen Wahrheit – allerdings trifft das mehr oder weniger auf alle Äußerungen zu. Immer wieder liegt hier aber die Betonung auf der »Praxisnähe«, und das ist für Sie ein Hinweis darauf, daß Sie es mit einem emotionalen Problem zu tun haben.

Das überrascht mich nicht

Es erstaunt mich immer wieder, wie wichtig es den Menschen ist, nicht überrascht zu sein. Es scheint, daß alles, was in dieser Welt auch geschehen mag, in Ordnung ist, solange sie nicht überrascht sind. Wenn Sie irgendeine Untersuchung abgeschlossen haben und dem Manager berichten, daß das Gebäude eingestürzt ist, die Arbeiter die Arbeit hingeschmissen haben, sich der leitende Finanzbeamte mit dem stellvertretenden Direktor der Marketingabteilung gerade davongemacht hat und daß die oberste Steuerbehörde vor der Tür steht, so wird seine erste Antwort sein: »Das überrascht mich nicht.« Es ist, als ob überrascht sein das Schlimmste sei, was überhaupt passieren kann. Hinter der Angst des Managers vor Überraschung steckt in Wirklichkeit das Verlangen, immer die Kontrolle zu behalten. Wenn wir unvorbereitet auf eine solche Antwort treffen, ist das ein ziemlicher Dämpfer. Wir könnten die Antwort als ein Signal auffassen, daß das, was wir entwickelt haben, wirklich nicht so besonders wichtig oder einzigartig ist und unsere Leistung als irgendwie negativ angesehen wird. Sehen Sie das Bedürfnis des Klienten, nicht überrascht zu sein, als das, was es ist – nicht so sehr eine Reaktion auf Ihre Arbeit, sondern vielmehr eine Form von Widerstand.

Attacke

Wenn uns ein Klient angreift, so ist das die unverhohlenste Form des Widerstands. Das geht einher mit wütenden Worten, einem roten Gesicht, wobei die Faust auf den Tisch gehauen, der Finger in Ihr Gesicht gezeigt und jedes Satzende hervorgehoben wird. Der Berater kommt sich vor wie ein schusseliges Kind, dessen Arbeit nicht nur mangelhaft ist, sondern das irgendwie eine Moralbarriere durchbrochen hat, die niemals überschritten werden darf. Als häufige Reaktion auf solche Angriffe ziehen wir uns entweder zurück oder werden ebenfalls wütend. Beide Reaktionen bedeuten, daß wir die Attacke persönlich nehmen, statt sie als eine weitere Form von Widerstand zu erkennen.

Verwirrung

Stets dann, wenn ein Klient zu uns kommt, um uns um Hilfe zu bitten, empfindet er eine gewisse Verwirrung, und das ist gerechtfertigt. Es handelt sich hier nicht unbedingt um Widerstand, sondern einfach um ein Bedürfnis nach Klarheit. Wenn Ihnen aber allmählich die Situation immer klarer wird und der Klient nach wie vor behauptet, verwirrt zu sein und so gut wie nichts zu verstehen, sollten Sie in Betracht ziehen, daß es sich um eine Art von Widerstand handelt.

Schweigen

Das ist die härteste Nuß von allen. Wir überschlagen uns, und es erfolgt keine Reaktion. Der Klient ist passiv. Vielleicht antwortet er, daß er zu Ihrem Vorschlag nicht viel zu sagen hat. Wenn Sie ihn nach seiner Meinung fragen, sagt er: »Machen Sie nur weiter, ich habe keine Probleme mit dem, was Sie sagen. Wenn ich etwas nicht verstehe, sage ich es schon.« Glauben Sie ihm auf keinen Fall. Schweigen ist niemals ein Ausdruck von Zustimmung. Wenn sie von wichtigen Dingen sprechen, welche die Organisation betreffen, ist es nicht normal, wenn der Klient keine Reaktion zeigt. Schweigen bedeutet, daß die Reaktion blockiert ist. Für manche Leute ist Schweigen oder das Unterdrücken von Reaktionen ein regelrechter Kampfstil. Durch Ihr Verhalten wollen Sie uns sagen: »Ich halte so strikt an meiner Position und meiner Einstellung fest, daß ich noch nicht einmal ein paar Worte für Sie übrig habe.« Seien Sie vor dem schweigenden Klienten auf der Hut. Wenn Sie glauben, eine Besprechung ist gut verlaufen, weil der Manager keine Einwände erhoben hat, sollten Sie diesem Eindruck nicht trauen. Fragen Sie sich statt dessen, ob der Klient Ihnen irgendeine echte Bestätigung gegeben, ob er echte Begeisterung oder persönliche Anteilnahme gezeigt hat. Haben sie wenige oder keine Zeichen dieser Art bemerkt, sollten Sie sich fragen, ob das Schweigen eine Art von Widerstand signalisiert hat.

Intellektualisieren

Wenn jemand die Diskussion über die Entscheidung, wie vorgegangen werden soll, verläßt und statt dessen eine Theorie nach der anderen darüber entwirft, warum die Dinge so sind, wie sie sind, haben Sie es mit der Intellektualisierung als Form von Widerstand zu tun. Der Klient sagt: »Diese Ergebnisse enthalten eine faszinierende Hypothese. Ich frage mich, ob es nicht eine Beziehung gibt zwischen dieser Situation und den letzten drei Malen, als wir jeweils scheiterten. Offensichtlich wirft die Krise eine Menge Fragen auf.«

Das aufwendige Spinnen von Theorien ist nichts anderes als eine Flucht vor dem Unbehagen, das die Situation mit sich bringt. Es ist eine Verteidigungsstrategie, welche die meisten von uns benutzen, wenn die Lage schwierig für uns wird. Es soll hier nicht der Wert einer guten Theorie geleugnet werden. Vielmehr soll davor gewarnt werden, sich im stillen Einverständnis mit dem Klienten in endlosen Diskussionen zu verlieren, wenn doch die eigentliche Frage lautet, ob Sie und der Klient in der Lage sein werden, die schwierige Situation zu bewältigen. In dem Moment, in dem Sie bemerken, daß die Gesprächsteilnehmer intellektualisieren – was meistens in spannungsgeladenen Momenten oder Sitzungen geschieht –, besteht Ihre Aufgabe darin, die Diskussion wieder auf Handlungen zurück und weg von Theorien zu bringen.

Moralisieren

Äußert sich der Widerstand durch Moralisieren, kehren bestimmte Wörter und Ausdrücke immer wieder. So etwa: »Diese Leute sollten...« oder: »...die müssen das verstehen.« Jener Trip in eine Welt, in der die Dinge so sind, wie sie sein sollten, ist nichts anderes als eine moralisierende Abwehr gegen die Realitäten. Jene »Moralisten« benutzen den Ausdruck: »Diese Leute...« für jeden, der gerade nicht im Raum ist. Es handelt sich um einen Ausdruck der Überlegenheit, der verwendet wird, um Leute zu beschreiben, die zum einen meist einer niedrigeren Ebene der Organisation angehören als der Sprecher oder die zum anderen mit Maßnahmen bzw. Verhaltensweisen, die der Sprecher durchgeführt bzw. an den Tag gelegt hat, nicht zurechtkommen und die deshalb »einfach nicht verstehen, wie die Dinge sein müssen«.

Das Podest der vermeintlichen Überlegenheit dient dazu, nicht mit unangenehmen Gefühlen und Handlungen konfrontiert zu werden.

Die Phrase: »Das müssen Sie doch verstehen...« bedeutet: »Ich verstehe – sie verstehen nicht. Warum sehen sie die Dinge nicht klar und mit derselben weiten Perspektive wie ich? Ach ja, die Last des Wissens ist groß und unendlich!« Häufig verstehen »diese Leute«, die der Sprecher meint, ganz genau. Sein Problem ist: »Diese Leute« sind mit dem nicht einverstanden, was er vertritt bzw. wofür er steht. Statt sich also dem Konflikt, der durch verschiedene Ansichten entsteht, zu stellen, flüchtet sich der Sprecher in eine moralisierende Haltung.

Das Moralisieren kann auf den Berater verführerisch wirken. Der moralisierende Manager fordert Sie dazu auf, mit ihm zusammen in den erlauchten Kreis der Menschen einzutreten, die wissen, was das Beste für »diese Leute« ist und was sie »einfach verstehen müssen«. Jene Position ist sehr elitär, verleiht sie doch ein Gefühl von Macht: Wenn die anderen Leute im Unternehmen nicht damit klarkommen, was Sie tun, so ist das nichts anderes als ein weiterer Hinweis darauf, wie durcheinander sie sind und wie dringend sie Sie brauchen! Widerstehen Sie der Versuchung mit soviel Würde und Ausdauer wie möglich.

Fügsamkeit

Die schwierigste Form von Widerstand kommt von dem Manager, der allem, was Sie sagen, vollkommen zustimmt und der es nicht erwarten kann zu hören, wie es weitergeht. Es ist schwierig, Fügsamkeit als Widerstand zu erkennen, denn man bekommt ja genau das, was man will: Zustimmung und Respekt. Wenn Sie von der Richtigkeit der Theorie überzeugt sind, daß in jedem Manager ambivalente Gefühle gegenüber jedweder Hilfe existieren, und absolut keine negative Reaktion kommt, dann wissen Sie, daß hier irgend etwas fehlt.

Jeder Klient hat gewisse Vorbehalte gegenüber dem jeweiligen Verlauf einer Handlung. Werden diese Vorbehalte Ihnen gegenüber nicht direkt zum Ausdruck gebracht, kommen sie in anderer, vielleicht destruktiverer Form zum Vorschein – deshalb ist es mir wesentlich angenehmer, wenn mir die Vorbehalte direkt vorgetragen werden, denn dann kann ich mit ihnen umgehen.

Mit der Zeit merkt man, wenn ein Klient Widerstand durch

Fügsamkeit ausdrückt. Diese Form von Widerstand ist immer dann vorhanden, wenn fast keine Einwände kommen und die Zustimmung schwach ist. Erfolgt die Zustimmung energisch, mit Enthusiasmus und wirklichem Verständnis dessen, was passiert, können wir einfach froh sein und die Zustimmung nicht als Widerstand werten, auch wenn nur wenige Einwände vorgebracht werden. Seien Sie aber vor Klienten auf der Hut, die den Wunsch zum Ausdruck bringen, schnell zu Lösungen zu kommen, ohne über Probleme zu sprechen – ebenso vor den Klienten, die in völliger Abhängigkeit von Ihnen handeln und voraussetzen, daß alles, was Sie tun, in Ordnung ist.

Methodologie

Wenn während Ihres Projekts eine ausführliche Datensammlung notwendig war, wird die erste Welle von Fragen Ihre Methoden betreffen. Falls Sie einen Fragebogen verwaltet haben, wird man Sie bestimmt danach fragen, wieviel Leute auf welcher Antwortebene ihn ausgefüllt haben, auch danach, ob die Ergebnisse (bei einer minimalen Abweichung) statistisch relevant sind. Danach wird man Sie vielleicht fragen, was die Angestellten im Pförtnerhaus und die Arbeiter der Nachtschicht geantwortet haben.

Fragen zu Methoden stellen einen legitimen Informationsbedarf dar während der ersten zehn Minuten. Zehn Minuten reichen nämlich völlig aus, um die Glaubwürdigkeit eines Projekts zu etablieren – wenn es sich wirklich um Fragen nach Information handelt. Nehmen die Fragen nach den Methoden jedoch mehr als die genannten zehn Minuten in Anspruch, sollten Sie vorsichtig damit beginnen, sie als Widerstand zu sehen. Der Sinn einer Besprechung ist nicht, Sie nach Methoden auszuquetschen – schließlich liegt Ihr Schulabgang schon ein Weilchen zurück –, sondern er liegt vielmehr darin, ein Problem zu verstehen und zu beschließen, wie man mit dem betreffenden Problem fertig werden kann. Ständiges Nachfragen zu Methoden kann wie das Vorschlagen alternativer Methoden dazu dienen, die wirkliche Diskussion über Probleme und Maßnahmen hinauszuzögern.

»Es ist alles wieder in Ordnung«

Die subtilste Form von Widerstand tritt zweifellos dann auf, wenn es irgendwann in der Mitte oder gegen Ende des Projekts so scheint, daß für den Klienten das Problem, von dem das Projekt ausging, gar nicht mehr relevant ist. Der Zeitpunkt, da sich der Klient dem Problem stellen und handeln muß, rückt immer näher – und plötzlich bekommen Sie zu hören, daß die Dinge immer besser laufen.

Es folgen einige Variationen zu diesem Thema...

Zu Beginn des Projekts mag die Ertragslage schlecht gewesen sein. Sobald sie etwas rosiger wird, kommt der Manager zu Ihnen und sagt, daß es dem Unternehmen offensichtlich bessergeht, jetzt, da die Gewinne gestiegen sind. Der Bedarf an Ihren Dienstleistungen scheint somit etwas geschwunden.

Sie sprechen im Mai mit dem Klienten und vereinbaren, daß das Projekt am 20. Juni begonnen wird. Wenn Sie am 10. Juni anrufen, um den Beginn des Projekts zu bestätigen, sagt der Manager: »Wir können natürlich mit dem Projekt anfangen, wenn wir wollen, aber irgendwie sieht es so aus, als wenn das Problem doch nicht so ernst wäre.« Es ist nichts geschehen, was die Arbeitsweise der Abteilung verändert haben könnte. Was geschehen ist, ist dagegen folgendes: Es ist der Abteilung bewußt geworden, daß sie am 20. Juni wirklich damit beginnen müßte, ihren Problemen ins Auge zu sehen – also schien es leichter, so zu tun, als ob die Probleme nun gar nicht mehr so schlimm wären.

Ich arbeitete als Berater in einer Firma, in der die Konstruktions- und die Produktionsabteilung mit der Zusammenarbeit ständig Schwierigkeiten hatten. Während meiner Untersuchungen fand ich heraus, daß die verschiedenen Abteilungen seit zehn Jahren Schwierigkeiten auf allen Ebenen miteinander hatten. Der Direktor des Unternehmens hielt zur Produktionsabteilung und griff ständig die Konstruktionsabteilung an, und außerdem war die Verteilung von Verantwortung und Autorität unter den Abteilungen unklar, wodurch es häufig Überschneidungen gab. Kurz bevor ich die Ergebnisse der Studie unterbreiten sollte, rief der Direktor mich zu sich, um mir mitzuteilen, daß der Leiter der Konstruktionsabteilung den Arbeitsplatz wechseln würde. Er war vielleicht der Meinung, daß das Problem mit dem Weggang dieses einen Mitarbeiters aus der Welt geschaffen sei. Anscheinend traute er bei der Problemlösung lieber dieser Maßnahme, als sich den unterschwelligen Problemen zu stellen, mit denen diese Abteilungen seit mindestens zehn Jahren zu kämpfen hatten.

Das Vorgeben von Gesundung ist eine Form von Widerstand, die dem Vorgang ähnelt, den ein streitendes Ehepaar durchläuft, das schließlich einen Eheberater aufsucht: je näher die erste Sitzung rückt, desto besser verstehen sie sich. Wenn sie dann beim Eheberater sitzen, sehen sie einander an und behaupten, sie wüßten nicht so genau, wo das Problem liege, denn in letzter Zeit kämen sie wunderbar miteinander aus. Natürlich ist nichts dagegen einzuwenden, wenn sich die Situation eines Klienten verbessert, aber unter den meisten sichtbaren Symptomen verbergen sich andere Probleme, die der Aufmerksamkeit bedürfen. Wenn ganz plötzlich der Klient berichtet, daß sich die Symptome gebessert hätten, sollten Sie sich darüber Gedanken machen, ob sich der Klient nicht vielleicht so sehr nach Verbesserung sehnt, daß er nach jedem Strohhalm greift und gerade das Problem verharmlost, das bei Ihrer Beratung im Mittelpunkt stehen sollte.

Drängen auf Lösungen

Die letzte Form von Widerstand ist das Begehren des Klienten nach Lösungen, Lösungen, Lösungen. »Sprechen Sie mir nicht von Problemen, ich möchte von Lösungen hören.« Da auch der Berater sehr daran interessiert ist, daß die Probleme gelöst werden, ist die Versuchung für ihn groß, dem Drängen des Klienten voreilig nachzugeben, wenn die Diskussion über die Lösungen nicht für eine Weile zurückgehalten wird.

Das Bedürfnis nach Lösungen kann den Klienten davon abhalten, irgend etwas Wichtiges über die Natur des jeweiligen Problems zu lernen. Somit bleibt der Klient in der Abhängigkeit von Beratern, sobald es um die Lösung von Problemen geht. Wenn der leitende Angestellte nicht genug Geduld oder Nerven hat, innezuhalten und das Problem zu überprüfen, werden die Lösungen nicht sehr effektiv angewendet werden können. Erkennen Sie, daß das eilige Greifen nach Lösungen ein Abwehrmechanismus sein kann und eine besonders verführerische Form von Widerstand, besonders dann, wenn Sie bei den jeweiligen Problemlösungen einen gewissen Übereifer an den Tag legen.

Wogegen verteidigen sich Klienten, wenn sie sich gegen uns zur Wehr setzen?

Die Beantwortung dieser banalen Frage ist sehr wichtig für Sie.

Das wichtigste, was man im Umgang mit Widerstand tun kann, ist folgendes: Nehmen Sie die Dinge nicht persönlich. Falls Widerstand auftritt, sind Sie derjenige, den er trifft. Die Klienten sehen genau *Sie* an, wenn sie in die Defensive gehen. Sie sind derjenige, der die Fragen beantworten und die Wogen glätten muß. Es ist verständlich, wenn Sie das Gefühl haben, der Widerstand richte sich gegen Sie persönlich. Das ist aber nicht so. Der Klient wehrt sich nicht gegen Sie. Widerspenstige Klienten wehren sich gegen die Tatsache, daß sie vor schwierigen Entscheidungen stehen, unpopuläre Handlungen vornehmen und sich Realitäten stellen müssen, mit denen sie bisher falsch umgegangen sind, indem sie versucht haben, sie emotional zu verdrängen.

Wenn man Sie ins Spiel gebracht hat, um ein Problem zu lösen, bedeutet das: Die Organisation des Klienten war selbst dazu nicht in der Lage. Es bedeutet nicht, daß die Verantwortlichen nicht clever genug waren, das Problem zu lösen. Der Grund dafür, daß sie es nicht geschafft haben, ist meist folgender: Sie konnten das Problem nicht deutlich genug erkennen. Sie haben in der Regel zu wenig Abstand zu ihrem Problem und müssen in jede mögliche Lösung so viele Emotionen investieren, daß sie keine andere Möglichkeit haben, als einen Outsider zu bitten, an ihrer Stelle das Problem zu definieren und Lösungsmöglichkeiten zu finden. Problem wie Lösung tragen in sich meist einige *komplizierte Gegebenheiten,* die der Klient nur schwer erkennen und akzeptieren kann.

Die *komplizierten Gegebenheiten,* die den Klienten behindern, können verschiedener Natur sein.

- Man muß jemanden entlassen oder jemandem mitteilen, daß seine Leistungen nicht ausreichend sind.
- Die Mitarbeiter in der Abteilung sind vielleicht sehr unzufrieden, und der Abteilungsleiter traut sich nicht, dies offen zur Sprache zu bringen.
- Der Manager könnte das Gefühl haben, seinem Job nicht gerecht zu werden, aber er will sich dieser Tatsache nicht stellen.
- Vielleicht ist es gefährlich, in diesem Betrieb seine Meinung zu sagen, und der Manager will keinen Staub aufwirbeln.
- Die Aufgabe, die zu bewältigen ist, verlangt Fähigkeiten, die zu diesem Zeitpunkt im Unternehmen nicht vorhanden sind. Es könnte bedeuten, daß man sich von einigen Leuten trennen müßte (was immer schwierig ist).
- Der Vorgesetzte des Managers ist Teil des Problems, und der Manager will keine Konfrontation mit seinem Chef.
- Der Markt für die Produkte oder Dienstleistungen des Unternehmens wird kleiner, und das ist zu entmutigend, um sich damit intensiv auseinanderzusetzen.
- Der Manager weiß, daß er selbstherrlich handelt, will sich jedoch nicht ändern, sieht aber dennoch die negativen Auswirkungen seines Verhaltens.
- Ein Entwicklungsprojekt, in das viel Geld investiert wurde, zeitigt einige negative Resultate. Das bedeutet, daß nach oben schlechte Nachrichten gesendet und Versprechungen zurückgenommen werden müssen.

Alle diese *komplizierten Gegebenheiten* bringen schmerzhafte Probleme und sicherlich schmerzhafte Lösungen mit sich. Die meisten sehr technischen oder geschäftsbedingten Probleme entstehen und bestehen durch die Art, wie mit ihnen umgegangen wird. Wenn sich Manager defensiv verhalten, verteidigen sie ihre eigene berufliche Kompetenz – eine ganz natürliche Sache, die es wert ist, so akzeptiert zu werden. Ein Manager, der Widerstand leistet, ist viel besorgter um seine eigene Wertschätzung und Kompetenz als um die Fähigkeiten des Beraters.

Darum und um nichts anderes geht es bei dem Thema Widerstand: Auf welche Weise wehren sich Manager gegen *komplizierte Gegebenheiten*? Wir als Berater treten nun auf den Plan, und da es zu unserem Job gehört, lenken wir die Aufmerksamkeit auf die *komplizierten Gegebenheiten*. Es ist daher wichtig, dem Klienten bei der Anerkennung der Schwierigkeiten zu helfen. Wir sollten uns dabei nicht dazu verleiten lassen, den betreffenden Schwierigkeiten aus dem Weg zu gehen, nur weil wir Angst haben, daß der Klient Widerstand leisten könnte.

Der dargebotene Widerstand ist der Ausdruck tieferliegender Ängste.

Es geschieht zweierlei:

1. Dem Klienten ist unbehaglich zumute.
2. Der Klient bringt sein Unbehagen indirekt zum Ausdruck.

Der Grund dafür, daß Berater oft Widerstand spüren und sich in diesem Zusammenhang als Opfer fühlen, liegt darin, daß der Klient sein Unbehagen indirekt zum Ausdruck bringt. Wenn Klienten dazu in der Lage wären, sich authentisch zu verhalten und ihre Sorgen direkt in Worte zu fassen, indem sie sagten: »Ich habe Angst, die Kontrolle über diese Abteilung zu verlieren« oder: »Ich glaube, mir fehlt das Rüstzeug, um diese bestimmte Situation zu meistern« oder: »Die Leute erwarten Dinge von mir, die ich einfach nicht leisten kann«, würden wir Berater uns nicht angegriffen fühlen. Wir hätten ein großes Bedürfnis, den Manager zu unterstützen.

Bringt der Manager *direkt* seine tieferliegenden Ängste zum Ausdruck, handelt es sich nicht um Widerstand. Widerstand tritt nur dann auf, wenn die Ängste vor der Konfrontation mit komplizierten Gegebenheiten und die Entscheidung, sich lieber nicht auf sie einzulassen, *indirekt* zum Ausdruck kommt. Es wird dann das Fehlen genauer Daten moniert, Zeitmangel wird vorgeschoben, Praxisferne, ein zu schmales Budget, mangelndes Verständnis bei »diesen Leuten« – und so weiter. All das sind vorgeschobene Gründe dafür, daß das Projekt lieber nicht durchgeführt und Empfehlungen lieber nicht in die Tat umgesetzt werden sollen.

Tieferliegende Ängste

Wenn ich auf Widerstand stoße und ich versuche herauszufinden, worin die eigentlichen Ängste des Klienten bestehen, so tippe ich entweder auf *Kontrolle* oder auf *Verwundbarkeit*.

Wenn das, was Sie vorschlagen, noch nicht einmal ein bißchen Widerstand im Klienten hervorruft, so bedeutet das wahrscheinlich, daß Ihr Vorschlag im Klienten weder Ängste vor Kontrollverlust auslöst noch vor dem Verlust des Gefühls der Sicherheit, das er seiner Person (und somit seinem Posten) innerhalb der Organisation beimißt.

Kontrolle

Der Besitz von Macht und Kontrolle steht im Mittelpunkt des Wertesystems der meisten Unternehmen. Die Wertschätzung von Kontrolle geht weit hinaus über Effektivität und gute Leistung. Viele Manager sind sogar auch dann noch der Auffassung, daß Kontrollbefugnis alles ist, wenn anhaltende Kontrolle zu *schlechteren Leistungen* führt. Immer mehr Fallbeispiele beweisen, daß Management produktiver wird, wenn mehrere an der Macht teilhaben – dennoch ist dieses Managementmodell nicht sehr häufig anzutreffen. In einer Firma, in der ich gearbeitet habe, konnte es als bewiesen angesehen werden, daß zuviel Kontrolle durch das Informationssystem des Managements ein Haupthinderungsgrund für die Produktionssteigerung war. Dennoch entschied sich der Manager dafür, die alleinige Kontrolle zu behalten, auch wenn dies zu Lasten besserer Leistungen ging.

Kontrolle ist in solchen Firmen der Schlüssel zum Königreich. Sämtliche Auszeichnungen richten sich danach, wieviel Kontrolle, Verantwortung und Autorität jemand hat. Wenn man gute Leistungen vollbringt, bekommt man nicht mehr Geld, sondern mehr Macht. Irgendwann einmal ist es den Unternehmensleitungen zu Bewußtsein gekommen, daß das Engagement der Leute gar nicht mit Geld aufzuwiegen ist – deshalb winkt Macht als Belohnung.

Wir sehen, Kontrolle wird sehr, sehr hoch bewertet. Es ist nichts dagegen einzuwenden, Kontrolle zu haben, ist es doch sehr beängstigend, etwas außer Kontrolle zu haben. Wenn wir also Widerstand spüren, ist es naheliegend anzunehmen, daß der Manager befürchtet, an Macht und Kontrolle zu verlieren,

Verwundbarkeit

Die Angst davor, verletzt zu werden, ist der zweite wichtige Grund für das Entstehen von Widerständen, denen wir begegnen. Nahezu alle Unternehmen sind gekennzeichnet von innerem Konkurrenzkampf. Die inneren Beziehungen sind von Bedeutung, und so ist es sehr wichtig, besser zu sein als Gleichrangige, beim Chef beliebt zu sein und sich die Loyalität und die Unterstützung seiner Untergebenen zu erhalten. Diese drei Dinge zu erreichen und außerdem noch seine Arbeit zu erledigen ist sehr schwierig. Während Sie sich in einem Unternehmen hocharbeiten und auf immer höheren Ebenen mit hochrangigen Angestellten zu tun haben, werden Sie feststellen, daß das Gefühl, ständig beurteilt zu werden und sich immer wieder behaupten zu müssen, Teil einer *jeden* Position im Unternehmen ist – bis hinauf zum Posten des Generaldirektors.

Politik ist die Ausübung von Macht. Organisationen arbeiten wie Parteien in einem politischen System. Den Einfluß, den Ihr Beratungsprojekt auf die innerbetriebliche Situation und die Macht Ihres Klienten hat, darf man auf keinen Fall unterschätzen. Wenn man Ihnen Widerstand entgegenbringt, so bedeutet dies, daß Sie unabsichtlich irgendein bestehendes Beziehungsverhältnis gestört haben. Hierzu ein Beispiel:

In einer Forschungs- und Entwicklungsabteilung hatte die Forschungsgruppe stets souverän und unabhängig gearbeitet. Die Gruppen, die für die Produktentwicklung zuständig waren, wurden nicht nur wesentlich strenger kontrolliert, sondern hatten stets auch in kurzen Abständen positive Resultate vorzuweisen. Man hatte uns gebeten, dabei zu helfen, die gesamte Forschungs- und Entwicklungsabteilung umzustrukturieren, weil der stellvertretende Direktor der Überzeugung war, daß in der Abteilung Ineffizienz und Überschneidungen bestanden und daß nicht wie in einem gemeinorientierten Unternehmen gearbeitet wurde. Während des Projekts kam der meiste Widerstand von der Forschungsgruppe. Ihre Vertreter erschienen ständig zu spät zu den Sitzungen und hinterfragten unsere Methoden. Danach verhielten sie sich ruhig und sagten: »Wir sind mit allem, was Sie denken, einverstanden.«

Was also steckte hinter ihrem Widerstand? Waren unsere Methoden wirklich fehlerhaft? Hatten Sie etwas gegen die technische Grundlage, auf der wir unser Projekt aufgebaut hatten? Nein. Was ihren Widerstand hervorrief, lag darin begründet, daß sie sich im Moment in einer bevorzugten und mächtigen Stellung befanden. Sie hatten einen hohen Status, ein hohes Maß an Autonomie und freie Hand beim Sammeln von Ressourcen und beim Beginnen von Projekten ihrer Wahl. Hinter all den technischen und strukturellen Fragen, die sie stellten, verbarg sich die Angst, ihren Status innerhalb der Unternehmensstruktur zu verlieren.

Ihre Sorge hatte einige Berechtigung. Wenn eine Forschungsgruppe ihre Unabhängigkeit verliert, ist die langfristige Perspektive für neue Produkte trübe. Dennoch drückte die Gruppe ihre Angst um ihren Status innerhalb der Organisation, ihre Angst, Macht zu verlieren, nur sehr indirekt aus, und so war es schwierig, damit umzugehen. Als sie endlich dazu übergingen, ihre Sorgen direkt vorzutragen und ihren Widerstand zu verringern, war es möglich, zusammen mit dem stellvertretenden Direktor und der Produktentwicklungsgruppe einen Kompromiß zu erarbeiten.

Zusammenfassung: Wenn Sie auf Widerstand stoßen, versuchen sie, die Gründe zu verstehen. Suchen Sie nach der Sorge des Klienten um seine Kontrolle und seine Verwundbarkeit.

Nicht immer ist es Widerstand

So wie Sigmund Freud einmal auf die Frage, ob die Zigarre in seiner Hand ein phallisches Symbol sei, antwortete: »Manchmal ist eine Zigarre einfach eine Zigarre«, sind die Einwände der Klienten bisweilen keine Zeichen von Widerstand. Manchmal will der Klient ein Projekt schlicht und einfach gar nicht durchführen.

Man kann leicht paranoid werden bei dem Versuch, jeden Einwand, den ein Manager hervorbringt, als Widerstand zu deuten, hinter dem sich womöglich tieferliegende Ängste verbergen. Wenn ein Manager direkt sagt: »Nein, ich möchte dieses Projekt nicht beginnen, ich glaube nicht, daß es gut ist«, dann handelt es sich hier nicht um Widerstand. Diese Äußerung enthält keinerlei Schuldzuweisung an den Berater, und es wird ihm keine Verantwortung für die Schwierigkeiten aufgezwungen. Der Manager übernimmt selbst die Verantwortung für seine Organisation – und er hat ein Entscheidungsrecht. Auch wenn wir der Meinung sind, daß er die falsche Entscheidung getroffen hat, können wir nichts daran ändern.

Wir werden für unsere Tätigkeit als Berater, nicht als Manager bezahlt. Wenn ein Manager zu mir sagt: »Meine Position ist zu verwundbar, um dieses Projekt jetzt beginnen zu können«, so bin ich ihm sehr dankbar für seine direkte Ausdrucksweise. Bei diesem Manager weiß ich genau, woran ich bin. Ich brauche keine Gedanken darüber anzustellen, was ich eventuell anders hätte machen sollen. Ich sehe auch, daß der Manager das Projekt verstanden hat und die Risiken einschätzen kann, und es hat sich einfach herausgestellt, daß die Risiken für ihn zu hoch waren. Ich bin wohl enttäuscht darüber, daß das Projekt nicht zustande gekommen ist, der Beratungsprozeß verlief jedoch reibungslos.

Ängste und Wünsche

Obwohl sich Berater und Klienten manchmal verhalten, als wären sie Gegner, ergänzen sich ihre Gefühle und Ängste sehr häufig. Es gibt eine Reihe typischer Klientenängste, die beim Berater ihre Entsprechungen finden. Dasselbe gilt für die Wünsche. Es gibt drei, die Sie »herunterziehen«, und drei, die Sie »hochbringen«.

Klientenängste	*Beraterängste*
Hilflosigkeit. Sinnlosigkeit. Ich habe nicht die Macht, die Situation zu verändern. Ich bin ein Opfer.	Ich kann keinen Einfluß gewinnen. Kein Lohn für meine Bemühungen.
Entfremdung von der Organisation und von den Menschen um mich herum. Keiner interessiert sich für mich, und ich interessiere mich nicht für sie. Ich gehöre nicht hierher.	Distanz zum Klienten. Wir werden uns immer fremd bleiben. Wir werden keine Annäherung finden. Ich darf niemals »aus der Rolle fallen«.
Verwirrung. Ich habe zu viele Informationen. Ich kann sie nicht ordnen und sehe nicht klar.	Ich habe zu wenig Informationen. Sie wollen oder können mir nicht sagen, was wirklich passiert.

Hilflosigkeit ... Entfremdung ... Verwirrung – all das sind tieferliegende Ängste, die, wenn sie nicht direkt angesprochen werden, Widerstand beim Klienten verursachen können. Die indirekte Äußerung der Ängste kann beim Berater ähnliches Unbehagen auslösen. Das kann man verhindern, indem man dem Klienten hilft, seine Ängste direkt in Worte zu fassen.

Hinter Ängsten und Widerständen verbergen sich oft ungeahnte Kräfte und Fähigkeiten. Auch Klienten sind im Prinzip in der Lage, frei von den üblichen Fehlern zu handeln. Wenn sich der Klient in diese Richtung bewegt, wird die Aufgabe des Beraters einfacher.

Klientenpotential	*Beraterpotential*
Hat Entscheidungsmöglichkeiten und die Macht, die Situation zu verändern. Er ist ein Handelnder, kein Opfer.	Viel Einfluß. Anstrengung zahlt sich direkt aus.
Nimmt Einfluß auf die Situation. Fühlt sich als Teil von ihr. Bewegt sich auf die Schwierigkeiten und Spannungen zu.	Kann authentisch und nah sein. Kein »Rollenverhalten«.
Die Wahlmöglichkeiten sind klar. Die Masse der Informationen wird vereinfacht.	Erhält alle Informationen. Sieht die Situation klar.

An diese verborgenen Möglichkeiten heranzukommen ist eines der Ziele einer jeden Beratung. Klient und Berater übernehmen jeweils die Verantwortung für sich selbst und die Situation, in der sie sich befinden. Indem man sich mit dem Widerstand des Klienten auseinandersetzt, hilft man ihm, sich aus einer Position von Hilflosigkeit, Entfremdung und Verwirrung zu lösen und sich statt dessen Perspektiven für Wahlmöglichkeiten, Engagement und Klarheit zu eröffnen. Der Berater erreicht dies, indem er sich innerlich von dem Gefühl, wenig Einfluß, zu viel Distanz und mangelhafte Informationen zu haben, entfernt und statt dessen eine Position mit viel Einfluß, Authentizität und Klarheit sucht.

Abhängig sein, um Hilfe bitten müssen

In den meisten Unternehmen herrscht kein Klima, das den Manager bei seiner Suche nach Hilfe unterstützen könnte. Oft ist der innerbetriebliche Konkurrenzkampf groß, und es kann als Zeichen von Schwäche angesehen werden, wenn man sich mit der Bitte um Hilfe an Kollegen oder Berater wendet. Unsere Gesellschaft übermittelt schon früh die Botschaft, besonders an ihre männlichen Mitglieder, daß man seine Probleme allein lösen soll, statt sich in Abhängigkeit von anderen zu begeben. Ein Klient zu sein verstößt gegen diese Botschaften aus dem eigenen Unternehmen und aus der Gesellschaft im allgemeinen. All das macht die Sache nicht gerade einfach. Widerstand ergibt sich teilweise aus dem Unbehagen darüber, abhängig zu sein und um Hilfe bitten zu müssen.

Es gibt ein nahe verwandtes Gefühl, dessen Auswirkungen für den Klienten ebenfalls Schwierigkeiten hervorrufen kann – das Gefühl, einfach keinen Ausweg vor Augen zu haben. Bevor der Berater konsultiert wird, hat der Manager bereits versucht, das Problem selbst zu lösen. Dabei war der Erfolg gering, vielleicht sogar überhaupt nicht meßbar. Das kann zu der unausgesprochenen Auffassung führen, daß das Problem unlösbar ist, weil Gruppe oder Manager auf ihren Wegen so festgefahren sind, daß man das Problem nicht lösen kann, sondern daß man mit ihm leben muß. Der Manager ist schließlich der Überzeugung, ihm könne nicht geholfen werden. Falls Sie auf Widerstand stoßen, sollten Sie überprüfen, ob diese Gründe dahinterstecken. Wenn der Manager pessimistisch ist im Hinblick auf die Möglichkeit, daß ihm geholfen werden kann, ist diese Haltung selbst der aktuelle Hinderungsgrund für Ihre Problemlösung. Keine praktische Lösung wird ausreichend sein, wenn der Manager keine Energie hat, um sie auszuprobieren. Das Gefühl des Managers, daß ihm niemand helfen kann, ist ihm meistens nicht besonders bewußt. Es ist die Aufgabe des Beraters, dieses Gefühl auf die Bewußtseinsebene zu bringen. Wenn der Manager das Gefühl der Sinnlosigkeit erst einmal hinterfragt, wächst in der Regel seine Hoffnung auf einen positiven Abschluß.

Wenn der Klient Bestätigung statt Veränderung wünscht

Wenn jemand um Hilfe bittet, möchte er sowohl eine Lösung für sein Problem als auch die Bestätigung, daß alles, was er getan hat, perfekt war.

Einer meiner Kollegen, Neale Clapp, hat einmal gesagt, daß

die Leute, die zur Therapie kommen, Bestätigung suchen, nicht Veränderung. Oberflächlich betrachtet, wäre es ziemlich albern, wenn ein Klient einen Berater um Hilfe bitten würde, um ihm dann zu erzählen, daß eigentlich gar keine Veränderungen gewünscht werden und daß der Klient nicht wirklich etwas lernen möchte. Das wäre kein rationales Verhalten. Aber genau das ist der springende Punkt. Das Leisten von Widerstand ist ein emotionaler Vorgang, kein rationaler oder intellektueller.

In der Welt der Gefühle können zwei gegensätzliche Emotionen zugleich existieren. Und beide sind echt. Klienten können den Wunsch haben, etwas zu lernen und ihre Probleme zu lösen. Gleichzeitig sehnen sie sich nach Unterstützung, und sie wollen hören, daß sie mit diesem Problem besser umgehen können als sonst jemand auf der Welt. Annäherung – Vermeidung. Der Widerstand ist die Vermeidung. Direkt hinter der Vermeidung werden Sie die Annäherung finden. Wenn wir dabei helfen, daß der Widerstand ausgedrückt werden kann, schwindet er, und wir können mit einem Klienten arbeiten, der bereit und gewillt ist, zu lernen, und der offen ist für Einflüsse. Will man dem Widerstand in der richtigen Weise begegnen, muß man verstehen und akzeptieren, daß die Position des Klienten ambivalent ist.

Wenn der leitende Angestellte ein Problem hat, so leidet er zwar darunter, aber er kennt zumindest Grund und Umfang seines Leidens. Der Manager hat sehr klare Vorstellungen davon, wie schlimm die Dinge stehen, und er hat gelernt, mit den Schwierigkeiten zu leben. Vielleicht mag er die Schwierigkeiten nicht, aber er hat sich auf sie eingestellt. Nun kommen wir Berater daher und bieten neue Lösungsmöglichkeiten an. Das Angebot verbindet sich mit dem Versprechen, daß die neue Situation besser sein wird als die alte: weniger Leiden, bessere Ergebnisse. Dieses Versprechen führt den Manager in unbekannte Gefilde – es werden Veränderungen erforderlich sein.

Angst vor dem Unbekannten ist ein Hauptgrund für Widerstände – einfach deshalb, weil das Unbekannte ungewiß ist, unvorhersehbar. Nahezu jeder von uns kennt zumindest ein Ehepaar, das seit zehn Jahren verheiratet ist, obwohl jede gemeinsame Minute offensichtlich eine Qual ist. Wir fragen uns dann, warum sie zusammenbleiben. Die mögliche Antwort: Weil sie zumindest wissen, wie schlimm es werden kann. Sie wissen, wie die Abgründe aussehen, und sie wissen, daß sie überleben können. Es ist immer tröstlich zu wissen, was man zu erwarten hat. Der Ausgang einer Trennung wäre unvorhersehbar. Die Angst vor dem Unvorhersehbaren könnte größer sein als die Pein des Zusammenbleibens. Auch Unternehmen schätzen Vorhersehbarkeit. Das Bedürfnis, Systeme vorhersehbar zu halten (»Überraschen Sie mich nicht!«), ist eine Abwehrstrategie, mit der sich der Berater ständig auseinandersetzen muß.

Es ist durchaus an der Tagesordnung, daß Organisationen, die in ernsthaften Schwierigkeiten stecken, oft die unangenehmsten Klienten abgeben. Sie müssen sich am meisten verändern und sind am wenigsten dazu in der Lage. Für Organisationen mit geringem Leistungsniveau ist die Angst zu versagen so groß, daß sie nicht in der Lage sind, auch nur ein Risiko mehr auf sich zu nehmen – und so halten sie an ihrem unbefriedigenden Leistungsniveau fest. In solchen Extremfällen gibt es vielleicht nicht viel, was der Berater tun kann, um den Widerstand an die Oberfläche zu bringen und etwas zu ändern. Vielleicht müssen wir diese Situation in einem solchen Fall einfach akzeptieren.

Von Engeln und Menschenfressern...

In wohl jedem Unternehmen gibt es einige Manager, die bekannt für ihre Verachtung sind, besonders dann, wenn es um interne Arbeitsgruppen und Berater geht. In Seminaren für Mitarbeiter aus ein und demselben Unternehmen – egal, ob sie im Personal-, Buchprüfungs- oder Konstruktionssektor tätig sind – kann jeder Teilnehmer den einen oder die beiden Manager aus der oberen Etage nennen, die in den Augen der Belegschaft die

»Menschenfresser« sind. Sie gelten als stur, selbstherrlich und unsensibel gegenüber den Gefühlen anderer – Kapitäne Ahabs der Industrie. Wenn das Thema Widerstand zur Sprache kommt, werden die Menschenfresser erwähnt. Offensichtlich braucht jeder von uns mindestens einen unmöglichen Klienten in seinem Leben, und dieser Klient wird dann zum Blitzableiter für unsere Frustrationen während der Beratung. Von den Menschenfressern geht außerdem eine fatale Anziehungskraft aus – sie verkörpern den Wunsch mancher Berater nach Allmacht und Erfolg.

Es gibt die Menschenfresser nicht wirklich. Oft genug habe ich zu hören bekommen, wie feuerspeiend und gemein ein bestimmter Manager sein sollte, und dann begegnete ich ihm wirklich. Ich gehe in die Sitzung mit großem Unbehagen, aus Angst, das neueste Opfer zu werden. Und was geschieht dann? In der Regel richtet sich die Unterhaltung bald auf die Menschenfresser im Leben des Menschenfressers. Menschenfresser sind nicht unbedingt von Rachegefühlen gegenüber Beratern erfüllt – sie sind bekümmert über Menschen, die *ihnen* das Leben schwermachen. Hinter der Fassade des tobenden Menschenfressers verbergen sich dieselben Ängste, die alle anderen Manager auch haben – die Angst vor Kontrollverlust und Verwundbarkeit. Je aggressiver der Klient auftritt, desto intensiver sind seine Ängste und um so mehr Unterstützung braucht er.

Auch das Image des Engels ist einseitig. Jede Gruppe, mit der ich gearbeitet habe, konnte einen Manager nennen, der bereitwillig alles tat, worum man ihn bat. Eine fortschrittliche Managerpersönlichkeit: intelligent, offen, risikobereit, sicher im Auftreten, vertrauensvoll. Doch auch wahre Engel gibt es nicht. Engeln fällt es sehr schwer, direkt »nein« zu sagen. Ein Teil in der Persönlichkeit des Managers, selbst wenn er noch so entgegenkommend ist, hat Vorbehalte, vermeidet die Konfrontation mit wichtigen Themen und möchte den Status quo erhalten. Wir müssen dabei helfen, daß dieser Teil der Persönlichkeit zum Ausdruck kommt – zum Wohle des Managers und auch zu unserem eigenen Wohl.

... und Helden

Auch der Mythos vom heroischen Selbstbild, das wir als Berater angeblich brauchen, sollte beiseite gelegt werden. Wir meinen, wir müßten in der Lage sein, alle Hindernisse zu überwinden. Gleichgültig, wie unzugänglich der Klient oder wie schwierig das Problem oder wie eng der Zeitplan ist – wir sind der festen Überzeugung, daß es an uns liegt, unser Bestes zu geben. Dieser sehnliche Wunsch, vor allem ein heldenhafter Berater zu sein, verführt uns dazu, uns auf schlechte Verträge einzulassen. Hinter hochtrabenden Worten verbirgt sich oft ein Kuhhandel: Wenn wir diesen miesen Job jetzt übernähmen, würden wir später Lorbeeren ernten. Es liegt in der Natur des verborgenen Kuhhandels, daß er stillschweigend geschlossen und niemals ausgesprochen wird. Das aktuelle Projekt muß jedoch den Lohn einbringen. Wenn das Projekt keinen direkten Lohn verspricht, sollte man es ablehnen.

Dieser Drang zum Heldentum verbirgt den eigenen Widerstand des Beraters gegen die Tatsache, daß er es mit einem schwierigen Projekt zu tun hat. Wehren Sie sich dagegen, unsichere und unrealistische Verträge zu schließen. Wenn Sie nicht »nein« sagen können, sagen Sie »später«. Wenn Sie nicht »später« sagen können, sagen sie »wenig«. Helden haben es schwer im Leben. Der Lohn wird überschätzt. Die meisten Helden werden genau für die Leistung belohnt, die sie hier und jetzt vollbringen.

KAPITEL 9

MIT WIDERSTAND UMGEHEN

Der Ausdruck »Widerstand besiegen« ist eng mit der Assoziation verknüpft, es handele sich beim Widerstand bzw. bei einer Verteidigungshaltung darum, einen Gegner niederzuringen oder zu besiegen. Wenn Sie in dieser Weise den »Widerstand besiegen« wollten, hieße das, daß Sie Daten und logische Argumente benutzen würden, »um den Punkt zu gewinnen« und den Klienten zu überzeugen. Es ist aber unmöglich, Klienten von der Unsinnigkeit ihres Widerstands mit Worten überzeugen zu wollen, denn das Leisten von Widerstand ist ein emotionaler Prozeß. Hinter dem Widerstand stehen bestimmte Gefühle. Mit Worten kann man niemanden davon überzeugen, daß seine Gefühle falsch sind.

Es gibt aber spezifische Schritte, die der Berater unternehmen kann, um dem Klienten zu helfen, seinen Widerstand zu überwinden, damit man damit fortfahren kann, das eigentliche Problem zu lösen. Die grundlegende Strategie besteht darin, dabei zu helfen, daß der Widerstand von selbst verfliegt, so wie ein Sturm, anstatt den Widerstand frontal zu bekämpfen.

Gefühle gehen vorbei oder ändern sich, wenn sie direkt ausgedrückt werden können. Die Aufgabe des Beraters besteht deshalb darin, den Klienten aufzufordern, seine inneren Vorgänge direkt in Worte zu fassen. Man muß ihn auffordern, authentisch zu sein. Die effektivste Methode, den Klienten dazu zu ermutigen, sich authentisch zu verhalten, ist für den Berater, sich selbst authentisch zu verhalten. Das ist auch schon alles.

Diese Art, mit Widerstand umzugehen, erinnert in vielem an asiatische Weisheiten. Wenn man gegen einen Widerstand ankämpft mit der Absicht, ihn zu besiegen, wird man ihn im Gegenteil intensivieren. Wenn der Klient Ihre Methodik ablehnt (und zwar seit mehr als zehn Minuten) und Sie fortfahren, Ihre Methode zu verteidigen, Fachliteratur zu zitieren und von all Ihren Erfahrungen zu erzählen, wird der Klient immer frustrierter werden. Der Klient wird sich in dieser Situation noch mehr als zu Beginn der Diskussion darum bemühen, die Lücken in Ihrer Methode aufzudecken. Die Alternative zur Verteidigung Ihrer Methoden wäre, den Klienten zu bitten, mehr über seine Sorgen zu berichten und zu erklären versuchen, warum Ihre Methodik so wichtig ist. Indem man den Klienten dazu bringt, mehr über seine Sorgen zu sprechen, bewirkt man, daß der Sturm vorüberzieht. Verteidigt man nur die Methodik, hält man den Sturm am Leben.

Versuchen Sie es einmal mit der folgenden kleinen Übung...

Halten Sie Ihre Handinnenflächen vor Ihrer Brust gegeneinander. Ihr rechter Arm ist nun der Widerstand des Klienten, während Ihr linker Arm Ihre Reaktion auf diesen Widerstand ist. Drücken Sie nun beide Handinnenflächen fest gegeneinander. Wenn Sie diese Position halten, stehen die Hände fest in der Mitte, der Druck auf beide Arme wächst, und Sie ermüden bald. Dasselbe geschieht, wenn Sie gegen den Widerstand ankämpfen. Sie bleiben stecken, die Anspannung wächst, und Energie wird verbraucht.

Halten Sie nun noch einmal die Handinnenflächen gegeneinander, so daß Sie dieselbe Ausgangsposition innehaben wie zuvor. Drücken Sie die rechte Handinnenfläche fest gegen die linke Hand. Lassen Sie dieses Mal Ihre linke Hand nachgeben, so daß die rechte Hand sich immer weiter nach links bewegt. An einem bestimmten Punkt wird die rechte Hand innehalten, denn dann hat sie ihren Endpunkt erreicht. Wenn Sie in dieser Position verharren, werden Sie feststellen, daß Ihre rechte Hand, der Widerstand, ermüdet und vom eigenen Gewicht heruntergezogen wird. Die linke Hand, Ihre Reaktion auf den Widerstand, gestattet dem Widerstand der rechten Hand, bis zu seinen eigenen Grenzen vorzustoßen. Die linke Hand hält somit zwar

Kontakt, stemmt sich jedoch nicht mit aller Macht gegen etwas – und kann so ihre Position ohne Anspannung und mit wenig Energieverlust beibehalten.

So muß man mit Widerstand umgehen – man muß dazu ermuntern, daß die Sorgen voll und ganz zum Ausdruck gebracht werden, damit sie verschwinden. Kampf gegen Widerstand und der Versuch, ihn mit Argumenten und Fakten zu bezwingen, sind sinnlos. Erinnern Sie sich daran, daß Widerstand der indirekte Ausdruck jener Vorbehalte ist, die der Klient in sich trägt. Das Ziel ist es, ihm dabei zu helfen, damit anzufangen, seine Vorbehalte direkt auszusprechen, und damit aufzuhören, mit Tricks zu arbeiten. Wenn die Sorgen des Klienten direkt ausgesprochen werden, weiß der Berater genau, um welche Anliegen es sich handelt, und er kann sich effektiv mit ihnen auseinandersetzen.

Drei Schritte

Es gibt drei spezifische Schritte für den Umgang mit Widerstand.

Schritt 1: Finden Sie für sich selbst heraus, welche Form der Widerstand annimmt. Die Aufgabe besteht darin, die Hinweiszeichen des Managers aufzunehmen und Ihre Wahrnehmung in Worte zu kleiden.

Schritt 2: Beschreiben Sie in neutraler, nicht strafender Weise die Form, die der Widerstand annimmt. Dieser Vorgang trägt die Bezeichnung »Benennung des Widerstands«. Die Herausforderung besteht darin, die neutrale Sprache zu finden.

Schritt 3: Seien Sie still. Geben Sie dem Manager Gelegenheit, auf Ihre Darstellung des Widerstands zu reagieren.

Schritt 1:
Sammeln der Hinweiszeichen.

Menschen, die eine technische Ausbildung in Disziplinen wie Computer-Wissenschaften, Ingenieurswesen oder Buchhaltung besitzen, finden es oft schwierig, die frühen Zeichen von Widerstand zu erkennen. Technisches Training konzentriert die Aufmerksamkeit so sehr auf Fakten, Zahlen, Daten und die rationale Ebene, daß man so gut wie keine Übung darin hat, der zwischenmenschlichen, emotionalen Ebene einer Konversation besondere Aufmerksamkeit zu schenken. Wenn man Fähigkeiten entwickeln will, mit Widerstand umzugehen, muß man wissen, welche Form der Widerstand hat – wobei der erste Schritt allerdings darin besteht, zu merken, was hier jeweils vor sich geht.*

Es folgen einige Methoden, die Hinweiszeichen zu erkennen ...

Trauen Sie Ihren Augen mehr als Ihren Ohren

Achten Sie auf die nonverbalen Botschaften des Klienten. Stellen sie sich vor, der Klient

- bewegt sich ständig von Ihnen weg;
- verknotet sich wie eine Brezel;
- zeigt mit dem Finger der einen Hand und ballt die andere zur Faust;
- schüttelt jedesmal den Kopf, wenn Sie etwas sagen;
- beugt sich zu Ihnen vor wie ein Diener.

Jedes dieser Zeichen kann als ein Hinweis darauf gelten, daß das Projekt dem Klienten Unbehagen bereitet und daß er deshalb wahrscheinlich Widerstand leistet.

---

* Gil Gordon, ein interner Berater, hat mir geholfen zu erkennen, inwieweit sich der Schritt des Erkennens von Hinweiszeichen auf der Seite des Klienten unterscheidet von dem Schritt, den Widerstand in Worte zu fassen.

In ihrem Buch *Assertiveness training for Women* greifen die Autoren Harris und Osborne Studien auf, die beweisen, daß der größte Teil der Kommunikation auf der nonverbalen Ebene stattfindet:

- 7 Prozent der Kommunikation geschehen in Worten.
- 38 Prozent der Kommunikation geschehen durch die Stimme, den Ton, die Tonlage und den Tonfall.
- 55 Prozent laufen über Gesicht und Körper.

Ich glaube daran. Die Beobachtung der nonverbalen Verhaltensweisen ist eine gute Methode, die Hinweiszeichen auf Widerstand zu erkennen.

Hören Sie in sich selbst hinein

Eine andere Methode, um festzustellen, ob Sie auf Widerstand gestoßen sind, ist folgende: Benutzen Sie Ihren eigenen Körper als Barometer. Wenn Sie anfangen, sich während einer Diskussion mit dem Klienten unwohl zu fühlen, kann dies ein frühes Zeichen dafür sein, daß sich Widerstand bildet. Doch wenn Sie merken, daß Sie anfangen, sich zu langweilen oder irritiert zu sein, ist dies ein *sicheres* Zeichen dafür, daß der Klient Widerstand zeigt. Ein weiterer Hinweis: Sie fangen an zu gähnen oder unterdrücken negative Gefühle. Solche Reaktionen sind gleichzusetzen mit Warnsignalen, die Ihnen mitteilen wollen, daß Sie damit anfangen sollten, Worte für die Form von Widerstand zu finden, der Sie gerade begegnen.

Ständige Wiederholungen und verräterische Phrasen

Einen sicheren Hinweis für Widerstand haben Sie dann, wenn Ihnen ein und dieselbe Idee zum dritten Mal erklärt wird – auch dann, wenn Sie sich selbst zum dritten Mal dieselbe Frage beantworten hören. Das Wiederholen von Ideen und Fragen ist eine Form von Widerstand, denn das einmalige

Formulieren einer Idee und die einmalige Beantwortung einer Frage sollten ausreichen. Es muß irgendeine tieferliegende Sorge geben, die sich indirekt durch das ständige Wiederholen Bahn bricht.

Auch die Äußerung bestimmter Phrasen weist darauf hin, daß der Klient sich nicht verstanden fühlt:

- »Sie müssen verstehen, daß ...«
- »Lassen Sie mich Ihnen etwas erklären.«
- »Ich möchte sicher sein, daß es sich hierbei nicht um eine akademische Übung handelt.«

Diese und ähnliche Bemerkungen sind auf subtile Weise sehr aggressiv. Sie drücken Frustration aus und wollen dem Berater signalisieren, daß irgend etwas Schwerwiegendes droht. Die Bemerkung des Klienten soll uns irgendwie wachrütteln.

Wahrscheinlich gibt es eine ganze Reihe von bestimmten Äußerungen, die man oft zu hören bekommt und die Schwierigkeiten signalisieren. Nehmen Sie sich nun etwas Zeit, und erstellen Sie eine Liste mit solchen Äußerungen. Nach und nach werden Sie immer gewandter im Erkennen der Hinweiszeichen für Widerstände, und Sie können Ihre Liste immer weiter vervollständigen.

Schritt 2:
Den Widerstand benennen

Falls Sie Widerstand bemerken, ist der nächste Schritt, ihn in Worte zu fassen. Benennen Sie ihn. Am besten ist es, wenn man eine neutrale, alltägliche Ausdrucksweise benutzt. Die Aufgabe besteht darin, die Form des Widerstands so zu beschreiben, daß der Klient ermutigt wird, die Vorbehalte, die er spürt, direkter auszudrücken. Es folgen einige Beispiele für Formen von Widerstand sowie neutrale Sprachformen, die den Widerstand zum Ausdruck bringen ...

Wenn der Widerstand in dieser Form auftritt	Benennen Sie den Widerstand mit Äußerungen wie diesen
Der Klient vermeidet es, Verantwortung für das Problem oder die Lösung zu übernehmen	Sie sehen sich nicht als Teil des Problems
Sie werden mit Einzelheiten überhäuft	Sie geben mir mehr Details als notwendig. Wie würden Sie das Problem mit wenigen Worten schildern?
Ein-Wort-Antworten	Ihre Antworten sind sehr knapp. Könnten sie mehr sagen?
Der Klient wechselt das Thema	Das Thema wechselt ständig. Könnten wir uns auf ein Gebiet konzentrieren?
Fügsamkeit	Offensichtlich sind Sie bereit, alles zu tun, was ich vorschlage. Ich erkenne nicht, was Sie wirklich empfinden.
Schweigen	Sie sind sehr still. Ich weiß nicht, wie ich Ihr Schweigen interpretieren soll.
Drängen auf Lösung	Es ist zu früh für Lösungen. Ich versuche immer noch, herauszufinden, warum...
Angriff	Sie hinterfragen wirklich sehr intensiv, was ich tue. Über irgend etwas scheinen Sie verärgert zu sein.

Am wirkungsvollsten ist es, wenn man zur Beschreibung des Widerstands eine Sprache verwendet, die nicht zu hochgestochen ist. In einem Seminar kam einmal der Gedanke zum Ausdruck, daß man sich mit der Benennung des Widerstands leichter tut, wenn man überlegt, was man wie zu einem guten Freund oder dem Ehepartner sagen würde und diese Alltagssprache auch beim Klienten anwendet. Die Beschreibung des Widerstands sollte einfach und direkt sein – das ist der Grundgedanke, der oben zum Ausdruck kommt, und er ist sehr hilfreich.

Hier sind noch ein paar Formen von Widerstand. Versuchen Sie, jede Form auf neutrale, nichtaggressive Art zu benennen ...

- Fragen zur Methodik
- Intellektualisierung und Entwickeln großer Theorien
- Konfusion und Vagheit
- Wenig Energie, Unaufmerksamkeit

Wie haben Sie die Aufgabe bewältigt? Hier sind ein paar Beispiele für Benennungen, die Sie auf die angeführten Formen von Widerstand anwenden können ...

Methodik: Sie stellen eine Menge Fragen bezüglich meiner Methoden. Haben Sie Zweifel, was die Glaubhaftigkeit meiner Ergebnisse anbetrifft?

Intellektualisierung: Jedesmal, wenn wir uns einer Entscheidung darüber nähern, was zu tun ist, kehren Sie zurück zur Entwicklung von Theorien zum Verständnis dessen, was passiert.

Konfusion: Unsere Diskussion scheint Sie ziemlich aus der Fassung zu bringen. Liegt es am Problem selbst, oder sind Sie sich einfach nur nicht sicher, wie man damit umgehen sollte?

Wenig Energie, Unaufmerksamkeit: Sie sehen so aus, als ob Ihnen andere Dinge durch den Kopf gingen und Sie wenig Energie für dieses Projekt übrig hätten.

In den meisten Fällen werden Klienten nun deutlicher und offener darlegen, welche Einstellung Sie zu dem Projekt haben. Hat man dagegen mit der Benennung des Widerstands keinen Erfolg, ist in einem solchen Fall häufig nicht viel zu machen.

Ein Tip, wie man die richtigen Worte findet

Falls das Benennen des Widerstands keinen Erfolg zeitigt, hat man noch die Möglichkeit, in Worte zu fassen, wie man sich selbst bei der Diskussion fühlt. Wenn man auf Widerstand stößt, ist das unangenehm und frustrierend. Man kommt sich bisweilen ziemlich dumm, unbedeutend und unwichtig vor. Versuchen Sie, diese Gefühle dem Klienten gegenüber folgendermaßen zu äußern:

- Ich bin ziemlich frustriert über den Verlauf der Diskussion. Es scheint, daß meine Kommentare als bedeutungslos und unwichtig abgehandelt werden.

Manchmal wird der Klient Sie unterbrechen und Sie fragen, was Sie zu diesen Gefühlen veranlaßt – und das wiederum kann zu einer direkten Diskussion über das Problem führen: Die eigenen Gefühle zum Ausdruck zu bringen kann bisweilen riskanter sein als das Benennen des Widerstands, den Ihnen der Klient entgegenbringt. Es könnte dem Klienten ziemlich egal sein, wie Sie sich fühlen, und er könnte sagen: »Soso, Sie fühlen sich also unwohl. Was hat das mit der Frage zu tun, wie wir die Maschine ans Laufen bekommen?« Das Äußern der eigenen Gefühle ist aber ein authentisches Verhalten, das dazu beiträgt, vom Klienten irgendeine Reaktion zu erhalten – und genau das möchte man erreichen.

Schritt 3:
Schweigen und dem Klienten Gelegenheit geben zu reagieren

Manche Berater benennen den Widerstand – und reden dann weiter. So sagen sie zum Beispiel zu einem unmotivierten Klienten: »Sie scheinen sehr wenig motiviert zu sein, mit dem Projekt fortzufahren. Lassen Sie mich Ihnen erklären, warum ich dieses Projekt für so wichtig halte und deshalb der Meinung bin, daß Sie Ihre Einstellung ändern sollten ...«

Der erst Satz ist gut – eine neutrale Art, das Problem zu benennen. Indem aber der Berater fortfährt zu reden, läßt er den Klienten »von der Angel« und macht es ihm einfach, die Verantwortung für seine Aktionen *nicht* zu übernehmen.

Wir als Berater fahren fort zu reden, um die Spannung zu reduzieren, die wir empfinden, wenn wir mit dem Klienten zusammentreffen. Reden Sie nicht weiter. Ertragen Sie die Spannung. Benennen Sie den Widerstand – und schweigen Sie dann.

Nehmen Sie es nicht persönlich

Das Verhalten des Klienten hat nichts mit Ihnen persönlich zu tun.

Viele von uns haben die Angewohnheit, ausgiebig zu analysieren, was wir falsch gemacht haben. In einem meiner Seminare bat ich vor kurzem eine Gruppe von Ingenieuren, eine Liste davon vorzustellen, was sie als Berater gut und was sie schlecht gemacht hatten. Es fiel allen Teilnehmern leicht, acht oder zehn Dinge aufzuzählen, die sie schlecht gemacht oder mit denen sie Probleme gehabt hatten. Die Liste der positiven Qualitäten enthielt im Durchschnitt zwei Eintragungen, wobei es in etwa doppelt so lange dauerte, jene zweite Liste zu erstellen! Diese Leidenschaft für Selbstkritik ist sehr verbreitet und verhindert, daß das Problem des Widerstands auf den Klienten konzentriert bleibt, obwohl es dort hingehört.

Wenn Sie die Reaktionen des Klienten unbedingt persönlich nehmen müssen, tun Sie es nach sechs Uhr abends in Ihrer freien Zeit – so verlangt es die Regel. Verbringen Sie die ganze Nacht damit, und sprechen Sie mit Ihren Freunden darüber. Nehmen Sie Widerstand aber niemals persönlich, solange Sie mit dem Klienten zusammen sind. Haben Sie wirklich schlechte Arbeit geleistet, und der Klient sagt es Ihnen, so müssen Sie dazu stehen und Ihren Fehler korrigieren. Das kommt nicht oft vor – und in diesem Fall handelt es sich nicht um den Widerstand des Klienten, sondern um einen Fehler, den Sie als Berater gemacht haben.

Vergessen Sie nicht, daß die Abwehrmaßnahmen des Klienten nicht geleugnet werden dürfen. Sie müssen im Gegenteil klar zum Ausdruck gebracht werden. Werden sie unterdrückt, tauchen sie später wieder auf und sind dann umso gefährlicher. Wichtig ist die Art und Weise, wie Sie mit den Abwehrmaßnahmen umgehen. – Hier nun einige Punkte als Zusammenfassung ...

- Nehmen Sie Widerstand nicht persönlich. Unabhängig von den Worten, die gewählt wurden, soll der Widerstand nicht dazu dienen, Ihre Kompetenz zu diskreditieren.
- Abwehrmaßnahmen und Widerstand sind ein Zeichen dafür, daß Sie etwas Wichtiges und Wertvolles berührt haben. Diese Tatsache kommt nun einfach in einer schwierigen Form zum Ausdruck.
- Die meisten Fragen sind verkleidete Statements. Versuchen sie, hinter die jeweiligen Fragen zu schauen und zu erkennen, was eigentlich zum Ausdruck gebracht werden soll. Das enthebt Sie der lästigen Aufgabe, auf eine Phantomfrage antworten zu müssen.

Der Umgang mit Widerstand ist viel schwieriger als die eigentliche Datensammlung und viel schwerer zu bewältigen als das Finden guter Interventionsmöglichkeiten. Der Kern der Beratung ist der richtige Umgang mit Widerstand.

Antworten »im guten Glauben«

Der größte Teil der Fragen, die Ihnen zur Methodik und über das Projekt gestellt werden, sind lediglich ein Ausdruck des Unbehagens und des Abwehrbedürfnisses des Klienten. Es ist jedoch wichtig, erst einmal auf den Inhalt der Frage zu antworten.

Eine Grundregel besagt, daß Sie *zwei Antworten in gutem Glauben* auf jede gestellte Frage geben sollten. Gehen Sie ein oder zweimal direkt auf Fragen zur Methodik, der Art der Zusammenfassung und der Gestaltung des Fragebogens ein. Wird aber dieselbe Frage zum dritten Mal gestellt, interpretieren Sie das als eine Form von Widerstand, und antworten Sie dann nicht mehr auf den Inhalt der Frage. Nehmen Sie statt dessen zur Kenntnis, daß Klienten, die immer wieder dieselbe Frage stellen, tatsächlich Ihre Vorbehalte dagegen ausdrücken, sich bei dieser Arbeit zu engagieren und sich ihre eigenen Probleme einzugestehen. Wird die Frage also zum dritten Mal gestellt, ist die einzig mögliche rationale Reaktion darauf, zu bemerken, daß der Klient eventuell einige Zurückhaltung verspürt, sich bei dem Problem oder der Arbeit zu engagieren.

Nachdem Sie zweimal Fragen in dem guten Glauben beantwortet haben, daß tatsächlich der Inhalt der Frage im Mittelpunkt steht, sollten Sie dazu übergehen, sich mit dem Problem des Engagements und der Übernahme von Verantwortung auseinanderzusetzen – behandeln Sie Widerstand nicht so, als ginge es hier lediglich um ein Problem der Vorgehensweise oder der Methode. Beantworten Sie also zweimal die Frage inhaltlich, bevor Sie dann die Frage als eine Form von Widerstand behandeln.

Beratung eines »steinharten« Klienten

Von Zeit zu Zeit finden Sie Ihren Meister. Ihre Beratung ist perfekt – und dennoch kehren sich Ihre Fortschritte mit dem Klienten in Rückschritte um.

Bei einigen meiner Fortbildungsseminare zum Thema Beratung ist es Teil der Lernerfahrung, daß die Teilnehmer ein echtes Beratungsprojekt mit realen Klienten durchführen. In diesem Zusammenhang kehrte einmal ein Team mit sehr langen Gesichtern von einer Beratung zurück. Der Klient hatte sich widerspenstig, zurückhaltend und unkommunikativ gezeigt. So ließ er während der Vertragsbesprechung sogar verlauten, die Gruppe mache seiner Ansicht nach einen lausigen Job.

Um einen Weg zu finden, wie wir mit unserer Trübsal und unserer Frustration umgehen konnten, erstellten wir eine Liste, welche die verschiedensten Methoden zur Durchführung der Beratung bei einem »steinharten« Klienten enthielt ...

1. Suchen Sie nicht nach Zustimmung, emotionaler Unterstützung oder Zuneigung.

2. Versuchen sie nicht, eine ausgewogene Aufteilung der Verantwortung zu erreichen. »Steinharte« Klienten überlassen alles Ihnen.
3. Rechnen Sie mit Kritik und Auseinandersetzung.
4. Fragen Sie nicht nach den Gefühlen des Klienten, und bringen Sie keine eigenen Gefühle zum Ausdruck.
5. Bitten Sie den Klienten sehr wohl um Verständnis. Bitten Sie aber nicht um Einverständnis.
6. Überlassen Sie dem Klienten eine Menge Kontrolle über die Vorgehensweise bei dem Projekt.
7. Reduzieren Sie Ausarbeitung und Erklärung der Daten auf ein Minimum. Rechtfertigung macht alles nur noch schlimmer.
8. Unterstützen Sie den Klienten.
9. Nehmen Sie keine Reaktionen des Klienten persönlich.
10. Verzetteln Sie sich nicht – vermeiden Sie Details.
11. Hoffen Sie, daß der Klient einen Lernerfolg aus dem Projekt hat, nachdem Sie gegangen sind. Im Moment werden Sie zu keinem befriedigenden Abschluß kommen.
12. Zeigen Sie Zuversicht.
13. Suchen Sie nach Erleichterung, indem Sie etwas Humor walten lassen.
14. Vergessen Sie nicht, daß der Klient vor allem Angst vor Kontrollverlust hat.
15. Bewegen Sie sich weiter.
16. Vermeiden Sie »steinharte« Klienten, wann immer es möglich ist.

Zum Glück sind solche Klienten nicht sehr häufig. Wenn die Oberfläche des Klienten so hart wie Stein ist, muß das Innere entsprechend weich sein. Oft wirkt eine klare Hilfestellung »steinerweichend«. Bleibt der Klient »steinhart«, so sollten Sie Ihre Investitionen in das Projekt auf ein Minimum reduzieren – zwingen Sie sich nicht, ein Held zu sein. Sollte der Klient Ihr Chef oder jemand sein, mit dem Sie ständig zusammenarbeiten, so planen Sie entweder Ihre Flucht oder konzentrieren Sie sich auf Aktivitäten außerhalb Ihrer betrieblichen Tätigkeit.

KAPITEL 10

Konzepte zur Problemermittlung

Die Datensammlung hat wie die Datenorganisation und die Datenanalyse in der Literatur bisher mehr Aufmerksamkeit erhalten als jede andere Beratungsphase. Da jeder von uns ein gewisses Fachwissen entwickelt hat, sind wir darin geübt, mit Daten und Informationen umzugehen. Es ist hier meine Absicht, einige besondere Fähigkeiten in dieser Phase zu charakterisieren – Fähigkeiten, denen bisher nicht viel Aufmerksamkeit geschenkt wurde, die aber dennoch wichtig sind. In diesem Kapitel werden nicht alle Methoden abgedeckt, die für eine Problemanalyse verwendet werden können, sondern es beschäftigt sich damit, wie der Berater mit dem Klienten in der Diagnosephase arbeitet, und charakterisiert die Fähigkeiten, die notwendig sind, damit der Berater maximalen Einfluß gewinnen kann – wie immer das Endziel aussehen soll.

Die Aufforderung zum Handeln

Bei der Problemanalyse ist es für den Berater schwieriger, den Klienten dazu zu bringen, die Analyse zu akzeptieren, als die Analyse selbst zu entwickeln. Das bedeutet, daß man dem Umgang mit Widerstand mehr Aufmerksamkeit zu schenken hat. Es bedeutet außerdem, daß bei jedem Schritt daran gearbeitet werden muß, die innere Bereitschaft des Klienten zur Akzeptanz des Problems aufzubauen. Wenn man erst im Feedback-Meeting anfängt, sich Sorgen darum zu machen, ob der Klient die Empfehlungen akzeptieren wird, ist es zu spät. Den Berater beschäftigt auch, wie er mit den Umgangsformen und den Persönlichkeiten, die das Umfeld der Datensammlung bilden, umgehen kann. Auch ein absolut technisches Problem wird von menschlichen Wesen verursacht, die in einem Unternehmen mit bestimmten Umgangsformen arbeiten. Das Navigieren durch den Managementstil unseres Klienten und durch die Umgangsformen innerhalb des Unternehmens unter Berücksichtigung unseres Ziels, den Klienten dazu zu bringen, unsere Daten objektiv zu betrachten, ist eine lebenswichtige Aufgabe. Die Kunst des Beraters liegt darin, die menschliche Seite des Problems ebenso rational anzusprechen wie die technische Seite.

Der Zweck der Problemermittlung ist es, die Bearbeitung eines Problems herbeizuführen. Es soll eine Handlung durchgeführt werden, die das Funktionieren der Organisation verbessert. Der Zweck ist nicht Forschung. Forschung dient nur dazu, etwas zu verstehen, und das Verstehen als solches reicht aus. In den meisten Fällen werden interne Berater danach beurteilt, wie gut ihr Fachwissen von der Betriebsführung genutzt wird. Auch externe Berater sehen sich mehr und mehr jenem Beurteilungskriterium ausgesetzt.

Diese Betonung von Handlung und Gebrauchswert ist von großer Wichtigkeit für die Art und Weise, wie man die Problemanalyse angeht.

Betonung auf Forschung	*Betonung auf Handlung*
Interesse an allen Faktoren, die das Problem ausmachen.	Interesse an allen Faktoren, die der Kontrolle des Klienten unterliegen und die das Problem beeinflussen.
Die Diagnose muß unbedingt umfassend und vollständig sein.	Vollständigkeit und Ausführlichkeit sind nicht notwendig. Die Faktenflut kann dann überwältigend sein, wenn es darum geht, Entscheidungen über Handlungen zu fällen.

Die Aufforderung zum Handeln

Betonung auf Forschung	*Betonung auf Handlung*
Forschen kann man allein. Das Unternehmen muß nicht unbedingt Teil des Forschungsteams sein.	In jeder Phase ist die Beteiligung des Klienten wichtig.
Voreingenommenheit und Intuition des Forschers versucht man zu eliminieren.	Berater werden für ihr eigenes Urteil und ihre eigene Intuition bezahlt – das nennt man Urteilsfähigkeit. Alle Gefühle und Wahrnehmungen werden zusätzlich zu den harten Fakten eingesetzt.
Neutralität gegenüber der Frage, ob die Organisation mit den Resultaten der Studie einverstanden ist, ist absolut notwendig.	Außerordentlich interessiert an der Haltung des Klienten gegenüber dem Ergebnis der Studie.

Vielleicht sind beide Seiten etwas zu polarisiert dargestellt, aber es soll ganz deutlich werden, daß das Ziel Handlung, nicht Forschungsergebnis ist. Wenn Ihr Ziel Handlung ist, müssen Sie sich auf vier Dinge jenseits technischer Erwägungen konzentrieren.

1. Seien Sie ständig bestrebt, Ihre Studie zu vereinfachen und einzugrenzen, so daß der jeweils nächste Schritt, den der Klient unternehmen kann, deutlich wird.
2. Verwenden Sie alltägliche Sprache. Ihre Worte sollten der Vermittlung von Information dienen, und sie nicht behindern.
3. Schenken Sie Ihrer Beziehung zu Ihrem Klienten viel Aufmerksamkeit. Nutzen Sie jede Gelegenheit, den Klienten an Enscheidungen über Vorgehensweisen zu beteiligen. Gehen Sie auf Widerstände ein, sobald sie auftauchen, auch wenn es keine Bedeutung für Ihre Ergebnisse hat.
4. Behandeln Sie Daten darüber, wie die Organisation des Klienten funktioniert, als gültige und relevante Information. Untersuchen Sie auch, wie das Problem, das Sie untersuchen, gehandhabt wird.

Diese vier Kompetenzen haben Einfluß darauf, wie Ihr Fachwissen benutzt werden wird. Ihre technischen Fähigkeiten und Ihre Fähigkeiten zur Problemanalyse und -lösung werden vorausgesetzt. Diese Handlungsorientierung führt nun zu der Annahme, daß *die Bereitschaft des Klienten, Ihre Vorgaben zu akzeptieren,* ebenso wichtig ist für die Diagnose, wie die technische Analyse des zu lösenden Problems.

Der Klient gibt Ihnen	seine Problemdarstellung.
Sie beginnen	das Problem oder die Ursache des Problems neu zu definieren.
Ihr Ziel ist die Entwicklung eines	klaren und einfachen Bildes dessen, was das Problem verursacht oder weiter bestehen läßt.
Dieses klare und einfache Bild umschließt eine Beschreibung des	technischen oder organisatorischen Problems, für das der Klient um Hilfe gebeten hat.
Und außerdem eine Beschreibung	wie mit dem Problem umgegangen wird – Einstellungen von Mitarbeitern, der Stil des Managers, die Beziehungen in der Situation, die das technische/organisatorische Problem beeinflussen.
Diese beiden Beschreibungen führen zu	Empfehlungen zur Lösung des technischen wie des Führungsproblems.

Neudefinition des dargestellten Problems

Oft besteht der wertvollste Dienst, den der Berater für den Klienten leistet, in der Neudefinition des Problems. Beim leitenden Angestellten fängt alles damit an, daß er irgendeine Störung

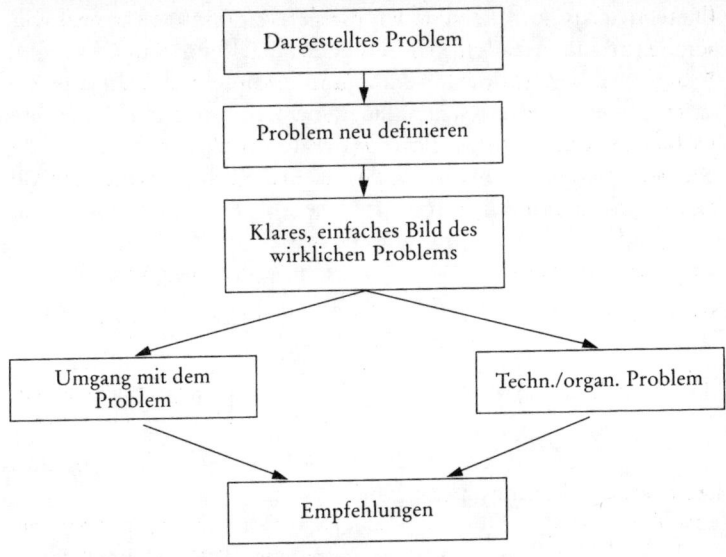

Schaubild 8: Die Problemermittlung

spürt. Die Leute sind unruhig; die Maschinen laufen nicht; die Produktion sinkt; Rechnungen werden doppelt bezahlt.

Beratungsprojekte werden eingeleitet, weil Manager Sorgen haben. Es wäre sehr schön, wenn Projekte initiiert würden, weil der Wunsch nach größerem Erfolg oder nach Präventivmaßnahmen besteht, aber fast immer ist irgend etwas Sorgenvolles im Spiel. Wenn das Unternehmen den Mangel spürt, fangen Manager damit an, für sich selbst herauszufinden, warum das so ist. Wenn ihre Erklärung dafür, weshalb der Mangel besteht, richtig ist, sind ihre Versuche, das Problem zu lösen, in der Regel erfolgreich. Wenn Berater hinzugezogen werden, liegt das daran, daß die Versuche des leitenden Angestellten, das Problem zu lösen, nicht erfolgreich waren. Manchmal kommt es auch vor, daß der Manager überhaupt keine Idee hat, wie man das Problem angehen könnte. Falls die Versuche des Managers, das Problem zu lösen, erfolglos waren, liegt das eventuell daran, daß seine Erklärung für den Mangel nicht zutreffend war.

Der erste Versuch des Klienten, uns zu beschreiben, worin die Ursache der Schwierigkeiten liegt, nennen wir das dargestellte Problem. In meiner Funktion als Berater akzeptiere ich das *dargestellte Problem* niemals als das wahre Problem, ohne meine eigene Datensammlung und -analyse vorgenommen zu haben. Das dargestellte Problem und das wahre (oder zugrundeliegende) Problem sind gewöhnlich nicht identisch. Da der Manager von einer unvollständigen Definition des Problems ausgegangen ist, sind seine Lösungsversuche nicht vollständig geglückt. Ein wichtiger Beitrag des Beraters besteht deshalb darin, die anfängliche Problemdarstellung für den Klienten neu zu fassen.

Es folgt nun ein Beispiel dafür, wie man ein Problem und seine Darstellung durch den Klienten neu definieren kann.

Ein großes Produktionsunternehmen hatte Schwierigkeiten damit, neue Mitarbeiter länger als zwei oder drei Jahre zu halten. Die Leute kamen zur Arbeit, wurden weitergebildet, arbeiteten eine Weile in ihrem Job und verließen dann das Unternehmen genau zu dem Zeitpunkt, als sie sich zu wertvollen Mitarbeitern entwickelt hatten. Die Manager fragten die Abteilungsleiter, warum die jüngeren Leute wohl gingen. Die Abteilungsleiter nannten zwei Gründe:

1. Die Gehälter waren nicht hoch genug, um die Lebenshaltungskosten in diesem Gebiet bestreiten zu können.
2. Es war schwierig, Unterkünfte zu finden. Wohnungen waren rar, und die Häuser, die zum Verkauf standen, waren extrem teuer – so hätte in nicht wenigen Fällen ein Angestellter zehn Jahre sparen müssen, um die Anzahlung leisten zu können.

Die Betriebsleitung erkannte diese beiden Gründe an. Sie ließ ein Gutachten zu den Gehältern erstellen und nahm einige Korrekturen in den Kompensationspraktiken für kurzzeitige Mitarbeiter vor. Man schuf außerdem innerhalb der Personalabteilung eine Nebenstelle, die den Leuten helfen sollte, Wohnungen zu finden und mit Grundstücksmaklern zu verhandeln, um Unterkünfte zu vernünftigen Preisen in der Umgebung zu finden. Beide Lösungen paßten gut zu den Problemen der ungerechten Kompensation und der schlechten Wohnmöglichkeiten, so wie sie ursprünglich dargestellt worden waren. Unglücklicherweise zeigte sich nach eineinhalb Jahren, daß die Personalfluktuation im Unternehmen nicht geringer geworden war, nein, in einigen Abteilungen war sie sogar höher.

Die Betriebsleitung beauftragte die Trainingsgruppe, als interne Berater tätig zu werden und bei der Lösung des Problems behilflich zu sein. Die Mitarbeiter der Trainingsgruppe interviewten zuerst die Abteilungsleiter und dann die kurzfristig Angestellten. Diese Interviews ergaben eine andere Erklärung dafür, warum die Leute gingen.

Die Angestellten:

1. Als sie ihre Arbeit aufnahmen, bekamen sie einen Stapel von Betriebshandbüchern in die Hand gedrückt mit der Aufforderung, diese während der nächsten Wochen zu lesen.
2. Sie erhielten nicht die Möglichkeit, einen Auftrag selbständig durchzuführen, bevor sie nicht fast ein Jahr in der Firma waren.
3. Sie bekamen niemals ein angemessenes Feedback von ihren Vorgesetzten, damit sie ermessen konnten, welchen Leistungsstandard sie gerade innehatten. So war es für sie schwer zu erkennen, woran sie arbeiten mußten, um sich persönlich weiterzuentwickeln. Außerdem blieben ihre Zukunftsaussichten in diesem Unternehmen im unklaren.
4. Die Abteilungsleiter standen so sehr unter Leistungsdruck, daß sie einfach keine Zeit fanden, um sich den neuen Mitarbeitern so zu widmen, wie es normalerweise notwendig war.

Diese Interviews brachten einen ganz anderen Grund für die Sorgen zutage, welche die Unternehmensspitze wegen der hohen Fluktuationsrate verspürte. Das dargestellte Problem bestand darin, daß man angenommen hatte, die neuen Mitarbeiter kündigten wegen der niedrigen Gehälter und des schlechten Wohnungsmarkts. Diese ursprüngliche Problembeschreibung führte zu Lösungen in der Form von Lohnausgleich und Hilfe bei der Wohnungssuche. Dagegen fanden die Berater eine andere Erklärung für die Sorgen und definierten die Ursache des Problems neu – neue Mitarbeiter bekamen nicht genug Unterstützung, Aufmerksamkeit, anspruchsvolle Aufgaben und Feedback.

Nun, da die Manager das wirkliche Problem kannten, konnten sie damit beginnen, es zu lösen – und das taten sie auch. Sie leiteten eine Reihe von Programmen ein, in denen sich Vorgesetzte und neue Mitarbeiter darüber einigten, wieviel Zeit sie einander widmen, welche Aufgaben ihnen übertragen und wann die Mitarbeiter von ihren Vorgesetzten Feedback erhalten würden. Das Management unterstützte die Abteilungsleiter auch dahingehend, daß sie ihren neuen Angestellten mehr Zeit widmen konnten. Während des darauffolgenden Jahres pendelte sich die Fluktuationsrate ein, und im zweiten Jahr ging sie herunter. Der Beitrag der Berater hatte darin bestanden, das dargestellte Problem neu zu definieren und dem Klienten ein klares Bild der Ursachen für die Schwierigkeiten zu liefern.

Wie wird mit dem Problem umgegangen?

Bei der handlungsorientierten Datensammlung eröffnet die Frage: *Wie wird mit dem technischen oder organisatorischen Problem umgegangen?* ein kritisches Arbeitsfeld.

In der Regel sind Beratern der Managementstil ihrer Klienten und die Verhältnisse der jeweiligen Situation sehr wohl bewußt, aber sie scheuen davor zurück, beides als Teil des Beratungsvorgangs zu betrachten. Wir sind eigentlich der Meinung, daß wir gebeten wurden, ein sachliches Problem zu lösen, nicht das Unternehmen als solches zu beurteilen. Das führt dazu, daß wir gerne die innerbetrieblichen Probleme aus unseren Nachforschungen heraushalten. Natürlich ist es nicht so, daß wir die »menschlichen« Probleme völlig ignorieren, denn das sind die Dinge, über die wir am meisten mit unseren Kollegen und Freunden sprechen. Denn über die Art und Weise, wie ein Problem gehandhabt wird, spricht man gewöhnlich zwischen den Sitzungen, nach der Arbeit, während der Mahlzeiten oder der Pausen im Tagesverlauf.

Manchmal sind die Themen, die das Management als solches betreffen, sogar interessanter als die technischen Fragen. Aber ein Teil von uns will (mit der Unterstützung des Klienten) einfach nicht eindringen in »Persönliches« oder »innerbetriebliche

Vorgänge« oder »Beziehungen«. Es ist ein Fehler, diesen Fragen aus dem Weg zu gehen. Die Art und Weise, wie wir mit dem Problem umgehen, hat einen maßgeblichen Effekt darauf, wie unser Fachwissen benutzt werden wird. Wir können diese Fragen nicht völlig umgehen, auch wenn unser Klient mit uns darin übereinstimmt, daß wir technische Berater sind.

Technische/organisatorische Probleme sind fast immer begleitet von Managementproblemen, die einen Einfluß darauf haben, wie jene technischen/organisatorischen Probleme gelöst werden.

Schaubild 9 zeigt Beispiele für typische »Managementprobleme«, die in Begleitung von technischen/organisatorischen Problemen auftreten können. Sie sind unterteilt in Arbeitsbereiche und Funktionen.

Jeder Arbeitsbereich ist wie jede Funktion sowohl von technischen als auch innerbetrieblichen Problemen betroffen. Das Problem, so wie es uns geschildert wird, ist meistens das technische/organisatorische Problem. Innerbetriebliche Probleme betreffen nun die Frage, wie das technische/organisatorische Problem *gehandhabt* wird. Man muß sich entscheiden, ob man direkt oder indirekt die Frage behandeln möchte, wie das Problem angegangen wird. Die innerbetriebliche Seite anzusprechen ist für den internen Berater riskanter. Es kann passieren, daß der Klient Ihnen mitteilt, er habe Sie nicht gebeten, seinen eigenen persönlichen Stil oder die innerbetriebliche Situation zu begutachten. Spricht man aber die innerbetriebliche Seite überhaupt nicht an, wird man erleben, daß die technischen Empfehlungen, die man gibt, nur verzerrt ankommen und nur teilweise zum Einsatz gelangen – eben wegen der Schwierigkeiten, die das Unternehmen mit Kommunikation, Vertrauen und damit hat, sich selbst zu führen.

Um erfolgreich beraten zu können, müssen Sie die innerbetriebliche Seite des Problems als ganz normalen Teil Ihrer Beratung ansehen.

Als Minimum sollte jede Diagnose, die Sie erstellen, einen Teil enthalten, der sich mit der Handhabung des Problems beschäftigt. Dieser Teil braucht nur aus einer klaren und einfachen Dar-

Schaubild 9: der Unterschied zwischen dem technischen/organisatorischen Problem und seiner Handhabung

	Technische/organisatorische Probleme	*Handhabung des Problems*
Finanzsysteme	• Unangemessene Kontrollprozeduren und -praktiken • Zu viele Berichte • Zu wenige Berichte	• Defensives Umfeld, in dem jeder versucht, keine Spuren zu hinterlassen • Zurückhalten von Informationen und Zahlen • Wenig verbale Kommunikation zwischen den Gruppen
	Technische/organisatorische Probleme	*Handhabung des Problems*
Technischer Bereich	• Projekt zur Kostenreduktion • Entwicklung neuer Abläufe oder Ausrüstungsgegenstände • Konstruktion neuer Gerätschaften • Technische Betriebsstörung	• Die Operatoren haben eine negative Haltung gegenüber der Firma und den Vorarbeitern. Neue Vorgehensweisen werden abgelehnt. • Die Vorarbeiter haben zu wenig Erfahrung. Sie machen zwar ihre Arbeit, geben sich aber nicht mit weitreichenden Problematiken ab. • Das Drängen auf Fertigstellung durch das Management ist so groß, daß den Konstrukteuren nicht genug Zeit bleibt, neue Geräte oder Abläufe vor Ort zu testen. • Die Ingenieure sind so sehr mit der Krisenbewältigung beschäftigt, daß Neuentwicklungen eine geringere Priorität erhalten. • Der stellvertretende Direktor ist so sehr mit Detailbeschlüssen für ein neues Gebäude beschäftigt, daß das Projekt hinter dem Zeitplan zurückliegt.

Wie wird mit dem Problem umgegangen?

	Technische/organisatorische Probleme	Handhabung des Problems
Wissenschaftlicher Bereich	• Die Grundbeschaffenheit eines Materials oder einer Reaktion verstehen • Produkte erkennen, die sich zur Vermarktung eignen • Technologietransfer zu den Marketing- oder Business-Gruppen	• Ein neuer Chemiker wäre leicht zu finden, doch strenge Sparmaßnahmen verhindern die Einstellung zusätzlicher Labortechniker sowie die Anschaffung neuer Geräte und die Bereitstellung geeigneter Arbeitsräume. • Forschung, betrieben unter dem Drängen nach Ergebnissen verspricht zu viel, erweckt Erwartungen und enttäuscht dann. • Die Wissenschaftler stehen unter so engem Einfluß der Business-Seite, daß kein weitgefaßtes Ziel möglich ist. • Der Urheberstolz ist so groß, daß er in anderen Gruppen des Unternehmens Widerstand erzeugt. • Es besteht eine kulturelle Kluft zwischen wissenschaftlichem und operativem Bereich: verschiedene Werte, verschiedene Sprache.
	Technische/organisatorische Probleme	Handhabung des Problems
Bereich Unternehmensplanung	• Eine langfristige Planung für das Unternehmen entwerfen • Zahlen und Hochrechnungen von den leitenden Mitarbeitern erhalten	• Die Manager sehen den Fünfjahresplan nur als Übung an. • Es besteht kein persönliches Engagement auf der Seite des Topmanagers. • Es herrschen sowohl eine angespannte Beziehung als auch Mißtrauen zwischen Firma und Außendienst.
	Technische/organisatorische Probleme	Handhabung des Problems
Personalbereich	• Verbessern von Strategien und Praktiken in den	• Jeder Manager ist ein Experte für Personal.

	Bereichen Lohnzahlung, Vergünstigungen, Rekrutierung, Weiterbildung • Verbessern der Organisation im allgemeinen und der Managemententwicklung	• Personalangelegenheiten haben einen geringen Stellenwert und werden entsprechend behandelt. • Die Spezialisten für Personalangelegenheiten werden als Handlanger benutzt. • Die Manager fürchten, die Personalangelegenheiten werden in ihre Leistungsbewertung eingehen, und zögern deshalb, den Personaldaten zu vertrauen und sie entsprechend zu berücksichtigen.
	Technische/organisatorische Probleme	*Handhabung des Problems*
Marketingforschung und Produktmanagement	• Vorgehensweisen bei der Preisgebung, der Promotion und der Verpackung • Informationen über Verbrauchspräferenzen und Marktcharakteristiken	• Es bestehen Mißtrauen und Distanz zwischen den Marketing- und den Verkaufskräften. • Es besteht ein Ringen um Kontrolle. • Die Ergebnisse der Marktforschungsgruppe sind mysteriös. Deshalb bezweifeln die übrigen Mitarbeiter die Ergebnisse und vertrauen lieber ihrer eigenen Meinung.
	Technische/organisatorische Probleme	*Handhabung des Problems*
Berater für Management- und Unternehmensentwicklung	• Wie man die Haltung und die Produktivität in einem Unternehmen verbessern kann • Neue Unternehmensstruktur • Neue Rollen und Verantwortungen	• Im bestehenden System haben gewisse Leute und Gruppen eine Menge Macht. Durch Veränderung der Struktur wird sich die Machtverteilung innerhalb der Gruppen verschieben. • Eine neue Struktur zeigt an, wer auf dem Weg nach oben ist und wessen Stern verblaßt.

	Technische/organisatorische Probleme	Handhabung des Problems
		• Vielleicht gibt es einen sehr autoritären Manager, dem es egal ist, wie es den Mitarbeitern geht.
Bereich Einkauf	• Eine gute Beziehung mit dem Verkäufer unterhalten, den besten Preis für Qualität erzielen, sicherstellen, daß mindestens zwei Verkäufer für jedes Rohmaterial zur Verfügung stehen	• Der Materialbedarf verändert sich ständig. Die Einkaufsabteilung wird als letzte informiert. • Das Unternehmen ist so organisiert, daß die Betriebsleitung befugt ist, Verkäufer zu kontaktieren, ohne die Einkaufsabteilung zu informieren.

stellung zu bestehen, muß also keine spezifischen Empfehlungen enthalten.

Die Angst, mit dem Klienten darüber zu sprechen, wie er mit dem Problem umgeht, besteht im Inneren des Beraters. Leitende Angestellte sind im allgemeinen sehr an Feedback hinsichtlich ihrer Leistungen interessiert, aber sie erhalten es nur unter großen Schwierigkeiten. Ihre eigenen Untergebenen sind mit Feedback ihren Vorgesetzten gegenüber eher zurückhaltend. Sie, der Berater, sind in einer besonders günstigen Lage, um Feedback zu geben. Man muß nur darauf achten, es in einer unterstützenden Art zu geben, die nichts Strafendes hat. (In Kapitel 12 finden Sie eine Anleitung für angemessene Feedbacksprache).

Daten zurückzuhalten, die interpersonelle Dimensionen oder Vorgehensweisen bei einem Problem betreffen, bedeutet, mit dem Unternehmen das stillschweigende Abkommen zu schließen, über diese Probleme nicht zu sprechen. Daß das Unternehmen seine Angelegenheiten nicht so gut regeln kann, wie es gern möchte, liegt ja zum Teil daran, daß seine Angehörigen nicht artikulieren können, wie mit Konflikt und Autorität und Kommunikation umgegangen werden soll. Wenn auch Sie nicht den Willen aufbringen, diese Dimensionen in Worte zu fassen, verschwören Sie sich mit dem Unternehmen auf eine Weise, die verhindert, daß es die eigentlichen, tieferliegenden Probleme lösen kann.

Zusammenfassend sollten Sie sich diese Dinge für die Diagnose merken:

- Fragen Sie den Klienten, welche Rolle er persönlich bei dem Auftreten und Bestehen des dargestellten bzw. des Zielproblems spielt.
- Fragen Sie, was andere im Unternehmen dazu beitragen, daß das dargestellte Problem auftritt bzw. bestehenbleibt.
- Planen Sie die Datensammlung zusammen mit dem Klienten.
- Beteiligen Sie den Klienten an der Auswertung der gesammelten Daten.
- Erkennen Sie die Ähnlichkeiten im Umgang des Klienten mit Ihnen und mit seiner Organisation.
- Reduzieren Sie die Daten auf eine begrenzte Anzahl von Fragen.
- Verwenden Sie eine Sprache, die auch Leute verstehen, welche nicht mit Ihrem Fachgebiet vertraut sind.
- Unterscheiden Sie zwischen dem dargestellten und dem eigentlichen Problem.
- Eruieren und beschreiben Sie sowohl das technische Problem selbst als auch die Art und Weise, wie mit ihm umgegangen wird.

KAPITEL 11

DAS SAMMELN DER DATEN

Wenn Sie schließlich einen Vertrag zum Abschluß gebracht haben, sind Sie in der Lage, einige Informationen zu sammeln und selbst den Grund für die Probleme des Klienten einzuschätzen. Die Arbeitsweise ist die folgende:

1. Es müssen Informationen auf drei verschiedenen Analyseebenen gesammelt werden, damit man sowohl das dargestellte als auch das zugrundeliegende Problem verstehen kann.
2. Das betriebliche und organisatorische Klima muß eingeschätzt werden, damit man weiß, auf welchen Boden Empfehlungen fallen werden.
3. Begegnen Sie dem Widerstand des Klienten – der ja dieselben Informationen hat wie Sie – wie schon beschrieben.
4. Sehen Sie die Interviews, die Sie machen, als aktiven Teil der Problemlösung an: Schon das Befragen als solches verändert eine Organisation.
5. Reduzieren Sie die Daten auf eine überschaubare Anzahl von Fragen.
6. Beim Sammeln und Analysieren der Daten muß man genau und objektiv sein.

Datensammlung – Die einzelnen Schritte

Gleichgültig, welche Art von Information Sie suchen – ob Sie Ausschau halten nach Informationsfluß, Ausrüstungsdesign, der Einstellung der Mitarbeiter oder ob Sie noch andere Dimensionen analysieren wollen: Es gibt eine Reihe von Schritten, nach denen man bei der Datensammlung vorgehen kann und die Allgemeingültigkeit besitzen. Ihre Beschreibung kann daher sehr hilfreich sein. Immer dann, wenn Sie eine Datensammlung vornehmen, sollten Sie wie beschrieben vorgehen, egal, ob das Projekt sechs Monate oder sechs Minuten dauern wird ...

1. *Verstehen des dargestellten Problems.* Jede Diagnose beginnt mit einer Unterhaltung über das, was den leitenden Angestellten in seinem Unternehmen Sorgen bereitet. Die erste Beschreibung des Problems durch den Manager nennen wir das *dargestellte Problem*. Das dargestellte Problem ist meistens nur ein Symptom für das wirkliche Problem, und Ziel der Datensammlung ist es, die Anfangsbeschreibung des Managers auszuarbeiten und zu erweitern. Das Erfassen des dargestellten Problems ist der erste Schritt in der Datensammlung.
2. *Die Entscheidung, weiterzumachen.* Berater und Klient beschließen gemeinsam, die Datensammlung vorzunehmen. Meist sind hier mehrere Leute im Spiel, die für den Manager arbeiten und die bestätigen können, daß eine Motivation besteht, die Studie durchzuführen. Die Motivation zur Durchführung sollte auf dem Wunsch basieren, Verbesserungen im Unternehmen zu erzielen, und nicht auf dem einfachen Wunsch, Forschungen anzustellen.
3. *Auswahl der Arbeitsgebiete.* Es muß eine Auswahl von Fragen getroffen werden. Diese Fragen werden sich innerhalb des technischen oder des Arbeitsbereichs des Beraters bewegen. Ein Finanzberater wird Fragen auswählen, die den Bereich der Finanzinformation und -kontrolle betreffen; ein Personalberater wird Fragen über Gehaltsregelung, persönliche Einstellung der Mitarbeiter und Betriebsklima wählen. Die Arbeitsbereiche sollten limitiert sein – möglichst unter zwanzig. Informationsflut kann einen ertränken.
4. *Die Entscheidung darüber, wer beteiligt sein wird.* Entscheiden Sie, welche Betriebsebenen an der Studie beteiligt wer-

den. Wie viele Leute von jeder Ebene? Bedenken Sie, daß Leute, denen man Fragen stellt, erwarten, über Ergebnisse unterrichtet zu werden.
5. Auswahl der Methode zur Datensammlung. Das Ziel der Studie bestimmt die Methode. Wählen Sie eine Methode, die dem Zeitrahmen der Studie, der Motivation des Managements und dem Ernst des Problems entspricht. Investieren Sie nicht zuviel.
Es gibt nur fünf Arten der Datensammlung.
- Interview. Stellen Sie die Fragen individuell oder an Gruppen. Verwenden Sie ein strukturiertes oder unstrukturiertes Interviewschema.
- Schriftlicher Fragebogen. Braucht mehr Vorbereitungszeit. Gut für eine große Anzahl von Leuten, aber numerische Resultate sind mitunter schwierig zu interpretieren.
- Dokumentenanalyse. Sie untersuchen Zahlen, Ergebnisse, Schriftverkehr. Hilfreich, weil es nur Ihre Zeit beansprucht. Vermittelt eine Aura von Objektivität.
- Direkte Beobachtung. Sie nehmen an kritischen Meetings teil und beobachten, was geschieht. Beobachten Sie dabei die technische Ausrüstung. Vielleicht werden das die einzigen direkten Daten sein, die Sie haben werden. Dies kann die beste Quelle für Daten sein, wenn Sie Ihrer eigenen Aufnahmefähigkeit trauen können.
- Ihre eigene Erfahrung. Machen Sie sich bewußt, daß Sie ebenso dem Führungsstil der Organisation Ihres Klienten unterliegen wie jeder andere auch. Achten Sie darauf, wie man Sie behandelt. Wieviel Information, Einfluß, Zugang, Druck haben Sie bei diesem Projekt? Dies sind wertvolle Daten zum Führungsstil Ihres Klienten – und es handelt sich um gültige Daten.
6. *Datensammlung.* Tun Sie alles. Verteilen Sie Fragebogen, machen Sie Interviews, nehmen Sie an Besprechungen teil, studieren Sie Berichte. Sammeln Sie Informationen so lange, bis sie sich wiederholen. Das merken Sie daran, daß Sie anfangen, sich zu langweilen.

Wenn Sie die Datensammlung abgeschlossen haben, führen Sie die restlichen Schritte durch.

7. *Filtern der Daten.* Irgendwie müssen die Informationen auf überschaubare Mengen reduziert werden. Der Sinn Ihrer Analyse ist, Energien zu bündeln, nicht das Universum zu beschreiben.
8. *Zusammenfassung der Daten.* Sie müssen eine Form für die Zusammenfassung finden, die Leute verstehen können, welche nicht mit der Thematik vertraut sind. Der äußere Eindruck und gute Verständlichkeit sind von großer Bedeutung.
9. *Datenanalyse.* Was für eine Bedeutung haben die Informationen? Was ist wichtig? Warum?
10. *Feedback.* Die Ergebnisse der Datenanalyse werden dem Unternehmen mitgeteilt. Wer sollte beim eigentlichen Feedback-Meeting anwesend sein? Wie können alle, die an der Studie beteiligt waren, von den Resultaten unterrichtet werden? Planen Sie für das Feedback-Meeting genug Zeit ein, um sich wirklich mit dem Widerstand auseinandersetzen zu können, auf den Sie stoßen werden.
11. *Empfehlungen.* Dieser Schritt liegt manchmal vor dem Feedback-Meeting. Die Empfehlungen sollten im Kontrollbereich der Gruppe liegen, welche die Studie in Auftrag gegeben hat.
12. *Entscheidung.* Der Vorgang ist erst dann abgeschlossen, wenn die Entscheidung gefallen ist, etwas zu tun.
13. *Durchführung.* Die Erfolgsbestätigung. Versuchen Sie, diese Phase mitzubekommen, auch wenn es auf Kosten Ihrer eigenen Zeit geht. Da Sie die Diagnose vorgenommen haben, haben Sie vielleicht das beste Gefühl für die Probleme. Ihre Informationen können bei der Klärung des unwegsamen Geländes, dem die Durchführungsphase oft gleicht, äußerst wertvoll sein.

Die ersten sechs Schritte geht jeder Berater in der oben beschriebenen Reihenfolge an – unabhängig von seinen technischen

Fachbereichen oder besonderen Wissensgebieten. Man weiß, welche Art von technischen Daten man benötigt, wie man an diese herankommt und was damit anzufangen ist, wenn man sie hat. Der Rest dieses Kapitels wird sich also auf Formen der Datensammlung konzentrieren, die Ihnen vielleicht nicht so sehr vertraut sind. Unser besonderes Augenmerk richten wir dabei auf Begegnungen mit dem Klienten von Angesicht zu Angesicht, während wir die Daten sammeln.

Ein Wort über Voreingenommenheit

Ob man als Berater Einfluß gewinnen kann, hängt zum größten Teil weder von der Methode noch vom Wissensgebiet ab. Es gibt so viele verschiedene Arbeitsbereiche, Diagnosen und Vorschläge für ein und dasselbe Problem, wie es verschiedene Berater gibt. Aber die Verfolgung *jeder* Dimension führt zwangsläufig zu Kernfragen, die das Management des Unternehmens betreffen. Deshalb ist es wichtig für Sie, Bereiche auszuwählen, bei denen Sie sich wohl fühlen und bei denen Sie Ihre Diagnose vertreten können. Andernfalls müßten Sie sich ständig Gedanken darüber machen, ob Sie die richtige Wahl getroffen haben.

Allein durch die von Ihnen getroffene Auswahl der Bereiche, die untersucht werden sollen, geben Sie Ihrer Deutung des Problems eine gewisse Richtung. Es gibt aber keinen Grund, dies als Voreingenommenheit zu betrachten. Wenn sie sich dazu entschließen, herauszufinden, wie in dieser Firma mit Konflikten umgegangen wird oder wie ehrlich die Leute miteinander umgehen oder wie sie planen, dann haben Sie schon einmal einen Eindruck davon, was in dieser Firma falsch läuft, besonders wenn Sie als interner Berater tätig sind. Falls Sie das Problem von vornherein eingrenzen, heißt das nicht, daß Sie einen bestimmten Blickwinkel deswegen gewählt haben, weil Sie ihn aus einer Voreingenommenheit ableiten, sondern weil Sie einen bestimmten Einblick haben wollen – Sie sollten Ihrer Wahl vertrauen und dem gewählten Blickwinkel Gültigkeit zumessen. So können Sie auch genau erkennen, wie Sie mit der Zeit, die Ihnen für die Datensammlung zur Verfügung steht, umgehen können. Natürlich müssen sie in der Zeit, in der Sie die Daten sammeln, ständig darauf gefaßt sein, daß neue Themen auftauchen, die Sie nicht vorhersehen konnten. Wenn das geschieht, müssen Sie ihnen nachgehen. Sie gehören als interner Berater zum Unternehmen und haben deshalb besonderen Einblick in bestimmte Bereiche. Auch das könnte Ihnen das Gefühl vermitteln, womöglich voreingenommen zu sein. Sie sollten Ihren besonderen Blickwinkel aber nicht als Voreingenommenheit ansehen, sondern als nützliche Richtlinie.

Einschätzen, wie das Problem gehandhabt wird

Wenn Sie Ihre Fähigkeiten im direkten Sammeln von Informationen über den Umgang mit dem Problem in der Firma entwickeln möchten, so stehen Ihnen hierfür mehr als ein Dutzend Aspekte innerbetrieblicher Vorgänge zur Verfügung, die Sie untersuchen können. Ihr Ziel ist es, etwas darüber zu erfahren, wie dieses Unternehmen funktioniert, damit Sie ermessen können, wie man die Umsetzung Ihrer Empfehlungen in die Tat handhaben wird. Wenn es Ihnen gelingt, in diesem Bereich Daten zu bekommen, erhalten Sie ein gutes Bild von dem Unternehmen. Es gibt da einige Bereiche, über welche Leute, die Sie interviewen, gerne reden – also werden Sie Freude bei dieser Arbeit haben. – Stellen Sie Fragen über folgende Bereiche ...

1. *Ziele.* Welche Ziele hat die Gruppe, hat die Person, mit der Sie sprechen? Sie möchten erfahren, wie klar das Ziel ist und wie groß die Übereinstimmung.
2. *Untergruppen.* Welche Beziehung haben die Gruppen untereinander, die zusammen an diesem Problem arbeiten müssen? Welche Gruppen sind kooperativ, welche stehen im Konflikt zueinander? Gibt es Gruppen oder einzelne Perso-

nen, bei denen die Tendenz besteht, Sie von der Mitarbeit auszuschließen? Warum?
3. *Unterstützung.* Wie kommt die Bereitschaft zur Unterstützung in dieser Gruppe zum Ausdruck? In vielen Gruppen gibt es schweigende Zustimmung: »Solange mir gefällt, was geschieht, schweige ich.« Wer erhält von wem Unterstützung?
4. *Bewertung.* Wissen die Leute, wo sie stehen? Wie finden sie es heraus? Wie sind die Gepflogenheiten, wenn es darum geht, herauszufinden, wo man steht – und zwar so, daß man auch eine Antwort erhält?
5. *Männer und Frauen.* Welche Rollen spielen Männer und Frauen in dem Unternehmen? Findet Diskriminierung statt? Wenn ja: Wie sieht sie aus? Und: Welchen Einfluß hat sie auf das Problem?
6. *Statusunterschiede.* Welche Gruppen haben einen hohen Status und welche einen niedrigen? Wie kommen die Unterschiede zum Ausdruck, und welchen Einfluß hat das auf das Problem und die Einstellung der Leute gegenüber einem bestimmten Lösungsmodell?
7. *Autorität und Macht.* Wer hat in dieser Situation viel und wer wenig Macht? Wie gehen die Leute, die sich mit dem Problem beschäftigen, mit den Machtunterschieden um? Offen? Vorsichtig? – Welche Einstellungen haben die Leute zur Autorität? Stellen sie sich offen dagegen, unterwerfen sie sich zu sehr, finden sie sich damit ab, oder ist ihnen alles egal?
8. *Treffen von Entscheidungen.* Wie trifft die Gruppe ihre Entscheidungen? Welche Rolle spielt der Chef? Wie erreichen es die Mitarbeiter, daß ihre Standpunkte bei der Entscheidung berücksichtigt werden?
9. *Normen für das Verhalten des einzelnen.* Welcher Art sind die Normen für das Ergreifen von Initiative, das Stellen von Fragen, das Ausdrücken von Uneinigkeit, Aggression, das Bitten um Hilfe, den Gebrauch von Fragen, um Meinungen auszudrücken, den Umgang mit Langeweile, das

Aufnehmen des Risikos, Zweifel oder Unsicherheit auszudrücken und Meinungsverschiedenheiten offen gegenüberzutreten?
10. *Information des Managements.* Wie werden Ressourcen identifiziert, Fortschritt erfaßt, Bewegung bewertet, Probleme identifiziert?
11. *Führungsstil.* Welche Stile haben die formellen und informellen Führer? Welchen Einfluß haben sie auf das Problem?
12. *Konflikte.* Wie geht man mit Konflikten um, wie begegnet man ihnen, wie werden sie geradegebogen, durch Kompromisse behoben? Oder werden sie erzwungen, ignoriert, unterdrückt?
13. *Dominanz.* Wird die Situation von einer oder mehreren Personen dominiert? Welchen Einfluß haben sie? Gehören sie der Gruppe an, die versucht, das Problem zu lösen, oder stehen sie so weit oben in der Organisation, daß sie unerreichbar sind?
14. *Die Einstellung der Leute zu diesem Projekt und Ihre Beteiligung als Berater.* Um herauszufinden, welche *Einstellungen* die Leute zu dem Problem und Ihrer Rolle bei der Problemlösung haben, versuchen Sie es mit einigen dieser Fragen:
    - Wie finden Sie es, daß man mich gebeten hat, bei diesem Problem zu helfen?
    - Was meinen Sie, warum braucht die Firma jemanden wie mich, um das Problem zu lösen? Glauben Sie, meine Hilfe ist notwendig?
    - Welche Fragen sollte ich den Leuten Ihrer Meinung nach stellen, damit ich ein Gefühl dafür bekomme, was hier so läuft?
    - Welche Ideen sind von den Leuten zwar unterstützt worden, jedoch nicht in ausreichendem Maße?
    - Was würden Sie vorschlagen, wenn Sie in meiner Position wären?
    - Wie groß sind Ihre Hoffnungen, daß wir bei der Lösung dieses Problems wirkliche Fortschritte machen werden?

> Welche Hinderungsgründe sehen Sie dafür, daß meine Lösungsvorschläge akzeptiert werden?

Natürlich würden Sie niemals all diese Fragen zugleich einsetzen. Bei jeder neuen Situation stecken Sie die verschiedenen Bereiche ab, und denen, die Sie als relevant erkennen, widmen Sie Ihre Aufmerksamkeit. Wenn Sie zwei oder drei Fragen aus dem Fragenkatalog auswählen, erhalten Sie auch eine Menge Informationen zu vielen der übrigen möglichen Fragen. Sie können außerdem voraussetzen, daß das Verhalten des Unternehmens in dieser Situation identisch ist mit der Art, wie es später mit Ihren Vorschlägen umgehen wird. Wenn sie Ihre Fragen in der oben genannten Weise formulieren, erfahren Sie schnell, was auf Sie zukommt, und einige der Antworten sollten Teil des klaren Bildes vom Unternehmen sein, wie Sie es in Ihrer Berichterstattung anläßlich des Feedback-Meetings darlegen werden.

Integrieren Sie diese Art von Daten in Ihre Analyse – auch dann, wenn der Klient Sie nicht darum gebeten hat. Für den Klienten ist dieser Beitrag von unschätzbarem Wert. Wenn Sie für den Klienten von einzigartiger Bedeutung sein wollen, müssen Sie das Risiko auf sich nehmen, einzigartige Informationen zu liefern. Zuverlässige Informationen darüber, wie das Unternehmen funktioniert, sind für die meisten Manager unerreichbar. Die Mitarbeiter haben so viel persönliches Interesse an der Firma, daß keinem Objektivität zugetraut werden kann. Sie als Berater haben nicht so viel persönliches Interesse und sind daher in der besten Position, um heikle Themen anzusprechen.

Datensammlung: Das Interview

Das Interview als Methode der Datensammlung ist in allen Bereichen üblich, und oft ist es gar nicht so einfach, damit umzugehen. Obwohl über die Methoden des Interviews bereits viel geschrieben worden ist, wollen wir uns auch hier eingehend damit beschäftigen, denn es handelt sich um eine zwischenmenschliche Aktivität, die wichtige Einblicke in das Unternehmen zuläßt – und letztendlich auch einigen Einfluß auf das Unternehmen des Klienten hat.

Das Interview als Intervention

Zu dem Zeitpunkt, an dem Sie anfangen, Ihre Daten zu verwenden, haben Sie schon einen großen Einfluß auf die Mitarbeiter des Unternehmens. Der bloße Vorgang des Gefragtwerdens kann nicht wenige dazu anregen, ihre Handlungen zu überdenken. Ihre Fragen zeigen den Mitarbeitern eindeutig, worauf man sich Ihrer Meinung nach konzentrieren muß, um zu einer Problemlösung zu gelangen. Klienten können anhand Ihrer Auswahl der Themenbereiche, die behandelt werden sollen, eine Menge lernen.

Wenn Sie im Verlauf eines Interviews auf Widerstand stoßen, gehen Sie damit genauso um wie in allen anderen Phasen. Nehmen Sie die Erkennungszeichen des Widerstands wahr, benennen Sie den Widerstand, und warten Sie die Reaktion des anderen ab. Führen Sie ein Interview durch und merken Sie, daß nichts dabei herauskommt, gehen Sie damit so authentisch wie möglich um. Sagen sie dem Interviewpartner, daß sie nicht bekommen, was Sie brauchen. Falls das nichts nützt, beenden Sie an geeigneter Stelle die Unterhaltung. Sie werden zu diesem Menschen ein besseres Vertrauensverhältnis aufbauen, wenn Sie das Interview beenden, als wenn Sie mechanisch die Fragen abhaken, während beide von Ihnen doch im Grunde wissen, daß nichts Produktives geschieht.

Verschiedene Analyseebenen

Jedes Problem, an dem Menschen oder Organisationen beteiligt sind, hat – wie eine Zwiebel – verschiedene Schichten. Jede Beschreibung für ein Problem oder eine Situation ist lediglich eine Annäherung. Je weiter man zu tieferen Schichten vordringt, desto näher kommt man an die wahren Ursachen heran und dringt zu brauchbaren Beschreibungen des Problems vor.

Die erste Beschreibung eines Problems, das dargestellte Problem, ist fast immer so gefaßt, daß sowohl beim Klienten als auch beim Berater ein Gefühl von Vergeblichkeit entsteht. Wenn das dargestellte Problem nicht ein Gefühl von Vergeblichkeit vermittelte, wäre es bereits gelöst worden, und Sie würden jetzt nicht darüber sprechen. Würde man das dargestellte Problem für bare Münze nehmen, bliebe man stecken. Ihre Aufgabe besteht darin, mit dem leitenden Angestellten – oder mit der Gruppe oder dem Unternehmen – effektiv zusammenzuarbeiten, damit die tieferliegenden Schichten, die sich unter dem dargestellten Problem verbergen, erhellt werden. Allein durch Ihre Beraterposition haben Sie von allen die günstigsten Voraussetzungen, die tieferliegenden Schichten in ihrer Komplexität zu erkennen.

Bei der Arbeit mit einzelnen Personen treten die verschiedenen Schichten meistens nach folgendem Muster zutage:

Oberste Schicht Dargestellt wird das Problem meistens in der Form, daß irgendeine Sorge auf der Business-Ebene ausgedrückt wird. »Wir bekommen unser Produkt nicht, meine Gruppe kommt nicht gut voran, das System funktioniert nicht.«

Zweite Schicht Der Eindruck der Person davon, was andere zu diesem Problem beitragen, ist die nächste Ebene. »Die Leute interessieren sich mehr für die Börse als für die Arbeit.« – »Zwei Gruppenmitglieder machen die ganze Arbeit allein.« – »Die Leute verstehen das System nicht.«

Dritte Schicht Hier wird dargestellt, wie die Person ihren eigenen Beitrag zum Problem einschätzt. Die Person könnte entweder durch bestimmte bewußte Handlungen zu dem Problem beitragen oder einfach dadurch, daß sie dem Problem keine Aufmerksamkeit schenkt.

> Diese Darstellung ist von äußerster Wichtigkeit, denn durch sie rückt die Verantwortung näher an den leitenden Angestellten heran. Waren zuerst nur andere an dem Problem schuld, so rückt der Klient nun selbst etwas mehr ins Blickfeld.

Um für jede Schicht die entsprechenden Informationen zu erhalten, stellen Sie einfache, direkte Fragen.

Oberste Schicht   Welches technische oder organisatorische Problem beschäftigt Sie im Moment?
Zweite Schicht   Was tragen andere Personen oder Gruppen im Unternehmen dazu bei, daß das Problem im Moment so relevant ist?
Dritte Schicht   Welche Rolle spielen Sie bei diesem Problem? In welcher Weise könnte die Art und Weise, wie Sie die Situation angehen und handhaben, dazu beitragen, daß das Problem besteht, oder aber verhindern, daß es gelöst wird?

Bei der dritten Schicht ist folgendes zu beachten: Ihr Gesprächspartner könnte antworten: »Ich wüßte nicht, welche Probleme ich verursachen könnte. Es ist Ihr Job, das herauszufinden.« Wenn Sie diese Antwort erhalten, seien Sie ein wenig skeptisch. Meistens haben die Leute eine recht genaue Vorstellung davon, was sie selbst zu dem Problem beitragen ... sie zögern nur, sich darüber zu äußern. Wenn jemand sagt, daß er keine Ahnung hat, welche Rolle er bei dem Problem spielt, gibt es eine sehr geschickte Frage (die Sie stellen sollten): »Nehmen wir einmal an, Sie *wüßten,* welche Rolle Sie spielten. Welche Rolle wäre es?« Manchmal genügt dieser Anstoß, um die Antwort auf die Frage zur dritten Schicht zu erhalten.

Die jeweiligen Schichten geben oft die Basis für die Fragen ab, die während des Datensammelns verwendet werden können. Das Ziel der Diagnose ist es (besonders mit einer einzelnen Person), eine Darstellung des Problems zu erhalten, die erhellend und »verwendbar« ist – irgend etwas, womit irgend jemand irgend etwas anfangen kann. Das Ziel ist im allgemeinen nicht, Kenntnisse über das Unternehmen zu erweitern oder Wissen darüber zu erlangen – in diesem Falle würde es sich um eine Forschungsarbeit handeln. Vielmehr richtet sich die Energie des Beraters darauf, immer wieder Teile des Problems aufzudecken, für die Mitarbeiter Verantwortung übernehmen können. Das Grundthema bewegt sich nahezu immer um denselben Punkt: Welche Verantwortung empfindet jemand für das Problem – in welchem Maße befinden sich Mitarbeiter in einer Opferhaltung oder, im Gegensatz dazu, in einer Position, aus der heraus sie einige Handlungskompetenz haben? Das Aufdecken tieferer Schichten eines Problems bedeutet nichts anderes als die Suche nach Ressourcen, die der leitende Angestellte bisher nicht genutzt hat, um das Problem zu lösen.

Versuchen Sie es einmal mit dieser Übung

Probieren Sie das Muster für die Analyse der Schichten einmal bei einer anderen Person aus. Prüfen Sie, ob es Ihnen gelingt, die verschiedenen Schichten eines Problems zu erkennen, die vorher nicht sehr klar waren.

Während Sie dies tun, bedenken sie: Der Berater ist auch eine »Ressource«, aber nur insofern, als er Hilfestellung bei der Aufdeckung der verschiedenen Aspekte geben kann – den Schichten eines Problems. In dieser Phase sind keine Lösungsvorschläge von ihm zu erwarten. Gäbe es hier bereits Lösungsmodelle, so wären sie dem Manager wahrscheinlich auch schon eingefallen. Selbst wenn die Lösungsvorschläge tatsächlich revolutionär wären, wäre die Chance, daß sie jetzt akzeptiert würden, eher gering.

Versuchen Sie, sich den Kernpunkten des Problems immer weiter anzunähern und sich nicht von ihnen zu entfernen. Wenn Sie aufmerksam zuhören, werden Sie immer wieder Abschweifungen wahrnehmen (meistens Äußerungen über Personen, die sich nicht im Raum befinden). Lassen Sie die Abschweifungen zu, aber erlauben Sie sich selbst keine.

Reaktionen auf Antworten – Einige Optionen

Sie haben mehrere Möglichkeiten, wie Sie auf eine Person in einem diagnostischen Interview eingehen können. Versuchen Sie es mit den folgenden Reaktionsmöglichkeiten ...

1. *Aufgreifen der Darstellung.* Fassen Sie das Gesagte in andere Worte, damit Ihr Gegenüber erkennen kann, daß bzw. ob Sie verstanden haben.
2. *Darstellen, was Sie selbst empfinden.* Drücken Sie Mitgefühl aus, indem Sie sich in das Dilemma hineinversetzen. Machen Sie es kurz.
3. *Stellen Sie eine Frage, die alle Antworten zuläßt.* Stellen Sie eine Frage so, daß keinerlei Antwort vorprogrammiert ist, oder lassen Sie eine »ja«- oder »Nein«-Antwort zu.
4. *Hypothese, die nächste Schicht betreffend.* Stellen Sie Prognosen darüber auf, was der Gesprächspartner über den Anteil anderer an bzw. über seine eigene Rolle bei dem Problem denken könnte: »Ich könnte mir vorstellen, daß Sie frustriert sind.« – »Sie sind sicher sehr verärgert über die Leute.« – »Sie müssen sich gefragt haben, warum sie es Ihnen nicht direkt gesagt haben.«

Wonach muß man suchen? Abschließende Bemerkungen

Aktivität kommt am besten mit Hilfe von Kleingruppen im Unternehmen zum Tragen. Eine Kleingruppe kann aus zwei, aber auch aus vierzig Leuten bestehen. Die Diagnose bei kleinen Gruppen ist etwas komplexer als bei einer einzelnen Person, da sie bei Gruppen die *Interaktion* zwischen den jeweiligen Mitarbeitern impliziert. Das Sammeln von Daten über diese Interaktion ist dann die Hauptaufgabe der Diagnose bei Kleingruppen. Das gilt auch, wenn die Aufgabe der kleinen Gruppe eigentlich sehr technisch ist, das heißt, wenn es sich zum Beispiel um die Planung für die Einführung eines neuen Produkts handelt. Die Interaktion der Teilnehmer und ihre Standpunkte müssen immer Teil der Datensammlung sein.

Es gibt zwei Möglichkeiten, Daten über Kleingruppen zu sammeln. Die eine besteht darin, einzelne Personen (entweder durch Interview oder durch Fragebogen) zu fragen, was vorgeht. Die zweite Möglichkeit ist, zunächst einmal zu beobachten, was geschieht.

Normen in Gruppen – Der Manager ist nicht allein schuld

Die Komplexität der Struktur der kleinen Gruppe kann man am leichtesten mit Hilfe des Konzepts der Gruppennormen verstehen.*

Gruppennormen legen übliche und akzeptable Verhaltensweisen in der Gruppe fest. Besonders wichtige Themen, mit denen sich alle Gruppen auseinandersetzen müssen, sind die folgenden: Aufrichtigkeit unter den Mitgliedern, Konflikte, Macht, Problemdefinition, Risikobereitschaft, Erkundung des Problems, Lösungen finden, Entscheidungen treffen. Jede Gruppe entwickelt bewußt oder unbewußt bestimmte Strategien, mit diesen Themen umzugehen, und zwar von dem Moment an, in dem sie auftauchen. Normen können via Interview, Fragebogen oder Beobachtung erfaßt werden. Die Normen beschreiben Verhaltensweisen, ohne sie zu bewerten. »In dieser Gruppe wird Unterstützung durch Schweigen ausgedrückt.« – »Bevor Alice nicht einverstanden ist, macht die Gruppe nicht weiter.« – »Die Gruppe beginnt die Besprechung mit einer Diskussion über Lö-

---

* Es gibt eine ganze Reihe von Büchern und Artikeln über Normen in Gruppen und Unternehmen. Eines der besten ist von Neale Clapp (siehe Literaturhinweise).

sungsmöglichkeiten fast schon, bevor das Problem definiert wurde.«

Unternehmen und Berater haben gleichermaßen die Gewohnheit, eine übergroße Betonung auf den sogenannten »Leadership style«, den »Führungsstil«, zu legen. Wir möchten das etwas geraderücken und beschäftigen uns deshalb insbesondere mit dem Thema »Gruppennormen«. Es gibt die Tendenz, allein den Kopf der Gruppe für ihre guten oder schlechten Leistungen verantwortlich zu machen. Es herrscht die Meinung vor, das Allheilmittel für jegliche Probleme des Unternehmens sei das Auswechseln des Leiters. Das ist Sportlermentalität und erinnert an das Auf und Ab des Trainerberufs: Feuert den Manager.

Es bedarf zweier Partner, um Tango zu tanzen, und wenn die Gruppe Schwierigkeiten bei der Lösung eines Problems hat, haben die Gruppenmitglieder teil an diesem Problem – und sollten auch ein Teil der Lösung sein. Schiebt man dem Leiter zu viel Verantwortung zu, können sich Gruppe und Berater dahinter verstecken. Die Gruppe sagt: »Hätten wir diesen Leiter nicht, könnten wir das Problem leicht lösen.« Nun, auch die Gruppe spielt ihre Rolle in dem Melodram. Irgendwie haben wohl alle etwas dazu beigetragen, daß sich die Situation nicht verbessert. Sie könnten Teil des Problems sein, weil sie ständig schweigen, aber auch, weil sie grundsätzlich alles ablehnen, was der Leiter vorschlägt. Wenn es den Gruppenmitgliedern gelingt, zusammenzuhalten und sich gemeinsam der Schwierigkeit zu stellen, die sie mit dem Leiter haben, verbessert sich in der Regel die Situation. Sobald man dem Leiter allein die Schuld gibt und ihn auswechselt, bedeutet das lediglich, mindestens ein halbes Jahr warten zu müssen, bis sich der neue »eingewöhnt und das richtige Feeling für die jeweilige Situation bekommen hat«.

Verhindern Sie, daß die Probleme dem Leiter allein zugeschoben werden. Sehen Sie die Gruppe als ein in sich funktionierendes System an, in dem Lob und Tadel alle Mitglieder betreffen. Wichtig ist deshalb vor allem eines: Alle Probleme sollten als Probleme des Unternehmens angesehen werden. Was letztendlich als Ziel anzusehen ist, ist eine Veränderung in den Normen und Methoden, die das *Unternehmen* anwendet, um Geschäfte zu machen.

Ihre Erfahrungen als nützliche Daten

Hier noch eine kleine Anmerkung zur Datensammlung. Der Klient geht mit Ihnen, dem Berater, genauso um wie mit anderen Ressourcen und Menschen. Wenn Sie also den Managementstil des Klienten verstehen wollen, brauchen Sie nichts anderes zu tun, als zu beobachten, wie Sie selbst behandelt werden. Haben Sie das Gefühl, Sie werden kontrolliert, man hört Ihnen zu, man unterstützt Sie, man behandelt Sie mit Respekt bzw. mit Verachtung? Werden Entscheidungen zusammen mit dem Klienten getroffen oder von einem der beiden allein? Ist der Klient offen für andere Lösungsmöglichkeiten, oder verharrt er in seiner Position? Ihre Beobachtungen und Erfahrungen bezüglich des Klienten sind wertvolle Daten. Achten Sie von Anfang an genau darauf, wie der Klient mit Ihnen umgeht, denn so erhalten Sie mehr Hinweise darauf, was Sie näher untersuchen sollten, um zu bestimmen, wie das jeweilige technische/organisatorische Problem gehandhabt wird.

Checkliste Nr. 5:
Die Planung eines Meetings zur Datensammlung

Bei der Vorbereitung auf das Meeting zur Datensammlung sollten die nachfolgend angeführten Richtlinien beachtet werden. Sie betreffen den Vorgang des Datensammelns als solchen und helfen Ihnen außerdem, sich auf eventuell auftretende Widerstände vorzubereiten.

1. Das Stellen von Fragen ist eine aktive Intervention. Sehen Sie solch einen Vorgang als Gelegenheit, sich mit Widerstand

auseinanderzusetzen sowie Interesse und Bereitschaft zum Engagement zu erwecken.
2. Die Antworten, die Sie hier erhalten, liefern bereits wertvolle Erkenntnisse darüber, wie wohl am Ende von Ihren Fachkenntnissen Gebrauch gemacht werden wird.
Achten Sie darauf, wie der Klient die Diskussion mit Ihnen führt ...
   - Wieviel Interesse und Energie sind für dieses Projekt vorhanden?
   - Bei welchen Punkten ist der Klient offen für einen Lernprozeß und für Veränderungen?
   - Bei welchen Punkten ist der Klient unrealistisch in seiner Einschätzung der Intensität jener Schwierigkeiten, die irgendeine Handlung mit sich bringt?
3. Wie haben Sie das dargestellte Problem aufgefaßt?

Überlegen Sie auf der Grundlage Ihrer bisherigen Erfahrungen, was Ihre Analyse der verschiedenen Schichten des Problems wahrscheinlich zum Vorschein bringen wird.

- Schicht 1. Welches technische/organisatorische Problem wird der Klient aller Voraussicht nach haben?
- Schicht 2. Was werden wohl andere in der Firma des Klienten zu diesem Problem beitragen? Wer spielt bei dem Problem wahrscheinlich auch eine Rolle?
- Schicht 3. Was trägt der Klient zum Bestehen des Problems bei, bzw. in welcher Weise verhindert er (unwissentlich) die Lösung des Problems?

4. Welche wahren Geschichten, welche Legenden und welche Unternehmenskultur umgeben in dieser Firma das Projekt? Wer sind im Mitarbeiterstab des Klienten die Menschenfresser und wer die Engel? Oft werden die Legenden für bare Münze genommen, und das blockiert unter anderem die Entschlußfreudigkeit. Erkennen Sie, auf welchen Gebieten blinde Flecken vorhanden sein könnten.

5. Während der Besprechung können Sie Unterstützung oder Konfrontation signalisieren.
   - Welche Unterstützung könnten Sie dem Klienten an diesem Punkt geben? – Zum Beispiel: vorsichtige Empfehlungen, persönliche Ermutigung und Bestärkung, Anerkennung von Schwierigkeiten, Schildern ähnlicher Situationen, die Sie bereits erlebt haben, Wertschätzung der Offenheit, die man Ihnen entgegenbringt.
   - Welche Art von Auseinandersetzung könnten Sie mit dem Klienten zu führen haben? – Zum Beispiel darüber, daß ... Sie keine brauchbaren Daten erhalten ... der Klient zu umfangreich auf Fragen antwortet und die Diskussion zu sehr an sich zieht ... er zentrale Themen in der Diskussion ausläßt ... er einsilbig ist ... die Besprechungen ständig unterbrochen werden ... der Klient ständig umherhüpft und nicht an das Projekt glaubt ... er die Ernsthaftigkeit oder Teile des Problems herunterspielt ... er eine negative Haltung gegenüber Beratern im allgemeinen zeigt?
6. Nach welcher Art von nonverbalen Daten könnten Sie Ausschau halten? Läßt die Gesprächssituation irgendwelche Rückschlüsse auf das Engagement und die Anteilnahme des Klienten bei diesem Projekt zu?
7. An welchen Daten über die Funktionsweise des Unternehmens sind Sie interessiert?

Checkliste Nr. 6: Auswertung des Meetings zur Datensammlung

Während des Meetings zur Datensammlung haben Sie sich Notizen gemacht. Hier sind einige Fragen, die Sie nach der Sitzung über deren Verlauf beantworten können. Die folgende Checkliste dient gleichzeitig dazu, die Konzepte zur Datensammlung zu überprüfen.

1. Wie hat der Klient die Diskussion geführt?

Kontrolle durch	Kontrolle durch
den Klienten	den Berater
100%	100%

Der Klient hat	
keine Energie	sehr viel Energie
für das Projekt	für das Projekt

2. Welches ist das technische Problem?
3. Was tragen andere zum Problem bei?
4. Was trägt der Klient zum Bestehen des Problems bei, bzw. wie verhindert er, daß es gelöst wird?
5. Welche wahren Hintergründe, welche Legenden, Menschenfresser und Engel können Sie bei diesem Projekt erkennen? Gibt es blinde Flecken, die der Klient nicht erkennt?
6. Welche unterstützenden Bemerkungen haben Sie gemacht?
7. In welcher Situation haben Sie sich in Konfrontation begeben?
8. Welche nonverbalen Informationen haben Sie aufgenommen?

KAPITEL 12

VORBEREITUNG AUF DAS FEEDBACK

Ein klares Bild kann schon ausreichen

Jeder leitende Angestellte möchte wissen, wie ein bestimmtes Problem zu lösen ist, und wünscht sich deshalb Lösungsvorschläge. Wenn Sie in einem klaren und einfachen Bild gezeigt haben, warum ein Problem existiert, wird der Klient ebenso viele Lösungsvorschläge haben wie Sie. Dem Manager fallen nur deshalb keine brauchbaren Lösungsvorschläge mehr ein, weil seine Ideen im Moment von einem schiefen Bild des Problems ausgehen. Die Hauptaufgabe des Beraters besteht darin, das Problem angemessen darzustellen – das macht 70 Prozent seines Beitrags aus. Vertrauen Sie darauf.

Ihre Diagnose dient dazu, die Aufmerksamkeit auf die Bereiche zu lenken, die Sie mit Hilfe Ihrer Sachkenntnis als wahrscheinliche Ursachen für das Problem erkannt haben. Unabhängig von der Art des Auftrags können Sie bestimmen, welche Bereiche genau untersucht werden. Ihr Selbstvertrauen bei der Auswahl der Bereiche, die Sie für wichtig halten, ist vielleicht die wertvollste Sache, die Sie dem Klienten anzubieten haben. Nehmen Sie die Auswahl der zu behandelnden Themen sehr ernst, und betrachten Sie sie als Ihre Aufgabe.

Daten komprimieren

Man sammelt grundsätzlich mehr Daten, als man jemals verwenden kann. Es ist immer ein angsterfüllter Moment, wenn ein Beratungsprojekt, egal welcher Länge, an dem Punkt angekommen ist, an dem man seine Fragen gestellt und alle Informationen, die zu bekommen waren, erhalten hat und es nun gilt, sich darauf einen Reim zu machen.

Sie haben eine Methode ausgewählt, mit deren Hilfe Sie die Daten rational und logisch kategorisieren können, aber die Auswahl dessen, was wichtig ist, unterliegt vor allem Ihrem persönlichen Urteil. Dafür werden Sie ja bezahlt. Vertrauen Sie hier Ihrer Intuition (was nichts mit Voreingenommenheit zu tun hat). Wenn Sie ein interner Berater sind, sind Sie oft mit dem ganzen Unternehmen, seinen Mitarbeitern und deren Arbeitsweise vertraut. Machen Sie sich diese Informationen bei der Komprimierung der Daten zunutze.

Bisweilen sitze ich vor einem Berg Notizen und ringe mit mir, welche ich als wichtig einstufen soll. Ich lese dann alle Notizen einmal durch und lege sie danach beiseite. Auf einem Blatt Papier liste ich dann die Daten auf, die ich für wichtig halte – in der Regel sind das vier oder fünf Punkte. Diese Liste verwende ich als Richtlinie für meinen Abschlußbericht und für dessen Anordnung. Dabei vertraue ich darauf, daß das, woran ich mich erinnern kann, das wirklich Wichtige ist. Jeder Mensch kann nur eine bestimmte Anzahl von Daten aufnehmen, und was ich selbst für wichtig halte, ist genau das, wovon ich möchte, daß der Klient es als wichtig ansieht. Fassen Sie die Informationen, die jetzt im Hintergrund bleiben, im Anhang zusammen, aber überfrachten Sie nicht das Feedback-Meeting mit einer kompletten Liste von all dem, was Sie herausgefunden haben.

Als Richtlinien für die Auswahl der Daten, die Sie dem Klienten gegenüber hervorheben, würde ich Themen bevorzugen,

1. bei denen der Klient die Möglichkeit hat, Veränderungen vorzunehmen;
2. deren Wichtigkeit für das Unternehmen klar zu erkennen ist;
3. bei denen eine gewisse Bereitschaft in der Organisation des Klienten zu erkennen ist, an diesem Punkt zu arbeiten.

Was Sie tun und was Sie lassen sollten

Wenn das Feedback-Meeting näherrückt, beginnen Sie, Entscheidungen darüber zu treffen, was Sie in welcher Form vortragen möchten.

Was Sie nicht tun sollten

Unterstützen Sie den Klienten nicht in einer Haltung, welche die Möglichkeiten des Unternehmens reduziert, das Problem zu lösen. Sollte es einige heikle Themen geben, die der Klient vermeidet oder bei denen er sich unwohl fühlt, unterstützen Sie ihn nicht dadurch, indem auch Sie diese Themen vermeiden.

Bärendienste

Es gibt zwei typische Arten von Bärendienst, die Berater dem Klienten erweisen, indem sie ihn auch noch dabei unterstützen, wenn er sich selbst das Wasser abgräbt. Ein schlechter Dienst ist es, ein Problem so zu erklären, daß die Lösung außerhalb des Einflußbereichs des Klienten liegt. Wir geben etwa dem höheren Management die Schuld oder dem allgemeinen ökonomischen Zustand oder anderen Gruppen innerhalb des Unternehmens. Jede dieser Erklärungen haben den Vorteil, daß sie im Moment etwas Verantwortung von den Schultern des Klienten nehmen. Dies geschieht aber um den Preis, daß sich der Klient hilflos hinsichtlich einer Verbesserung der Situation fühlt. Leisten Sie dem Klienten keinen Bärendienst, indem Sie ihn dabei unterstützen, Verantwortung zu vermeiden. Sie können durchaus die Rolle anerkennen, die andere bei dem Problem spielen, und dennoch das Feedback auf die Rolle des Klienten konzentrieren.

Ein weiterer Bärendienst ist es, wenn man den Klienten bei dem Versuch unterstützt, den Einfluß herunterzuspielen, den schwierige Beziehungsverhältnisse auf das Problem haben. Der Klient hat vielleicht Schwierigkeiten mit einem Untergebenen, vielleicht auch mit seinem Chef, sieht dies aber nicht als Teil des Problems an und erwähnt es kaum. Wenn Sie von solchen Schwierigkeiten Wind bekommen, sollten Sie das in Ihrem Abschlußbericht erwähnen. Haben Sie den schriftlichen Abschlußbericht vielen Personen zur Einsicht vorzulegen, ist es Ihnen vielleicht lieber, diese Dinge nur mündlich zu erwähnen. Keinesfalls sollten Sie aber vermeiden, sich damit auseinanderzusetzen. Dem Manager dabei zu helfen, den Zusammenhang zwischen seinen schwierigen Beziehungen und dem Problem zu erkennen und zu akzeptieren, ist vielleicht der wichtigste Beitrag, den Sie hier leisten können.

Projektionen

Eine Projektion findet statt, wenn jemand seine eigenen Gefühle auf eine andere Person überträgt. In unserem Fall würde das zum Beispiel bedeuten: Ihnen machen einige Daten angst. Sie gehen nun ganz selbstverständlich davon aus, daß sie auch dem Klienten angst machen werden. Vielleicht möchten Sie auch nicht, daß Ihnen jemand mitteilt, Ihre Mitarbeiter hielten Sie für selbstherrlich – also sind Sie sicher, daß auch der Klient ein solches Feedback nicht hören möchte.

Der Klient hat jedoch ein Recht auf alle Informationen, die Sie gesammelt haben, und so sollten Sie ihm sie auch geben. Machen Sie sich Ihre eigenen Gefühle stets bewußt, aber testen Sie auch, wieviel der leitende Angestellte ertragen kann. Wenn abzusehen ist, daß die Fakten, die Sie mitzuteilen haben, nur einen kleinen Aufruhr verursachen werden, so bleiben Sie bei dem Entschluß, sie mitzuteilen. Sie werden überleben, der Klient ebenso. Bei all dem sollten Sie Ihre Gefühle also nicht auf den Klienten projizieren. Berichten Sie auf einer sachlichen Ebene dem Klienten das, was Ihnen wichtig erscheint, und fragen Sie ihn dann, wie Ihr Bericht bei ihm angekommen ist.

Was Sie tun sollten

Bestärkung

Klienten (und Berater) brauchen Unterstützung. Wenn Sie über Daten verfügen, die den Klienten bestätigen, also sein Tun unterstreichen, und sie als sinnvoll erscheinen lassen, sollten Sie die in Ihren Abschlußbericht aufnehmen. Hat der Klient Ihrer Meinung nach das Problem richtig eingeschätzt, so sollten Sie auch das erwähnen.

Vor einiger Zeit hatte ich mit einem Klienten zu tun, welcher der Meinung war, keiner im Unternehmen wolle die Verantwortung dafür übernehmen, daß ein bestimmtes Testverfahren nicht funktionierte. Das Versagen des Testverfahrens führte dazu, daß mangelhaftes Rohmaterial an einen Kunden ausgeliefert wurde. Da der Kunde von nichts wußte, verwendete er das Rohmaterial für sein Endprodukt. Schon bald erhielt der Kunde von seinen Kunden ernste Beschwerden und mußte das Produkt schließlich zurückrufen. Daraus erwuchsen riesige Probleme, die dann wiederum auf dem Tisch meines Klienten landeten. Er hatte versucht, das Problem mit dem Test zu bereinigen, jedoch ohne Erfolg. Als wir andere Personen im Unternehmen über das Problem interviewten, wurde klar, *daß sich niemand für die Lösung des Problems verantwortlich fühlte,* obwohl jeder der Überzeugung war, daß sich eine geeignete Forschungsgruppe damit befassen sollte. Als wir dem Klienten darüber Mitteilung machten, war er sehr erleichtert und versicherte uns, daß seine Erkenntnisse zu dem Problem mit unseren übereinstimmten. Er hatte nämlich schon angefangen, an seinem eigenen Verstand zu zweifeln.

Das war eine wertvolle, bestärkende Erfahrung für den Klienten. Wenn Sie Fakten haben, die den Klienten bestärken können, teilen Sie sie ihm mit. Auch wenn viele Klienten sagen, daß sie ausschließlich etwas zu dem Problem hören wollen, glauben Sie ihnen auf keinen Fall. Geben Sie Unterstützung, selbst wenn Sie nicht ausdrücklich darum gebeten werden.

Konfrontation

Ihre Daten werden auch Hinweise darauf enthalten, wie und in welchem Maße sich der Klient verbessern sollte. Fehlerhaftes Handeln des Klienten werden Sie als selbstzerstörerisch erkennen, Sie werden herausfinden, auf welchen Gebieten der Klient verwundbar ist. Berichten Sie davon, auch wenn es schmerzlich ist. Bestimmt ist es schwierig, »belastende« Fakten zu unterbreiten, die den eigenen, persönlichen Stil des Klienten betreffen. Dennoch sollten Sie den Klienten einfach mit diesen Informationen so direkt und unterstützend wie möglich konfrontieren. Wenn der Berater es vermeidet, Informationen mitzuteilen, die Spannungen erzeugen, wofür braucht der Klient dann überhaupt einen Berater? Wie man Spannungen vermeidet, weiß der Klient bereits. Ihre Rolle besteht darin, dem Klienten dabei zu helfen, sich den Spannungen zuzuwenden und sich den schwierigen Tatsachen zu stellen, die bisher so gut verborgen waren.

Die geeignete Sprache für das Feedback

Beim Feedback – dem schriftlichen wie mündlichen gleichermaßen – ist vor allem eines wichtig: Man muß mit Bestimmtheit auftreten. Es gibt viele Richtlinien für persönliches Verhalten und persönliche Effektivität, doch meines Erachtens ist die oben genannte die am besten verwendbare.*

Handeln mit Bestimmtheit

Jeder Mensch hat gewisse Rechte. Das gilt auch für Klienten und Berater. Bestimmtheit im Auftreten bedeutet, daß man direkt zum Ausdruck bringt, was man erwartet und wie man die Dinge

---

* Das Buch *Your Perfect Right* von Alberti und Emmons (1974) löste das gegenwärtige Interesse an dem Begriff der Bestimmtheit aus. Ich habe durch Jenelyn Block davon erfahren, die in Unternehmen »Bestimmtes Verhalten« unterrichtet.

sieht, ohne andere zu erniedrigen oder deren Rechte anzutasten. Selbstsicheres Feedback zeigt dem Klienten deutlich, wie man ein Problem sieht, ohne gleichzeitig zum Ausdruck zu bringen, daß der Klient etwa ein schlechter Manager ist.

Aggressives Verhalten

Aggressives Verhalten drückt zwar die eigenen Wünsche und Standpunkte recht deutlich aus, tut das aber in einer Weise, die den anderen erniedrigt oder die seine Bedürfnisse negiert. Ein aggressives Feedback stellt das Problem in einer Weise dar, die den Manager als rücksichtslos oder inkompetent, unmoralisch, gefühllos oder dumm darstellt. Es ist leicht zu testen, ob Ihre Darstellung aggressiv ist ... sie ist es immer dann, wenn Sie an einen Satz »Sie Dummkopf« anhängen könnten. Wenn also der Appendix »Sie Dummkopf« hervorragend paßt, ist die Äußerung aggressiv.

Unbestimmtes Verhalten

Als unbestimmtes Verhalten kann gelten, wenn man seine Gefühle und Ansichten zurückhält und überhaupt nicht äußert. Unbestimmtes Verhalten beim Feedback geschieht meistens, um den Manager oder sich selbst zu schützen, und es tritt auf, wenn man dem Klienten keine Informationen darüber gibt, wie mit dem Problem umgegangen wird oder in welcher Weise der Führungsstil des Managers das Problem beeinflußt. Unbestimmtes Verhalten tritt auch dann auf, sobald man die innere Dynamik der Situation ignoriert oder sensible Punkte vermeidet.

Authentisches Verhalten und bestimmtes Verhalten liegen sehr nahe beieinander. Es ist gut, einem Klienten gegenüber bestimmt zu sein. Aggressives Verhalten ruft einen Widerstand hervor, der eigentlich überflüssig ist. Unbestimmtes Verhalten erweist sowohl dem Klienten als auch dem Berater einen schlechten Dienst.

Bei der Formulierung des Feedbacks muß man sich also das

Ziel setzen zu *beschreiben,* was man herausgefunden hat, und nicht, es zu bewerten. Ihre Aufgabe besteht darin, ein klares und einfaches Bild von dem betreffenden Problem zu zeichnen. Je bewertender ein Feedback ist, desto größer wird der Widerstand. Das Feedback sollte also so deskriptiv wie möglich sein.

Eine rein deskriptive Darstellung wäre der Nachweis, daß der Chef bei Gruppenarbeiten ungefähr 80 Prozent der Unterhaltung allein bestreitet. Ganz anders ist es, wenn man sagt, daß der Chef die Gruppe absolut dominiert und überrollt und daß er ein schlechter Sitzungsleiter ist. Diese Beschreibung wäre bewertend.

Je bewertender eine Darstellung ist, desto defensiver wird das Verhalten der übrigen Teilnehmer.

Begriffe wie *unentschlossen, stark, schwach, inkompetent, diktatorisch* sind sehr bewertend und sollten nicht verwendet werden. Vermeiden Sie also »beurteilende« Begriffe.

Verwenden Sie auch keine vagen Stereotypen. Je genauer Sie in der Beschreibung der firmeninternen Vorgänge sind, desto besser. Allgemeine Feststellungen wie: »Wir haben ein Problem mit Entscheidungen« sind so vage, daß niemand das Problem, das vorgestellt werden soll, wirklich erkennen kann.

Auch lange Erklärungen und Rechtfertigungen sollten beim Feedback vermieden werden. Die meisten Fragen zur Methodik und zu den Empfehlungen können in einem einzigen Statement oder mit wenigen Sätzen beantwortet werden. Falls die Fragerei zu einem Punkt nicht aufhört, geben Sie zwei Antworten in dem guten Glauben, daß die jeweilige Frage wirklich das eigentliche Problem betrifft – akzeptieren Sie aber bei der dritten Nachfrage, daß es sich um eine Form von Widerstand handelt. Stellen Sie sich dem Widerstand, indem Sie ihn benennen, und warten Sie dann auf eine Reaktion. Widerstehen Sie der Versuchung, das Unerklärbare erklären zu wollen.

Das Feedback ist ein Bericht darüber, was ist, und nicht darüber, was sein sollte. Darüber zu sprechen, was sein sollte, schließt fast immer ein Moralisieren mit ein, doch steht so etwas eher einem Richter oder Hellseher gut zu Gesicht. Der einzige

Zeitpunkt, an dem man darüber sprechen kann, was sein sollte, ist beim Vertragsabschluß, denn hier kann niemand etwas dagegen haben, wenn jemand in die Zukunft schaut. In allen übrigen Situationen machen Sie neutrale, beschreibende Äußerungen darüber, wie sich das Problem gerade darstellt.

Sprache, die zu verwenden ist	*Sprache, die nicht verwendet werden sollte*
Beschreibend	Beurteilend
Zentriert	Global
Spezifisch	Stereotyp
Knapp	Zu ausführlich
Einfach	Kompliziert

Beispiel Gerichtsdrama: Eine Vorschau auf das Feedback-Meeting

Betrachten wir das Beratungsprojekt einmal als einen Prozeß der Suche nach der besten Entscheidung, so kann man Berater und Klienten durchaus als Inhaber verschiedener Rollen ansehen, die üblicherweise im Gerichtssaal zu beobachten sind. Die meisten dieser Rollen sind Negativbeispiele dafür, wie *nicht* gehandelt werden sollte. Ich bitte hierfür um Verzeihung. Aber man kann in Büros, Konferenzräumen und Produktionsbereichen so oft beobachten, wie »überzeugend« diese Rollen gespielt werden, daß man einfach über sie sprechen muß. Keine – außer der letzten Rolle – leistet dem Berater wirklich gute Dienste, obwohl ich zugebe, daß einigen ein gewisser Reiz innewohnt.

Berater als Richter

Man ist da, um das Gesetz zu interpretieren. Um Unternehmenspolitik zu interpretieren. Um dem Klienten mitzuteilen, wann und wo er sich nicht konform verhält. Wenn ein Klient einen Fehler macht, entscheidet der Berater-Richter, welche Strafe er erhalten soll, indem er bei nächster Gelegenheit auf die Beurteilung der Leistungen des Managers Einfluß nimmt. Da Richter höher sitzen als alle anderen, werden sie gefürchtet, und man sucht sie nicht freiwillig auf. Die einzigen, die sich in ihrer Gegenwart wohl fühlen, sind andere Angehörige des Richterstandes (manchmal Topmanagement genannt).

Berater als Jury

Jurys entscheiden über Schuld und Unschuld. Berater-Jurys meinen, für die letzte Entscheidung darüber, ob der Klient recht oder unrecht hat, selbst verantwortlich zu sein. Diese Haltung ist sehr entrückt und bewertend.

Berater als Ankläger

Die Rolle des Anklägers ist es, der Jury Beweise für die Schuld des Angeklagten zu präsentieren. Es gibt Berater, die ein Feedback-Meeting tatsächlich wie eine Verhandlung mit dem Ziel einer Verurteilung führen. Sie unterbreiten Daten und haben Statistiken entwickelt, die unwiderlegbar sind. Die gesamte Darstellung ist idiotensicher und wasserdicht verpackt. Das schafft Distanz zum Klienten und schließt die Botschaft ein, daß das Projekt allein in den Händen des Beraters liegt – von gemeinsamer Anstrengung kein Wort.

Berater als Verteidiger

Manchmal gehen wir in das Feedback-Meeting und haben das Gefühl, daß wir diejenigen sind, die vor Gericht stehen. Wir haben dann deshalb so viele Akten bei uns, um auf alle Eventualitäten vorbereitet zu sein. Dreimal haben wir unsere Berichterstattung geprobt, und wir haben ein Extraset von graphischen Darstellungen für alle Fälle im Koffer. Wenn uns der Klient Fragen stellt, verrennen wir uns in Erklärungen und versprechen, noch mehr Daten herbeizuschaffen, auch wenn uns klar ist, daß das reine Zeitverschwendung wäre. Der Berater ist kein Verteidiger. Wenn der Klient Sie in die Verteidigerrolle drängt, ist das nichts anderes als eine Form von Widerstand und der Ausdruck der Ängste, die der Klient bei diesem Projekt verspürt.

Berater als Zeuge

Diese ist die einzige Rolle, die der Berater wirklich spielen sollte. Der Zeuge ist da, um akkurate Informationen zu liefern. Er hat kein direktes, persönliches Interesse an den Resultaten der Beratungen. Zeugen liefern ein klares, spezifisches Bild ihrer Beobachtungen. Nichts anderes als das soll im Berichterstattungsteil des Feedback-Meetings stattfinden. Sehen Sie sich selbst als fairen Zeugen.

Anmerkung: Es ist ein großer Luxus, wenn man in der glücklichen Lage ist, lediglich die Rolle des fairen Zeugen für den Klienten spielen zu dürfen, ohne Rücksicht auf die Interessen des Unternehmens nehmen zu müssen. Viele interne Berater müssen teilweise Polizist und teilweise Richter sein. Wenn das der Fall ist, stehen diese Rollen der Entwicklung eines Vertrauensverhältnisses mit dem Klienten, wie wir es uns alle wünschen, sehr im Wege. Es gibt aus dieser Bindung keinen wirklichen Ausweg. Das Beste, was Sie tun können, ist, dem Klienten immer deutlich zu machen, wann Sie »Uniform tragen« und wann Sie einfach der freundliche, menschliche Berater sind. Haben Sie als Berater etwa die Möglichkeit, Führungsverantwortung zu übernehmen, so überlegen Sie zweimal. Was diese Rolle attraktiv macht, ist die Tatsache, daß man sofortigen Zugang zu bestimmten Personen im Unternehmen hat oder Macht über bestimmte Personen erlangt. Der Preis für diese Macht ist hoch, und meiner Meinung nach lohnt es sich nicht, das Mißtrauen, das man bei potentiellen Klienten erweckt, indem man sich die Richterrobe überwirft, in Kauf zu nehmen. Die meisten internen Berater sind in diesem Punkt anderer Meinung – die Entscheidung liegt also bei Ihnen.

Unterstützung und Konfrontation

Beim Feedback tut man grundsätzlich zwei Dinge. Auf der einen Seite gibt man dem Unternehmen Unterstützung, und auf der anderen Seite stellt man sich ihm entgegen. Sieht man das Feedback als reine Konfrontation an, verstärkt das die Spannung und vermindert die Chancen auf Veränderungen. Es ist wichtig, sowohl zu zeigen, welche Unterstützung man dem Unternehmen bereit ist zu geben, als auch die Aufmerksamkeit auf das Problem zu lenken. Die Menschen brauchen Unterstützung, damit sie stark genug sind, um die Verantwortung für Probleme zu übernehmen.

Unterstützung und Konfrontation schließen sich nicht gegenseitig aus. Das Feedback-Meeting ist eine schwierige Angelegenheit für Klienten, auch wenn sie um die Sitzung gebeten haben. Sobald sie eine Diagnose in Auftrag geben, erwarten sie Konfrontation – aber: Sie brauchen auch Unterstützung. Oft ist es so, daß die Gruppe um so mehr Unterstützung braucht, je mehr Widerstand sie leistet (und um so schwieriger ist es, ihnen Unterstützung zu geben). Überlegen wir zum Beispiel, wie man mit Managern auf hohem Führungsniveau und mit autoritärem Führungsstil fertig wird. An der Oberfläche wirken solche Personen sehr beherrschend, und man hat den Eindruck, daß sie sich wenig um den Berater als Mensch oder um die Mitarbeiter im Unternehmen scheren. Ihr Verhalten soll anzeigen, daß sie keinerlei Probleme haben oder daß ihre Probleme mit rein pragmatischen Methoden zu lösen sind.

Ein nach außen hin sehr autoritärer Stil kann in Wirklichkeit nicht selten ein Schutzschild sein, der die Angst des Managers davor verbergen soll, Kontrolle in zweierlei Hinsicht zu verlieren. Zum einen könnte der Manager die Kontrolle über sich selbst verlieren bzw. sich in Situationen wiederfinden, in denen er Dinge sagt, die er nachher bereut; zum anderen könnte der Manager Angst davor haben, die Kontrolle über das Unternehmen in dem Moment zu verlieren, in dem er wirklich seine Probleme eingestehen, sich ihnen stellen und sich mit ihnen auseinandersetzen würde. Manager haben Angst davor, am Ende vielleicht ein Unternehmen unterstützen zu müssen, das demokratischer oder anarchistischer organisiert ist, als sie es wollen. Vorausgesetzt, wir können wirklich davon ausgehen, daß sich hinter dem Widerstand die Angst um Kontrolle verbirgt, dann ist die beste Methode, darauf zu reagieren, diejenige, dem Manager *Unterstützung* zukommen zu lassen.

Wenn Menschen Angst haben, brauchen sie Unterstützung, nicht Konfrontation. Auch wenn ein Manager an der Oberfläche beherrschend und gleichgültig wirkt, unterstützen Sie ihn – und lassen Sie ihn dabei wissen, daß er die Fäden in der Hand behalten wird, daß er nichts wird tun müssen, was er nicht will, daß er nicht die Kontrolle über das Unternehmen verlieren wird, auch nicht die Macht, die er seiner Ansicht nach braucht, um das Unternehmen zu leiten.

Die Begriffe Unterstützung und Konfrontation kann man fast in einem Atemzug nennen. Die unterstützende Bemerkung ist oft nichts weiter als eine einfache Bestätigung der Tatsache, daß Sie gehört und aufgenommen haben, was der Klient gesagt hat. Den Klienten unterstützen heißt nicht, daß man ihm unbedingt zustimmen muß. Es bedeutet nur, daß Sie zugehört haben. Die Konfrontation findet dann in der Feststellung darüber Ausdruck, inwieweit Sie die Situation anders einschätzen als der Klient. Ihr Feedback sollte deshalb beides enthalten – unterstützende und abweichende Meinungsäußerungen.

KAPITEL 13

DIE LEITUNG EINES FEEDBACK-MEETINGS

Feedback: Konzepte und Kompetenzen

Im Feedback-Meeting präsentieren Sie ein klares und einfaches Bild der gegenwärtigen Situation und gleichzeitig Ihre Empfehlungen. Es ist der Moment der Wahrheit und der Angst für Klient und Berater, ist aber auch spannend und bisweilen sogar amüsant. Neben dem Moment am Anfang des Projekts, in dem der Klient »ja« sagt, ist das Feedback der Teil der Beratung, den ich am meisten genieße.

Das aufregende am Feedback-Meeting: Es hält, was es verspricht. Denn: Irgend jemand tut irgend etwas. Es passiert etwas. Etliche Leute hoffen, daß sich der Energieaufwand, den Klient und Berater bei diesem Vorgang geleistet haben, auszahlen wird. Das Tagesprogramm des Feedback-Meetings ist vor allem durch eines gekennzeichnet: durch die Bereitschaft, etwas zu unternehmen. Auch wenn die meiste Zeit während des Meetings damit verbracht wird, das Problem überhaupt zu verstehen, steht im Zentrum die Diskussion darüber, was man an dem Problem ändern kann. Man sollte das Meeting als eine Gelegenheit sehen, Handlung herbeizuführen, und nicht nur als eine Gelegenheit, Daten zu präsentieren. In diesem Sinne ist das Feedback-Meeting ein Anfang, nicht ein Ende. Es ist der Anfang der Hauptmaßnahme – die Intervention, die ein Problem lösen oder den Status quo ändern wird. In diesem Kapitel werden wir uns damit beschäftigen, wie man ein Feedback-Meeting strukturiert und leitet, damit das Meeting der Anfang konstruktiver Handlungen ist.

Um bei der Leitung eines Feedback-Meetings keine Fehler zu machen, sollten Sie nachfolgende Punkte dieser Phase genau beachten ...

1. *Filtern Sie die Daten.* Wählen Sie die Daten aus, über die Sie berichten wollen. Verwenden Sie eine Sprache, die akkurat, nicht beschönigend und nicht strafend ist.
2. *Präsentieren Sie Daten über Personen und über das Unternehmen.* Bereichern Sie Ihre Datenpräsentation durch zusammengefaßte Informationen darüber, wie das Problem im Betrieb gehandhabt wird.
3. *Leiten Sie das Feedback-Meeting.* Behalten Sie die Kontrolle über den Ablauf, und strukturieren Sie die Sitzung. Stellen Sie die Frage, was zur Beseitigung des Problems getan werden kann, in den Mittelpunkt.
4. *Konzentrieren Sie sich auf das Hier und Jetzt der Sitzung.* Um ein Maximum an Einfluß zu erlangen und zu erreichen, daß Ihr Sachwissen auch eingesetzt wird, müssen Sie den Ablauf der Sitzung genau beobachten und sich direkt mit Widerstand auseinandersetzen, sobald er auftritt. Wenn Sie dies nicht während des Feedback-Meetings tun, bekommen Sie nie wieder die Gelegenheit dazu.
5. *Nehmen Sie nichts persönlich.* Jene Ermahnung greife ich hier deshalb auf, weil es in dieser Beratungsphase am wahrscheinlichsten ist, daß Sie auf Widerstand stoßen. Beherzigen Sie die alte Regel: Nach achtzehn Uhr können Sie alles persönlich nehmen, während des Tages aber – gleichgültig, wie viele Gewehrläufe auf Sie gerichtet sind – besteht Ihre Aufgabe darin, Ihr Augenmerk auf den Klienten zu richten, der innerlich darum ringt, sich den unbequemen Gegebenheiten, denen er Widerstand entgegenbringt, zu stellen.

Im übrigen ist das fehlerfreie Feedback durch Ihr authentisches Verhalten gekennzeichnet, das heißt, Sie teilen dem Klienten immer unmittelbar mit, was Sie wahrnehmen und empfinden, während das Feedback-Meeting fortschreitet.

Die gelungene Präsentation der Daten

Die Daten sollten nur einige zentrale Aspekte des Problems erfassen. Meistens wird der Fehler gemacht, daß die Darstellung der Daten zu lang und zu kompliziert gerät. Natürlich liegt das daran, daß uns die Daten nach all der Zeit, in der wir uns mit ihnen beschäftigt haben, ans Herz gewachsen sind. Wir stoßen auf interessante Diskrepanzen, die sich jeder Erklärung entziehen, wir bemerken historische Trends und Vergleiche, entdecken Kurven und Graphen mit Schatten, Höhen und Strukturen, von denen jede allein eine Stunde Diskussion wert sein kann. Verlieben Sie sich ruhig in Ihre Daten, aber erzählen Sie niemandem etwas davon. Halten Sie Ihren Bericht kurz und einfach. Je länger und komplexer Sie ihn gestalten, desto mehr setzen Sie sich der Gefahr aus, endlose Fragen über Methodik und Interpretation gestellt zu bekommen.

Bei der Strukturierung der Präsentation sind nur drei Grundkategorien von Daten zu beachten:

- Analyse des technischen/organisatorischen Problems
- Analyse der Handhabung des Problems im Unternehmen
- Empfehlungen

Vielleicht haben Sie bereits Ihre eigene Methode gefunden, wie Sie die Präsentation strukturieren. Harold Goldstein zeigte mir die folgende Strukturierungsmethode – und sie gefällt mir sehr:

- Darstellung des Problems
- Warum existiert das Problem?
- Was passiert, wenn das Problem nicht gelöst wird?
  - in Kurzform
  - in voller Länge

- Lösungsvorschläge
- Zu erwartender Nutzen

Bedenken Sie bei der Entscheidung darüber, wie die Daten zu präsentieren sind, vor allem eines: Sinn und Zweck der Problemermittlung sollte es sein, das Bewußtsein auf eine überschaubare Zahl von Aspekten zu *konzentrieren*. Mit dem größten Teil des Feedbacks ist das Unternehmen überfordert. Bringen Sie daher zwischen fünf und zehn Themen in das Feedback ein (je weniger, desto besser).

> Das Feedback muß nicht alle Fragen beantworten, muß nicht vollständig sein. Oft ist es sinnvoll, ein Schema zu entwerfen, das dem Manager oder der Gruppe die Möglichkeit gibt, sich an der Analyse zu beteiligen.
>
> Das Endziel für eine Gruppe wie für eine einzelne Person ist es, sie dazu zu bringen, Verantwortung für die eigene Situation zu übernehmen. Die Wortwahl des Abschlußberichts sollte so gestaltet sein, daß die eigene Rolle der Gruppe zum Ausdruck kommt. Verbünden Sie sich nicht mit der Gruppe, indem Sie andere Gruppen oder etwa das Wetter verantwortlich machen.

Strukturierung des Meetings

Der Sinn des Meetings liegt nicht nur in der Präsentation der Daten – schließlich wollen Sie ja erfahren, wie der Klient auf die Daten und auf Ihre Empfehlungen reagiert. Darüber hinaus ist es Ihnen wichtig, daß der Klient die Ergebnisse Ihrer Studie auch anwendet, indem er eine Maßnahme einleitet.

So bekommen Sie, was Sie sich von dem Meeting erwarten ...

1. Die Kontrolle über den Ablauf des Meetings unterliegt dem Berater, denn er befindet sich hierfür in der besten Ausgangsposition. Der Klient hat seinerseits genug damit zu tun, sich durch seinen inneren Widerstand zu arbeiten, und er ist, zumindest für die Dauer des Meetings, in einer ziemlich abhän-

gigen Position. Wenn Sie als Berater das Meeting leiten, dient diese Situation auch als Anschauungsmodell für den Klienten (hinsichtlich der Leitung späterer Meetings).
2. Das Tagesprogramm sollte so gestaltet sein, wie in Schaubild 10 gezeigt. Halten Sie die Reihenfolge der Schritte ein, und überspringen Sie keine Schritte.

Das Feedback-Meeting – Schritt für Schritt

Es folgt nun eine detaillierte Aufschlüsselung der einzelnen Schritte. Die rechten Spalten enthalten Vorschläge für die Zeitdauer einer jeden Abfolge von Schritten. Es werden Anfangs- und Endzeiten für jede Sequenz in einer sechzigminütigen Sitzung angezeigt. Außerdem ist der Anteil der Sitzungszeit angezeigt, die jedem Schritt bzw. jeder Gruppe von Schritten zugemessen werden sollte. Wenn Sie also ein vierstündiges Feedback-Meeting geplant haben, wissen Sie genau, daß Sie nach zwei Stunden den Klienten fragen sollten, wie das Meeting seiner Ansicht nach verläuft (Schritt 7).

Die Schritte

	% der Gesamt-Zeit	Zeit für 60-Minuten-Sitzung
1. Nochmaliges Vortragen des Originalvertrags	5%	*Beginn:* Anfang
2. Darlegung der Struktur des Meetings		*Ende:* 3. Minute

Die Leitung eines Feedback-Meetings

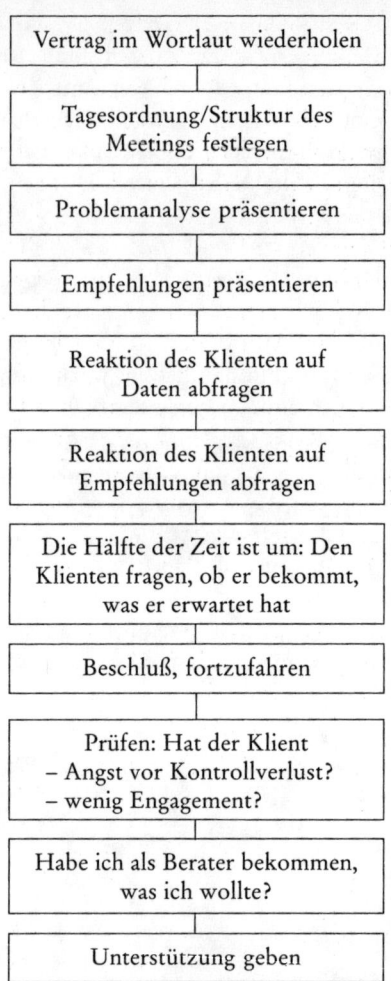

Schaubild 10: Die Schritte zur Leitung des Feedback-Meetings

Stellen Sie fest, was der Klient von Ihnen wollte und was Sie versprochen hatten, ihm zu geben. Ein Beispiel: »Sie haben uns gebeten zu untersuchen, warum der Reaktor der Brogan-Anlage zusammengebrochen ist. Wir haben den Auftrag angenommen und versprochen, Empfehlungen auszuarbeiten. Dabei haben wir uns nicht mit der Zusatzausrüstung beschäftigt, die den Reaktor unterstützt.« Auf diese Weise wird das dargestellte Problem wiederholt und der Klient an die wesentlichen Punkte des Vertrags erinnert. Bisweilen halten es Berater für nützlich, auf die Historie des Projekts etwas näher einzugehen. Darauf verzichte ich lieber. Außerdem widme ich Schritt 1 und 2 lediglich 5 Prozent der Zeit.

Haben Sie den Inhalt des Vertrags kurz wiederholt, legen Sie dar, wie Sie das Meeting zu strukturieren gedenken. Erinnern Sie sich daran, daß Sie den Ablauf der Sitzung leiten wollen. Das heißt nicht, daß Sie zu verkünden haben, warum das Ihre Pflicht ist, nein, Sie sollten sich einfach nur entsprechend verhalten. Die Möglichkeit hierzu bietet sich gleich zu Beginn, indem Sie beispielsweise ankündigen: »Ich möchte die Sitzung folgendermaßen strukturieren. Zunächst einmal möchte ich unsere Problemermittlung und unsere Empfehlungen vorstellen. Dann hätte ich gerne Ihre Reaktion sowohl auf unser Bild von der Situation als auch auf unsere Empfehlungen. Wenn ungefähr die Hälfte der Sitzung vergangen ist, würde ich gerne für einen Moment innehalten, um zu sehen, ob das Meeting Ihren Erwartungen entspricht. Schließlich sollten wir die letzten vierzig Prozent des Meetings der Diskussion darüber widmen, welche Handlungen Sie vornehmen könnten, um das Problem zu lösen. Es ist geplant, die Sitzung um neunzehn Uhr dreißig zu beschließen.«

Schritt

	% der Gesamtzeit	Zeit für 60-Minuten-Sitzung
3. Präsentation Problemermittlung	15%	*Beginn:* 4. Minute
4. Präsentation Empfehlungen		*Ende:* 12. Minute

Die Leitung eines Feedback-Meetings

Diese Schritte können sich vermischen. Manche Berater fangen lieber mit Überschriften an und setzen die Empfehlungen unter jeden einzelnen Punkt der Problemermittlung. Andere wiederum stellen zuerst die gesamte Problemermittlung vor und gehen dann zu den Empfehlungen über. Letztere Struktur der Präsentation ist meines Erachtens sinnvoll, da so die Reaktion des Klienten auf die Daten getrennt ist von seiner Reaktion auf die Empfehlungen – schließlich wollen Sie die Empfehlungen vor jeder Form von Widerstand schützen. Falls sich der Manager Ihr Feedback besonders zu Herzen nimmt und eine Frage nach der anderen stellt, sehen Sie doch lieber Ihre Analyse dem unzerstörbaren Widerstand zum Opfer fallen, als Ihre Empfehlungen den Fluten des Diskussionsflusses anheimzugeben. Wenn der Klient es nicht erwarten kann, zu den Empfehlungen zu kommen, und deshalb versucht, die Daten zu überspringen, bremsen Sie den Prozeß: Sagen Sie, daß Sie in einer Minute zu den Empfehlungen kommen, daß Sie aber vorher die Reaktionen auf Ihre Einschätzung der Situation haben möchten. Jedes Unternehmen hat eigene Normen hinsichtlich der Struktur eines solchen Meetings. Einige wahren eine strikte Form, andere wiederum nicht.

Ich ziehe es vor, die meisten Formalitäten zu vermeiden. Mein Ziel ist es, daß der Klient meine Problemermittlung und meine Empfehlungen annimmt. Eine formale Präsentation, vor allem mit Dias und Folien, schafft zuviel Distanz zwischen dem Klienten und der Information. Beim Betrachten eines Dias ist die Leinwand sehr weit weg, und wenn das Dia oder die Folie ganz klar sind, sehen die Abbildungen aus, als ob sie in Stein gemeißelt seien. Diese Medien sind dem primären Ziel nicht dienlich.

Ein perfektes Paket beim Feedback-Meeting abzuliefern ist ein Fehler. Wenn das Paket zu perfekt ist, sieht es aus wie ein Weihnachtsgeschenk von der guten alten Tante Alice: Man weiß genau, daß sie mindestens sechs Stunden gebraucht hat, um dieses eine Päckchen einzuwickeln. Sie haben absolut keine Lust, das Päckchen zu öffnen, denn es sieht gar so ordentlich aus, und man weiß doch, wieviel Mühe Tante Alice in das Aussehen des Päckchens investiert hat. Dasselbe gilt für die »perfekte Präsentation«. Ich bevorzuge Handblätter und Flip-chart, da beide Medien ohne Probleme gestatten, Korrekturen und Ergänzungen, die sich während der Besprechung ergeben, anzubringen und hinzuzufügen.

Bedenken Sie immer, daß Sie für die Vorstellung Ihrer Daten und Ihrer Empfehlungen nur 20 Prozent der gesamten Sitzungszeit zur Verfügung haben. In einer einstündigen Sitzung sind das zwölf Minuten. Nimmt man an, daß die Einführung drei Minuten gedauert hat, bleiben Ihnen noch neun Minuten. Diese Limitierung der Zeit zwingt Sie dazu, wirklich auf den Punkt zu kommen und schnell zu den Empfehlungen vorzustoßen.

Nun zum Hauptfehler, der Beratern im Feedback-Meeting häufig unterläuft: Sie verwenden die ganze Zeit darauf, Daten vorzutragen. Wenn Sie eine Problemermittlung vorstellen, lassen sie über ein Thema von großer Faszination eine breite Diskussion zu. Sobald Sie sich von dieser Faszination fortreißen lassen, wird die Sitzung vorbeirauschen, und weder Sie noch der Klient werden wissen, was nach Beendigung der Sitzung geschehen wird. Somit hängen Sie – und der Klient – in der Luft.

Sie brauchen auch genug Zeit, um sich mit dem Widerstand des Klienten auseinandersetzen zu können. *Die Reaktion des Klienten auf die Daten ist wichtiger für die Durchführung der Maßnahmen als die Daten selbst.* Wenn die Analyse brillant ist, aber den Klienten kaltläßt, wird rein gar nichts geschehen. Ist die Analyse auf der anderen Seite ziemlich mittelmäßig, aber der Klient ist von ihr hingerissen (trotz ihrer Mittelmäßigkeit), wird irgendeine Handlung erfolgen. Halten Sie die Präsentationszeit also knapp, und verwenden Sie den größten Teil der Zeit auf die Reaktionen des Klienten.

Schritt

	% der Gesamtzeit	Zeit für 60-Minuten-Sitzung
5. Frage nach der Reaktion des Klienten	30%	*Beginn:* 13. Minute
		Ende: 30. Minute

Das ist der Mittelpunkt der Sitzung. Die Reaktionen des Klienten werden bestimmen, welches Maß an innerer Hingabe an das Projekt existieren wird, wenn Ihr Auftrag erfüllt ist, und sie werden darauf hindeuten, ob Ihr Sachwissen zum Einsatz kommen wird oder nicht.

An diesem Punkt ist es für Sie wichtig, daß der Klient seine Vorbehalte zum Ausdruck bringt. Falls der Manager in der Mitte der Sitzung Vorbehalte über Daten oder Methodik zurückhält, werden sie später, zu einem wesentlich ungünstigeren Zeitpunkt, zum Vorschein kommen – entweder im Moment der Entscheidung oder wenn Sie den Ort der Handlung verlassen haben.

Manchmal ist es notwendig, daß Sie direkte, spezifische Fragen stellen, um Reaktionen des Klienten hervorzurufen. Oft zeigen Klienten ihre Reaktionen ohne jeden Nachdruck. Wenn sich ein Teil der Reaktionen in Schweigen bzw. durch zurückhaltende Antworten ausdrückt, sollten Sie den Klienten beispielsweise fragen: »Was bereitet Ihnen bezüglich der Daten oder der Analyse Sorgen?« Von einem Teil der Daten wissen Sie vielleicht schon, daß sie ein sehr heikles Thema berühren. Hier würde ich direkt nachfragen: »Ein Teil unseres Berichts befaßt sich mit dem Thema, wie Sie bisher mit dem Problem umgegangen sind und welche Rolle Ihr Chef bei diesem Problem spielt. Was denken Sie über die Art und Weise, wie wir diese Situation zusammengefaßt haben?«

Hier ist es das Ziel, an eventuelle Spannungen in der Situation heranzukommen und unausgesprochenen Widerstand ans Tageslicht zu befördern.

Ein gewisses Maß an Spannung ist für das Feedback-Meeting durchaus von Nutzen. Wenn keine Spannung vorhanden ist, ist es wahrscheinlich, daß die Daten und die Empfehlungen niemanden wirklich interessieren, was bedeutet, daß auch nicht besonders viel Energie für die Durchführung einer Maßnahme vorhanden sein wird. Wenn die Spannung aber zu hoch ist, können sich Klient und Berater dermaßen bedroht fühlen, daß es ihnen nicht möglich erscheint, Verantwortung zu übernehmen und weitere brauchbare Schritte zu planen. Wünschenswert ist ein Mittelmaß an Spannung.

30 Prozent der Sitzungszeit stehen Ihnen für die Auseinandersetzung mit den Reaktionen des Klienten zur Verfügung. Das ist der Moment, den Klienten zu bitten, seine Gefühle zum Ausdruck zu bringen. Gehen Sie also nicht in die Defensive, wenn er dies tut. Die Reaktionen des Klienten richten sich nicht gegen Sie, sondern gegen das unangenehme Gefühl, sich den Daten, die Sie präsentieren, stellen und mit ihnen umgehen zu müssen. Wenn Sie in die Defensive gehen, bedeutet das, daß Sie in Gefahr sind, sich von derselben Angst anstecken zu lassen, die den Klienten befallen hat. Achten Sie darauf, ob Sie eventuell in die Defensive abweichen – wenn ja, dann bremsen Sie sich.

Es ist auch von großer Wichtigkeit, daß Sie bei Ihrer Einschätzung der Situation bleiben und daß Sie an Ihre Empfehlungen glauben. Sicher hatten Sie gute Gründe, diese Vorschläge für vernünftig zu halten. Kapitulieren Sie nicht vor Widerstand. Sie glauben an das, was Sie vorschlagen, und da Sie es deshalb nicht nötig haben, Ihre Vorschläge zu verteidigen, geben Sie nicht zu schnell nach.

Schritt

	% der Gesamt-Zeit	Zeit für 60-Minuten-Sitzung
6. In der Mitte der Sitzung Fragen Sie den Klienten: »Verläuft die Sitzung nach Ihren Vorstellungen?«	10%	Beginn: 31. Minute Ende: 36. Minute

Fragen Sie auf jeden Fall den Klienten, sobald die Hälfte des Feedback-Meetings um ist, ob er mit dem Verlauf der Sitzung zufrieden ist. Diese Frage dient der Rückversicherung. Früher habe ich den Manager nach seiner Meinung über das Meeting kurz vor Schluß befragt. Es verblieben ungefähr fünf bis zehn Minuten. Das war zu spät. So ist es mir des öfteren passiert, daß der Manager wirklich enttäuscht war vom Verlauf des Meetings, aber ich hatte nicht mehr genug Zeit, die Sache in Ordnung zu bringen. Der erste Manager verlangte zum Beispiel mehr spezifische Empfehlungen, während der zweite Bedenken hatte, die er nicht zum Ausdruck bringen konnte. In beiden Fällen war nicht mehr genug Zeit vorhanden, auf diese Dinge einzugehen. Wenn aber erst die Hälfte der Sitzung vorbei ist, bestehen gute Chancen, eventuelle Wünsche des Managers noch zu erfüllen oder ihm zu helfen, seine Vorbehalte soweit an die Oberfläche zu befördern und zu besprechen, daß er sie überwinden kann.

Obwohl ich bei der Fortbildung anderer Berater viel Betonung auf diesen Schritt lege, sind die wenigsten in der Lage, in der Mitte der Sitzung um Feedback zu bitten. Berater und Klient sind so in ihre Aufgabe vertieft, daß die Zeit verrinnt. Es kann auch geschehen, daß der Berater es nicht wagt, nach dem Verlauf der Sitzung zu fragen, weil er Angst davor hat, auf die eventuelle Enttäuschung des Klienten nicht entsprechend antworten zu können. Es ist aber doch einfacher, im Verlauf der Sitzung wenigstens zu versuchen, die Situation zu verbessern, als nach der Sitzung herauszufinden, was falsch gelaufen ist. – Was zu tun ist, wenn die Sitzung nicht gut verläuft, wird später in diesem Kapitel besprochen.

Schritt

	% der Gesamt-Zeit	Zeit für 60-Minuten-Sitzung
7. Entscheidung, wie fortgefahren werden soll	30%	Beginn: 37. Minute Ende: 60. Minute

Oberster Zweck des Feedback-Meetings ist es, irgendeine Handlungsentscheidung zu treffen. Die Frage, was als nächstes zu geschehen hat, sollte früh genug im Verlauf der Sitzung gestellt werden, damit der Berater an der Entscheidungsfindung teilhaben kann.

Wenn Sie mit diesem Schritt warten, bis das Ende der Sitzung in Sicht ist, wird die wahre Diskussion über die weiteren Schritte an einem anderen Ort und zu einer anderen Zeit ohne Sie stattfinden. Für den Fall, daß der Klient eine Entscheidung trifft und Sie nicht anwesend sind, sind die Chancen eher gering, daß die Entscheidung wirklich die *schwierigen Tatsachen*, die Ihre Studie aufgedeckt hat, berücksichtigt. Das trifft in besonderem Maße zu, wenn Ihre Studie in irgendeiner Weise darauf eingegangen ist, wie im Betrieb mit dem Problem umgegangen wird. Es ist nahezu unmöglich für einen Klienten, seine eigene Rolle beim Bestehen und bei der Entstehung des Problems vorurteilsfrei zu beurteilen – gerade deshalb hilft ihm in dieser Situation Ihre Anwesenheit.

Wenn Sie an der Diskussion über Lösungsmöglichkeiten des Problems teilnehmen, gibt es für Sie ein paar Schlüsselaufgaben, auf die Sie sich konzentrieren sollten.

Die Leitung eines Feedback-Meetings

1. Sorgen Sie dafür, daß sich die Diskussion nur um Dinge dreht, die im Einflußbereich des Klienten liegen.
2. Kommen Sie immer wieder auf die Teile des Problems oder auf die Empfehlungen zurück, die Ihrer Meinung nach *unerläßlich* für die Lösung des Problems sowohl im Moment als auch auf längere Sicht sind. Die unerläßlichen Problempunkte stellen meistens die heiklen Anteile an der jeweiligen Situation dar: eine schwierige Beziehung; jemand, der schlechte Leistungen vollbringt; irgendeine organisatorische Erwägung. Als Berater können Sie leichter auf die heikleren Punkte eingehen, da Sie kein persönliches Interesse an der jeweiligen Situation haben. So können Sie dem Unternehmen einen guten Dienst erweisen.
3. Sorgen Sie dafür, daß die Diskussion ausgewogen bleibt, indem Sie auch Standpunkte von Mitarbeitern vorstellen, die nicht anwesend sind. Im allgemeinen haben Sie ein klares Bild davon, wie andere Leute im Unternehmen die Situation beurteilen. Während der Klient überlegt, was zu tun ist, können Sie dafür sorgen, daß die verschiedenen Standpunkte bei der Entscheidung berücksichtigt werden.
4. Unterstützen Sie das Recht des verantwortlichen Managers darauf, seine Entscheidung treffen zu können, ohne daß sich andere (einschließlich Berater) übermäßig einmischen.

Es kann vorkommen, daß der Klient den Wunsch hat, den Berater vom Meeting zur Entscheidungsfindung auszuschließen. Ich bitte grundsätzlich darum, anwesend sein zu dürfen. Diese Bitte muß schon in der Anfangsphase der Vertragsverhandlungen ausgesprochen werden. Es ist naheliegend, daß Klienten den Wunsch haben, den Berater von der Entscheidungsfindung auszuschließen, damit sie in jedem Fall die Kontrolle behalten. Tatsächlich stellt diese Haltung eine weitere Form von Widerstand dar.

Schritt

	% der Gesamt-Zeit	Zeit für 60-Minuten-Sitzung
8. Hat der Klient Angst vor Kontrollverlust, oder hat er wenig Engagement?	10%	*Beginn:* 55. Minute
9. Fragen Sie sich selbst, ob Sie bekommen haben, was Sie wollten		
10. Geben Sie Unterstützung		*Ende:* 60. Minute

Das Beenden des Feedback-Meetings läuft ungefähr nach demselben Muster ab wie das Beenden der Vertragsbesprechungen: Sie wollen sicher sein, daß die gefaßten Entscheidungen die Unterstützung des Klienten haben. Natürlich können Sie das Feedback-Meeting auch als Eingangsphase eines neuen Vertrags sehen, den Sie vielleicht mit dem Klienten abschließen werden. Das Feedback-Meeting sollte ohne Umschweife abgewickelt werden, wobei die folgenden Schritte so komplett wie möglich befolgt werden sollten ...

Test: Hat der Klient Angst vor Kontrollverlust, oder empfindet er wenig Engagement?

Fragen Sie den Klienten: »Was denken Sie über die Kontrolle, die Sie haben werden, wenn wir das Problem so lösen?« Wenn der Klient unsicher ist, sollten Sie mit ihm darüber sprechen, wie dieses Unbehagen bewältigt werden kann.

Fragen Sie den Klienten: »Ist die Lösungsmöglichkeit, die wir diskutiert haben, in Ihren Augen wirklich sinnvoll?« Wenn das Engagement des Klienten eher gering erscheint, sollten Sie dieses Thema im Verlauf der Sitzung weiterverfolgen oder später noch einmal darauf zu sprechen kommen.

Fragen Sie sich selbst, ob Sie noch mehr von der Sitzung erwarten

Vielleicht wünschen Sie sich eine fortlaufende Beteiligung. Vielleicht wünschen Sie sich ein späteres Feedback zur Wirkung Ihrer Beratung. Vielleicht wünschen Sie sich im Moment ein Feedback vom Klienten zu der Frage, ob Ihr Einsatz bei diesem Projekt von Nutzen war und auf welche Weise Sie effektiver gewesen wären. Vielleicht wünschen Sie sich, daß der Klient Ihrem Chef eine informelle Mitteilung darüber macht, daß Sie gute Arbeit geleistet haben. Vielleicht wünschen Sie sich einen neuen Vertrag mit dem Klienten, entweder um dieses Projekt durchzuführen oder um ein neues zu beginnen. Wenn es also Dinge gibt, die Sie sich wünschen, so ist jetzt der Zeitpunkt, darum zu bitten.

Geben Sie Unterstützung

Bei der Durchführung des Projekts trägt der Klient die meiste Last auf seinen Schultern. Unterstützen Sie ihn bei dieser Verantwortung.

Eine Übersicht

Übersicht über den Ablauf der Schritte zur Leitung eines Feedback-Meetings.

Schritte	*% der Gesamtzeit*	*Zeit bei einer 60-Minuten-Sitzung*	
		Beginn	Ende
1. Nochmaliges Vortragen des Originalvertrags	5%	Am Anfang	
2. Erläutern des Sitzungsschemas			3. Minute

Schritte	% der Gesamtzeit	Zeit bei einer 60-Minuten-Sitzung
3. Vorstellen der Problemanalyse	15%	4. Minute
4. Vorstellen der Empfehlungen		12. Minute
5. Die Reaktion des Klienten erfragen	30%	13. Minute – 30. Minute
6. Frage an Klienten nach Ablauf der halben Sitzungszeit: »Verläuft die Sitzung nach Ihren Vorstellungen?«	10%	31. Minute – 36. Minute
7. Entscheidung über den weiteren Verlauf	30%	37. Minute – 54. Minute
8. Hinterfragen möglicher Bedenken hinsichtlich Kontrolle und Engagement	10%	55. Minute
9. Sich selbst fragen, ob man bekommen hat, was man wollte		
10. Dem Klienten Unterstützung geben		60. Minute

Folgt man diesem Sitzungsschema, kann man sicher sein, die Feedback-Phase richtig geleitet zu haben. Damit ist schon der halbe Weg zur perfekten Beratung geschafft. Die größte Anstrengung besteht darin, mit dem Widerstand, der mit aller Sicherheit während des Meetings auftreten wird, fertig zu werden. Im folgenden möchte ich an ein paar Methoden erinnern, die bei der Überwindung dieser Hürden sehr hilfreich sein können.

Widerstand während des Feedback-Meetings

Das Feedback-Meeting selbst ist Teil der Datensammlung des Klienten und seines Lernprozesses. Die Hauptaufgabe bei der Leitung eines Feedback-Meetings besteht darin, stets das Hier und Jetzt im Verlauf der Sitzung im Auge zu behalten. Das ist sogar noch wichtiger als der Inhalt der Problemanalyse, die Gegenstand der Diskussion ist. Es wird sich zeigen, daß viele Verhaltensweisen und Methoden, die in der Analyse als unbrauchbar dargestellt werden, genau in dieser Sitzung wiederum in Erscheinung treten. Wenn Sie sich dieser Tatsache bewußt sind, werden Sie nicht so leicht in Gefahr geraten, während der Sitzung steckenzubleiben.

Es gibt viele Möglichkeiten, steckenzubleiben, und daß es geschehen ist, erkennt man daran, daß

- man seine Daten auf das heftigste gegen Leute verteidigen muß, die eigentlich daraus lernen sollten;
- man Energie für die nächsten Schritte anstelle einer Firma oder einer Gruppe aufbringen muß, der man eigentlich nicht angehört;
- von einem erwartet wird, auf alles die richtige Antwort zu haben bzw. Lösungen für ein sehr komplexes Problem in weniger als drei Minuten zu präsentieren.

Aus den meisten Sackgassen findet man heraus, indem man den Vorgang in Worte faßt, sobald er auftritt. Etwa: »Ich stelle fest, daß ich Daten gegenüber Leuten verteidigen muß, die eigentlich etwas daraus lernen sollten.« Oder: »Ich höre mich immer wieder weitere Schritte für *Ihr* Unternehmen vorschlagen, dabei werde ich noch nicht einmal anwesend sein!« Oder: »Eine der Gruppennormen, die ich erwähnt habe, ist, daß die Leute ihre Unterstützung durch Schweigen ausdrücken. Ist das im Moment der Fall? – Bitte helfen Sie mir!«

Der Widerstand, der sich gegen die Empfehlungen für die nächsten Schritte richtet, ist ernst zu nehmen, denn er bedeutet, daß Sie im Prinzip auf dem richtigen Weg sind. Sie sollten diesen Widerstand nicht als Ablehnung oder Desinteresse werten. Vielmehr können Sie daran erkennen, daß Sie eine Sache angesprochen haben, die für den Klienten sehr wichtig ist. Also sollten Sie auf den Widerstand eingehen, statt sich dagegen zu wehren.

Die Resonanz, die Sie auf Ihr Feedback erhalten, führt während des gerade stattfindenden Feedback-Meetings exemplarisch alle anderen Probleme vor, die das Unternehmen mit der Bewältigung sonstiger Themen und der Führung sonstiger Geschäftsbereiche hat. So könnte die Resonanz im Rückzug ins Detail bestehen oder im Verschieben einer Handlungsentscheidung oder in der Verleugnung eines Problems. Gleichgültig, welche Gestalt die Resonanz hat – Sie können sie auf jeden Fall als charakteristisch für die Art und Weise des Unternehmens ansehen, mit Entscheidungen umzugehen. Es ist wichtig, die Resonanz so zu interpretieren und das Unternehmen dahingehend zu unterstützen, daß es sein eigenes Verhalten erkennen kann.

Wie in allen anderen Beratungsphasen ist es auch hier wichtig, daß Sie Ihren eigenen Gefühlen trauen, wenn Sie über Interventionen oder Planungen sprechen. Sie sollten den Eindruck, daß Ihnen keiner zuhört, oder Gefühle wie Unbehagen, Konfusion und Frustration ebenso wie die positiven Gefühle wie Gespanntsein und das Bedürfnis, Unterstützung zu geben, in Worte fassen und dabei das Ziel haben, daß Ihr Verhalten als Modell für eine Methode gesehen wird, die Sie dem Klienten anbieten.

Ebenso wie bei der Vertragsbesprechung enthält das Feedback-Meeting eine affektive Dimension – die Gefühle hinsichtlich der Interaktion selbst. Zwischen Ihnen als dem Berater, der Feedback gibt, und dem Klienten, der sich Ihre Statements zu seinem Problem anhört, läuft ein Prozeß ab. Stellen Sie sich zum Beispiel eine Situation vor, in der ein Berater, der gerade Feedback gibt, ein Gefühl von Verwirrung und Unsicherheit spürt und nicht mehr weiterweiß. Es gibt zwei Möglichkeiten, mit dieser Situation umzugehen. Die eine wäre zu versuchen, klarer und mit mehr Sicherheit zu sprechen. Die zweite Möglichkeit wäre, beispielsweise einfach zu sagen: »Wissen Sie, während wir hier sprechen, wächst in mir ein Gefühl von Verwirrung und Unsicherheit darüber, was als nächstes kommen sollte.« Bei dieser Möglichkeit stehen Ihre Chancen, zum Kern des Problems bezüglich Verantwortung und Engagement vorzustoßen, viel besser. Außerdem wird Ihre Art, Ihre eigenen Gefühle aufzuzeigen und damit umzugehen, bewirken, daß im weiteren Verlauf des Feedbacks Probleme eher zugegeben werden.

Checkliste Nr. 7:
Planung des Feedback-Meetings

Hier sind einige Richtlinien, die Sie bei der Planung eines Feedback-Meetings befolgen sollten.

1. Was erwarten Sie sich von dem Meeting? Verständnis? Einverständnis? Handlung? Weitere Arbeit?
2. Strukturieren Sie das Meeting so, daß Ihnen für die Diskussion mindestens soviel Zeit bleibt wie für die Präsentation der Ergebnisse.
3. Überprüfen Sie Ihre Wortwahl für das Feedback, damit es so bewertungsneutral und deskriptiv wie möglich ausfällt.
4. Welche Elemente in Ihrer Botschaft sind am ehesten dazu geeignet, beim Klienten eine Verteidigungshaltung zu erzeugen?
5. In welcher Gestalt werden Verteidigung oder Widerstand auftreten?
6. Welche Fragen können Sie stellen, damit der Widerstand noch während der Sitzung *ausgedrückt* wird?
7. Wer fehlt beim Feedback-Meeting, obwohl für den Betreffenden viel vom Ergebnis abhängt?
8. Wie können Sie Ihrerseits um ein Feedback hinsichtlich des Verlaufs der Beratung bitten?

Die Leitung eines Gruppenmeetings zum Feedback

Sobald Sie Ihre Ergebnisse und Empfehlungen einer Gruppe rückmelden, erhält Ihre Aufgabe eine zusätzliche Dimension: Wenn die Gruppe nicht daran gewöhnt ist, zusammenzuarbeiten, oder die Kunst der Zusammenarbeit nur mangelhaft beherrscht, geschieht es leicht, daß die Gruppenmitglieder ihre Schwierigkeiten miteinander auf den Berater übertragen, so daß er zur Zielscheibe wird. Die Kunst besteht hier darin, zu vermeiden, daß Klient gegen Berater steht. Es gibt einige Möglichkeiten, die Sie hier anwenden können.

Eine Gruppe besteht aus Individuen. Setzen Sie nicht stillschweigend voraus, daß diese immer einer Meinung sind oder sich alle gegenseitig unterstützen, daß sie gleich denken oder fühlen. Fragen Sie jedes einzelne Gruppenmitglied, was er oder sie sich von dem Meeting erwartet. So können Differenzen zutage treten und die Gruppe zwingen, für einige Schwierigkeiten, die sich vielleicht ergeben werden, Verantwortung zu übernehmen. Wenn die Leute einander nicht zuhören, nennen Sie jemanden beim Namen, und bitten Sie ihn, zu der Äußerung eines anderen Gruppenmitglieds Stellung zu nehmen. So rücken Sie etwas aus dem Scheinwerferlicht. Hören Sie nicht auf, die Gruppe zu unterstützen. Wenn Leute unter Streß stehen und die Sache nicht gut für sie läuft, dann brauchen sie Unterstützung, nicht noch mehr Konfrontation.

Es wird immer ein Gruppensegment geben, das wahnsinnige Angst verspürt und Widerstand leistet. Die Leute werden das in Form von aggressiven Fragen über Ihre Intervention oder Ihre Daten oder Ihr Programm zum Ausdruck bringen. Die Grundregel lautet: *Investieren sie niemals zu viel in Menschen, die Widerstand leisten.* Auch hier ist es wieder so, daß man auf alle Fragen zweimal in dem guten Glauben antworten sollte, es gehe wirklich um den sachlichen Inhalt der Frage. Allerdings braucht man ein bißchen Einfühlungsvermögen, um zu erkennen, wer in der Gruppe tatsächlich das Sagen hat und wessen Meinung die

Gruppe letztlich übernehmen wird. Investieren Sie Ihre Energie in diese Leute statt in die, die viel und laut reden und die eine Menge Fragen stellen. Irgendwann werden Sie vielleicht sagen: »Wir haben nun also mehrere Fragen von Bob und John gehört. Ich weiß nicht, was die anderen unter Ihnen darüber denken. Jean [wenn Jean die Chefin ist], was denken Sie über diese Sache?«

Seien Sie andererseits auf der Hut, wenn ein Klient stets fügsam ist. Häufig begegnen Menschen Konflikten, indem sie sich passiv oder fügsam verhalten – und da sollten Sie sehr mißtrauisch sein.

Checkliste Nr. 8: Übersicht über den Ablauf des Feedback-Meetings

Hier sind einige Fragen, die Sie für sich selbst nach einem Feedback-Meeting beantworten sollten. Die Beantwortung dieser Fragen wird Ihnen dabei helfen, Ihren eigenen Lernerfolg aus dem Feedback-Meeting, das Sie geleitet haben, richtig einzuschätzen und sich entsprechend auf das nächste Meeting vorzubereiten.

1. Was ist dabei herausgekommen?
2. Wie wurden das Problem und die Lösungen am Ende verstanden – anders oder genauso wie in Ihrer Präsentation der Ergebnisse und Empfehlungen?
3. In welcher Form trat der Widerstand auf?
4. Wie sind Sie mit dem Widerstand umgegangen?
   - Persönlich genommen?
   - Noch mehr Erklärungen und Daten abgegeben?
   - Nach tieferliegenden Sorgen hinsichtlich Kontrolle und Verletzlichkeit gesucht?
5. Sind Sie an irgendeinem Punkt steckengeblieben?
6. Welche nonverbalen Botschaften haben Sie bemerkt?
7. Welchen Zusammenhang können Sie erkennen zwischen der Art des Umgangs mit dem Meeting und der Art, wie die technischen/organisatorischen Probleme gehandhabt werden?

8. Welche Auswirkungen hatte das Meeting auf Ihre Beziehung zum Klienten?
9. Was würden Sie das nächste Mal anders machen?

Die Kunst des Feedbacks: Zusammenfassung

Einige Kompetenzen sollte man besitzen, um ein Feedback-Meeting richtig leiten zu können. Folgende Dinge sollten geleistet werden:

- Der Klient muß mit allen gesammelten Daten von Relevanz konfrontiert werden, auch wenn dies nicht Teil Ihrer ursprünglichen Planung war.
- Das Feedback soll eher beschreibend als bewertend sein.
- Erkenntnisse über sein persönliches Verhalten bei der Bewältigung des Zielproblems müssen dem Klienten rückgemeldet werden.
- Verstehen Sie, daß Kritik und Widerstand des Klienten nicht gegen Sie persönlich gerichtet sind.
- Sie sollten bei der der Sitzung anwesend sein, bei der über endgültige Maßnahmen entschieden wird.
- Man muß das Feedback-Meeting so strukturieren und kontrollieren, daß Raum für die Reaktion des Klienten und die Auswahl weiterer Schritte bleibt.

Während Ihrer Arbeit mit Managern gilt Ihre Art authentischen Verhaltens als Modell für das Verhalten, das Sie ihnen für den Umgang mit ihren Untergebenen anraten. Ihr Arbeitsstil hat immer Modellcharakter, und so ist Ihr Vorbild das wichtigste Lehrmittel für den Manager, wenn es darum geht, zu lernen, wie Probleme gelöst werden können. Diese Tatsache hat wesentlich mehr Bedeutung als alles, was Sie mit Worten erklären, oder jede Art von Handlungsanweisung, die Sie ihnen für den Umgang mit ihren Untergebenen geben.

KAPITEL 14

Wenn die vorbereitenden Massnahmen abgeschlossen sind

Falls sich der Klient dazu entschlossen hat, etwas zu unternehmen, ist die Zeit für die *endgültige Maßnahme* gekommen. Bei der endgültigen Maßnahme – der Durchführungsphase – ist nun der Moment gekommen, da Sie aus Ihrem Sachwissen, für dessen Erlangung Sie so viele Jahre investiert haben, Kapital ziehen können. Wenn Sie ein Finanzanalytiker sind, werden Sie damit beginnen, bestimmte Kontrollsysteme einzuführen. Sind Sie ein Ingenieur, so werden Sie die Eingangsventile des Hochofens neu entwerfen. Als Fortbildungsleiter werden Sie ein Fortbildungsprogramm beginnen.

Dieses Buch ignoriert die Durchführungsphase fast ganz. Dies geschieht aus zwei Gründen. Der erste ist der, daß die Bedingungen zur Durchführung von Maßnahmen weitgehend von Ihrem spezifischen Fachgebietswissen abhängig sind. Hierfür wäre etwa ein Buch über die Kunst der Durchführung von Maßnahmen für Buchhalter, Ingenieure, Trainingsleiter und so weiter das geeignete. Der zweite Grund dafür, warum der Durchführung hier wenig Aufmerksamkeit geschenkt wird, ist der, daß es bereits eine Menge Literatur zu diesem Thema gibt. Jedem von uns steht eine Auswahl von Fachzeitschriften und Büchern zur Verfügung, die sich mit der entsprechenden Fachrichtung beschäftigen und Maßnahme über Maßnahme beschreiben.

Dieses Buch will Ihnen dabei helfen, das Management eines Unternehmens dahin zu bekommen, der Durchführung einer endgültigen Maßnahme überhaupt erst einmal zuzustimmen.

Die vorbereitenden Maßnahmen sind eher bestimmt von den intuitiven, unvorhersehbaren und irrationalen Teilen des Beratungsprozesses. Hier haben Sie es zu tun mit der Unentschlossenheit des Klienten, ob er überhaupt etwas tun soll. Wenn erst einmal die Entscheidung gefallen ist, daß ein Projekt durchgeführt werden soll, werden die Dinge etwas vorhersehbarer.

Nachdem ich diese Einschränkungen gemacht habe, möchte ich doch einige allgemeine Bemerkungen zur Durchführungsmaßnahme machen, die Sie vielleicht beherzigen sollten.

Perfekte Beratung während der Durchführungsphase

Das, was Sie während der Durchführung einer Maßnahme am ehesten unter Kontrolle haben, ist Ihr eigenes Verhalten, denn damit können Sie den meisten Einfluß gewinnen. Wenn Leute etwas von Ihnen lernen oder sich von Ihnen beeinflussen lassen sollen, müssen sie Ihnen vertrauen. Authentisches Verhalten wirkt vertrauensbildend und vereinfacht die Durchführung. Verhaltensweisen wie etwa jene, clever sein zu wollen, den Direktor zu beschwören, das Projekt zu unterstützen, die Risiken herunterzuspielen, die das Projekt in sich birgt – all das vermindert das Vertrauen und verzögert die Durchführung. Klienten lernen viel aus unserem Verhalten und sehr wenig aus unseren Worten.

Der Widerstand stirbt nicht, wenn die Handlungsentscheidung gefallen ist. Wir hoffen natürlich, unsere fehlerfreie Beratung während der vorbereitenden Phasen wird dazu führen, daß sich der Widerstand während der Durchführungsphase so gering wie möglich darstellt. Widerstand wird jedoch nach wie vor vorhanden sein, besonders bei den Leuten, die während der frühen Phasen des Projekts nicht involviert waren. Vergessen Sie nicht, daß der Widerstand, der Ihnen während der Durchführung entgegengebracht wird, seinen Ursprung in denselben Sorgen hat, welche die früheren Phasen begleitet haben: Kontrollverlust und

Verwundbarkeit. Gehen Sie nun ebenso damit um, wie Sie es während der Vertragsverhandlungen, der Datensammlung und dem Feedback getan haben.

- Geben Sie zwei Antworten in dem guten Glauben, daß es tatsächlich um den sachlichen Gehalt der Frage geht. Nehmen Sie zur Kenntnis, daß Widerstand auftritt. Identifizieren Sie die Form, die er annimmt. Benennen Sie ihn. Schweigen Sie.

Vertragsverhandlungen finden immerzu statt, auch während der Durchführungsphase. Mit jeder Person, die neu in das Projekt eintritt, müssen zunächst Vertragsverhandlungen geführt werden. Außerdem müssen Sie stets in der Lage sein zu erkennen, wenn Veränderungen in der Erwartungshaltung von denjenigen Leuten eintreten, die seit Beginn an dem Projekt beteiligt waren. Jedesmal, wenn sich die Erwartungen des Klienten verändern, müssen Sie die Verhandlungen darüber, was der eine vom anderen erwartet, wieder aufnehmen, und zwar sofort.

Erinnern Sie sich an das zweite Ziel der Beratung: Sie möchten dem Klienten beibringen, wie er das Problem das nächste Mal selbst lösen kann. In Anbetracht des Zeitdrucks und des Arbeitsaufwands, den die Durchführung eines Programms erfordert, ist es immer einfacher für Sie, Anstehendes schnell selbst zu erledigen. Widerstehen Sie dieser Versuchung, und bleiben Sie bei dem Vorsatz, die Verantwortung zu gleichen Teilen zu verteilen. Falls Sie die Durchführung übernehmen, sind Sie nicht mehr als Berater, sondern als Ersatzmanager tätig. Wenn Sie das tun, tragen Sie dazu bei, daß der Klient bestimmte Lernziele zugunsten kurzfristiger Resultate opfert. Sobald Sie sich auf die Rolle des Ersatzmanagers bei einem Projekt einlassen, signalisieren Sie dem Unternehmen mit Ihrem Verhalten außerdem, daß Sie die Absicht haben, der Betriebsleitung Kontrollkompetenzen zu entwenden. Damit geben Sie den ohnehin intensiven Ängsten vor Kontrollverlust weitere Nahrung.

Für den internen Berater ist es eine besonders heikle Aufgabe, die Zuweisung von Kontrolle und Verantwortung zu gleichen

Teilen zu wahren. Da Sie planen, mit dem Klienten noch lange nach Abschluß des betreffenden Projekts zusammenzuarbeiten, wird Ihr jetziger Beitrag dem Management zeigen, was von Ihnen in Zukunft zu erwarten ist. Auch vor diesem Hintergrund haben Sie stets darauf zu achten: Verantwortung sollte von beiden Seiten zu gleichen Teilen getragen werden.

Die Beendigung eines Projekts

Wenn sich ein Projekt seiner Vollendung nähert, fangen wir in der Regel an, unsere Energie und Aufmerksamkeit abzuziehen und über die Zukunft nachzudenken. Bevor man das Projekt abschließt, sind jedoch noch einige Dinge zu erledigen. Auch das Ende des Projekts sollte als Phase des Projekts und als eine weitere Gelegenheit für Berater und Klienten gesehen werden, etwas zu lernen. Die Erfordernisse der Beendigungsphase sind die folgenden:

- Geben Sie dem Klienten Feedback darüber, wie er Ihr Projekt gehandhabt hat.
- Bitten Sie den Klienten um Feedback hinsichtlich Ihrer gemeinsamen Arbeit.
- Besprechen Sie mit dem Klienten, was bei einer zukünftigen Zusammenarbeit der eine vom anderen zu erwarten hat.

Die Art und Weise der Beendigung eines Projekts hängt bis zu einem gewissen Grad davon ab, wie erfolgreich es war. In jedem Fall streben Sie einen klaren, sauberen Abschluß an. Die Art, wie Sie das Projekt beenden, wird Einfluß darauf haben, ob der Klient Sie noch einmal um Ihre Mitarbeit bitten wird – unabhängig von den Höhen und Tiefen der jeweiligen Projektphasen. Es folgen nun ein paar Regeln für einen guten Abschluß.

Die Beendigung eines erfolglosen Projekts

Stellen Sie sich selbst und dem Klienten die Frage, ob Sie irgend etwas Wichtiges vernachlässigen, wenn sie das Projekt jetzt beenden. Viele leitende Angestellte möchten ein Projekt gerne dann beenden, wenn sich die Aufmerksamkeit verlagert, das heißt, wenn statt der technischen oder organisatorischen Probleme eher die persönlichen Anliegen in den Vordergrund rücken. Bei jedem Projekt kommt jeder Manager an irgendeinem Punkt zu der Erkenntnis, daß sein eigener Managementstil und seine Denkungsweise Teil des Problems sind. Oft haben sie das Bedürfnis, sich der Konfrontation mit dieser Erkenntnis zu entziehen – die Beendigung des Projekts bietet hierfür eine Möglichkeit. Manager (und Berater) vermeiden es vor allem deshalb, ihr eigenes Verhalten kritisch zu betrachten, weil sie nicht wissen, was sie daran ändern sollen. Unterstützen Sie den Manager nicht in diesem Glauben.

Helfen Sie dem Manager vielmehr in einem anderen Punkt. So sollte er über kurz oder lang erkennen können, daß es ein Unterschied ist, seine Gefühle oder sein Verhalten ändern zu wollen. Unsere Gefühle können wir nicht ändern. Wenn wir das Bedürfnis haben, alles unter Kontrolle zu halten, wenn wir es hassen, uns verwundbar zu fühlen, wenn sich in uns Unbehagen breitmacht, bevor wir von anderen Feedback erhalten – dann sind diese Gefühle echt, und kein Willensakt wird sie beseitigen können. Das einzige, was der Manager ändern kann, ist die Art und Weise, wie er mit seinen Gefühlen *umgeht*. Es liegt in der Macht eines jeden von uns, sich dennoch nicht kontrollierend zu verhalten, obwohl wir uns noch so sehr nach der Ausübung von Kontrolle sehnen. Selbst wenn wir es hassen, verletzbar zu sein, so können wir es durchaus zulassen, uns in verwundbare Positionen zu setzen. Und selbst wenn es uns unangenehm ist, Feedback zu erhalten, so sollten wir dennoch darum bitten.

Der Wunsch des Managers, ein Projekt zu beenden, entspringt oft seinem Bedürfnis, es zu vermeiden, daß

- er Kontrolle aufgeben muß;
- er sich verletzbar fühlt;
- er ein negatives Feedback erhält.

Die Aufgabe des Beraters besteht darin, den Manager darin zu unterstützen, daß er diese Unannehmlichkeiten erträgt, obwohl er das Bedürfnis hat, sich zurückzuziehen.

Dasselbe gilt für den Berater. Wenn das Projekt schlecht läuft, möchte ich mich gerne zurückziehen. In gewisser Weise fühle ich mich für den Fehlschlag verantwortlich, und die Beendigung des Projekts ist ein Weg, sich dieser Verantwortung nicht stellen zu müssen. Da ist das Verlangen groß, dem Manager die Schuld an mißlungenen Projekten zu geben. Widerstehen Sie der Versuchung. Wenn das Projekt nicht gut läuft, fragen Sie den Klienten, was Sie seiner Ansicht nach zu den Schwierigkeiten beitragen. Nehmen Sie aber keinesfalls die Antwort des Klienten so weit persönlich, daß Sie anfangen, Schuld oder Schande zu spüren. Je mehr Sie in der Lage sind, dem Manager gegenüber Fehler zuzugeben, die Sie Ihrer Ansicht nach gemacht haben, desto mehr wird der Klient Ihnen vertrauen und um so größer ist die Wahrscheinlichkeit, daß das Projekt zu neuem Leben erwacht.

Die Beendigung eines erfolgreichen Projekts

Dies ist ein Grund zum Feiern. Tun Sie es, indem Sie dem Klienten direkt mitteilen, was er dazu beigetragen hat. Die Menschen lernen aus Lob mindestens soviel wie aus Tadel. War der Manager bereit, für eine Weile ein Stück Kontrolle abzutreten oder ein paar Risiken auf sich zu nehmen, dann sagen Sie es. Es ist sehr wichtig, wenn der Klient versteht, daß diese Art von Beitrag für ein erfolgreiches Projekt ebenso wichtig ist wie das Ansammeln von Daten und das Treffen richtiger Entscheidungen. Setzen Sie niemals als selbstverständlich voraus, daß sich Manager ihrer Stärken bewußt sind. Oft sind sie es nicht.

Um diesen Punkt zu überprüfen, sollten Sie es einmal mit folgender Übung versuchen: Bitten Sie einfach einen Manager, zwei

Listen auf einem Blatt Papier anzufertigen – eine Liste für Stärken und eine für Schwächen. In der Regel zählen die Leute ganz schnell zehn Schwächen auf und starren dann auf das Papier – in dem vergeblichen Versuch, ihre Stärken zu definieren.

Sie können am Ende eines erfolgreichen Projekts einen positiven Beitrag leisten, indem Sie dem Klienten klarmachen, was er und sein Unternehmen gut gemacht haben. Auch Berater haben das Problem, daß sie die eigene Leistung schlecht anerkennen können – also bitten Sie den Klienten, daß auch er Ihnen sagt, was Sie bei diesem Projekt gut gemacht haben. Wenn Sie das Gute vernehmen, atmen Sie tief durch, halten Sie den Mund, und nehmen Sie es einfach an.

Überflüssige Weiterarbeit

Einige Male bin ich der Versuchung erlegen, daß ich die Arbeit mit einem Manager fortgeführt habe, obwohl kein wahrer Bedarf an meinen Diensten mehr vorhanden war. Mein Ziel war es ja immer gewesen, daß der Klient und seine Organisation in die Lage versetzt würden, die Dinge selbst zu regeln, für deren Erledigung sie vorher von mir abhängig gewesen waren. So etwas kommt vor. In einem Fall genossen der Manager und ich die gemeinsame Arbeit so sehr, daß wir uns dabei ertappten, wie wir Projekte und Probleme nur darum »aufspürten«, damit ich einen Grund hatte, für sein Unternehmen weiterzuarbeiten. Diese Tatsache vermittelte ein schlechtes Gefühl und tat auf subtile Weise unserer Beziehung sogar Abbruch. Also: Verabschieden Sie sich, sobald das Projekt beendet ist.

Die Verbreitung der Nachricht von der Beendigung des Projekts

Es ist eines der Ziele in der Beendigungsphase, die Saat für weitere Projekte zu säen. Die meisten Projekte enden auf vernünftige Weise für Sie und für den leitenden Angestellten. Oft ist es aber so, daß der Rest des Unternehmens nicht über so viele Informationen verfügt wie Sie beide. So kann es geschehen, daß die meisten Mitarbeiter niemals auf offiziellem Wege Kenntnis davon erhalten, sobald ein Projekt abgeschlossen ist. Dasselbe gilt für die Verbreitung der Resultate des Projekts. Sie sollten deshalb zusammen mit dem Manager einen bestimmten Plan entwickeln, nach dem die Leute erfahren, was aus dem Projekt geworden ist, wann Sie Ihre Arbeit beendet haben und welche Pläne für die Zukunft gefaßt wurden. Diese klare Form der Beendigung ist von äußerster Wichtigkeit, wenn es darum geht, bei der jetzigen und der nächsten Generation von Managern die Bereitschaft zu säen, wieder Hilfe zu suchen, falls diese notwendig ist.

Schlußwort

Ganz am Anfang dieses Buches habe ich darauf hingewiesen, daß wir uns mit Fähigkeiten, Anforderungen und Techniken nur insofern beschäftigen würden, als sie die Grundlage bilden für die eigentliche Aufgabe eines Beraters. Die eigentliche Aufgabe besteht darin, sich ständig bewußtzumachen, welche Gefühle die Erfahrungen bei der Beratung in einem selbst auslösen. Des weiteren besteht die Aufgabe darin, sich so authentisch wie möglich zu verhalten. Nur auf diese Weise können Ihre eigenen Bedürfnisse und die des Klienten adäquat integriert und erfüllt werden.

Diese Rollendefinition enthält ein Paradox. Wir alle sehnen uns nach Einfluß, und wir alle möchten unser Sachwissen zur Anwendung bringen. Der Weg, um diese Kontrolle zu gewinnen, ist in gewisser Weise der, Kontrolle aufzugeben. Authentisches Verhalten bedeutet, daß man das Maß der eigenen Einflußnahme reduziert und die eigenen Erfahrungen bewertet. Die kritische Betrachtung der eigenen Erfahrungen gibt anderen eine enorme Macht über Sie. Sie lassen es auf diese Weise zu, daß die Reaktionen anderer bestimmen, wie Sie arbeiten. Und dennoch: Einfluß hat man, weil man ihn nicht hergibt. Man verhindert, daß man Einfluß hergeben muß, indem man sich selbst gestattet, nach den eigenen Erfahrungen und Wahrnehmungen zu handeln.

Sobald man sich nicht mehr zwanghaft verhält, verhält man sich authentisch. Authentisches Verhalten und Befolgung der Aufgabenstellung einer jeden Beratungsphase: das ist es, was perfekte Beratung ausmacht – nicht mehr, aber auch nicht weniger.

ANHANG

NOCH EINE CHECKLISTE ZU IHRER VERFÜGUNG

Nachdem Sie nun die Lektüre dieses Buches beendet haben, sind Sie sicher recht gut vertraut mit den für die Beratung notwendigen Konzepten und dem dazugehörigen Know-how. Sie haben auch gesehen, daß spezifische Techniken und Know-how in den Phasen der vorzubereitenden Maßnahmen methodisch und in bestimmter Reihenfolge so zum Einsatz gebracht werden müssen, daß sie die Chancen für eine erfolgreiche Durchführung der endgültigen Maßnahme erhöhen.

Die nun folgende Checkliste kann wie ein aktuelles Nachschlagewerk für Berater gelten. Nehmen wir an, Sie haben einen Termin bei einem zukünftigen Klienten und wollen schnell Ihre Kenntnis darüber auffrischen, wie die Vertragsbesprechung zu handhaben ist. Schlagen Sie in der Checkliste den Abschnitt zur Vertragsbesprechung auf, und verwenden Sie ihn in der Zusammenfassung darüber, was in dem bevorstehenden Meeting zu tun ist und worauf Sie zu achten haben.

Dieser Anhang ist in fünf Teile gegliedert: Überblick, Vertragsphase, Datensammlung und -analyse, Feedback und Widerstand. Die Checkliste in jedem Abschnitt ist eine Zusammenfassung der wichtigsten Punkte oder der Schritte, die in dieser Phase zu leisten sind (einschließlich der notwendigen Voraussetzungen). Sie können die Checklisten zunächst einmal einfach durchlesen, um Ihr Wissen über und Ihr Verständnis für das Material, das dieses Buch enthält, von Zeit zu Zeit aufzufrischen. Sie können sie außerdem dazu verwenden, um die Punkte zu überprüfen, über die Sie sich noch nicht so ganz klar geworden sind, über die Sie mehr wissen oder erfahren möchten. Schließlich dienen die Checklisten als Themenindex, da zu jedem Punkt die Seitenzahlen angegeben sind. Sie erhalten so die Möglichkeit, im Text nachzuschlagen, wenn Sie zu bestimmten Punkten noch einmal etwas im Detail nachlesen möchten.

Für einen raschen Überblick

	Kapitel	Seite

- Ein Berater ist jemand, der versucht, eine Gruppe oder eine Organisation zu beeinflussen, der aber keine direkte Befugnis hat, Veränderungen vorzunehmen oder Programme durchzuführen.   1   16 f.

- Die fünf Phasen eines Beratungsprojekts sind:

1. Beginn und Vertragsbesprechung
2. Datensammlung und Analyse
3. Feedback und Handlungsentscheidung
4. Durchführung
5. Erweiterung, Neubeginn oder Beendigung   1   20 f.

- Die primären Ziele des Beraters sind:

1. Klima für gute Zusammenarbeit schaffen
2. Dauerhafte Problemlösungen finden
3. Sicherstellen, daß sowohl das technische/organisatorische Problem als auch die zwischenmenschlichen Beziehungen genügend Beachtung finden   2   34 ff.

- Die klassischen Rollen, in denen sich der Berater wiederfinden kann:

  - Experte
  - Handlanger
  - Partner einer guten Zusammenarbeit   2   38 ff.

- Die Förderung des Engagements des Klienten ist ein sekundäres Beratungsziel.

  - Jeder Schritt, der zur Durchführung einer Lösung führt, kann als Gelegenheit betrachtet werden, den Klienten zu beteiligen,

| | *Kapitel* | *Seite* |

Widerstand zu reduzieren und die Möglichkeiten
für einen Erfolg zu verbessern. Jeder Schritt
ist eine Gelegenheit für Zusammenarbeit.

Schritt 1: Definition des Ausgangsproblems
Schritt 2: Beschluß, das Projekt durchzuführen
Schritt 3: Auswahl der Dimensionen,
 die erfaßt werden sollen
Schritt 4: Entscheiden, wer beteiligt sein soll
Schritt 5: Auswahl der Methode
Schritt 6: Datensammlung
Schritt 7: Daten sortieren
Schritt 8: Zusammenfassen der Daten
Schritt 9: Datenanalyse
Schritt 10: Feedback der Ergebnisse
Schritt 11: Erteilen von Empfehlungen
Schritt 12: Entscheiden, welche Maßnahmen
 zu ergreifen sind   2   46 ff.

– Wer perfekt beraten will, muß zwei
 Voraussetzungen erfüllen:

 1. Man muß authentisch sein.
 2. Jede Beratungsphase muß komplett
    durchgeführt werden.   3   59 ff.

– Perfekt zu beraten hat für den Berater
 folgende Vorteile:

 • Sein Fachwissen kann besser genutzt werden.
 • Seine Empfehlungen haben bessere Chancen,
   durchgeführt zu werden.
 • Seine Beziehung zum Klienten ist eher
   partnerschaftlich.
 • Man vermeidet Beratungssituationen,
   bei denen keiner gewinnen kann.
 • Der Klient entwickelt inneres Engagement.
 • Man erhält Unterstützung vom Klienten.

	Kapitel	Seite

- Sein Einfluß auf den Klienten erhöht sich.
- Seine Beziehung zum Klienten basiert auf gegenseitigem Vertrauen.   3   59 ff.

Vor der nächsten Vertragsverhandlung ist zu bedenken ...

– Die Vertragsphase besteht aus folgenden Schritten:

1. Wünsche verhandeln
2. Umgang mit gemischten Gefühlen
3. Sorgen hinsichtlich Bloßstellung und Kontrollverlust ans Tageslicht bringen
4. Verträge mit drei oder vier Partnern   3   63 f.

– Die Vertragsbesprechung erfordert folgende Fähigkeiten:

1. Durch direkte Fragen klären, wer der Klient ist und welche nicht anwesenden Partner noch am Vertrag beteiligt sind
2. Herausfinden, welche Erwartungen der Klient an uns hat
3. Klar und deutlich sagen, was man vom Klienten erwartet
4. Ein Projekt ablehnen oder verschieben, das der eigenen Einschätzung nach weniger als 50 Prozent Erfolgschancen hat
5. Sofort erkunden, welche unterschwelligen Sorgen hinsichtlich Bloßstellung und Verwundbarkeit beim Klienten vorhanden sind
6. Wenn die Vertragsbesprechung nicht gut läuft: direkt mit dem Klienten darüber sprechen   4   80

Noch eine Checkliste zu Ihrer Verfügung

Kapitel   Seite

– Ein Vertrag ist eine explizite Übereinkunft darüber, was Klient und Berater voneinander erwarten und in welcher Weise sie zusammenarbeiten werden.

– Dem Vertragsabschluß liegen zwei ausschlaggebende Konzepte zugrunde:

- Gegenseitiges Einverständnis: Beide Seiten stimmen dem Vertrag freiwillig und aus eigenem Willen zu.
- Gegenseitige Verpflichtung: Jeder Vertragspartner erhält etwas von Wert.

– In der Regel sollten Ihre Verträge folgende Elemente enthalten:

1. Der äußere Rahmen Ihrer Analyse
2. Zielsetzungen für das Projekt
3. Die Art von Informationen, die Sie suchen
4. Ihre Rolle bei dem Projekt
5. Das Produkt, das Sie liefern werden
6. Welche Art von Unterstützung und Beteiligung Sie vom Klienten benötigen
7. Zeitplan
8. Vertrauensbestätigung
9. Aussicht auf späteres Feedback an Sie   4   81 ff.

– Telefonische Fragen vor dem ersten Treffen:

- Was möchten Sie besprechen?
- Wer ist bei diesem Projekt der Klient?
- Wer wird noch bei dem Treffen anwesend sein?
- Wieviel Zeit werden wir zur Verfügung haben?

	Kapitel	*Seite*

- Ist es schon sicher, daß Sie ein Projekt durchführen werden, oder möchten Sie erst einmal besprechen, ob Sie überhaupt etwas unternehmen möchten?   5   96

– Für die Planung der Vertragsbesprechung nehmen Sie Checkliste Nr. 3 zu Hilfe.

– Die Schritte für die Leitung der Vertragsbesprechung:

Schritt 1: Persönliche Begrüßung
Schritt 2: Signalisieren, daß man das Problem versteht
Schritt 3: Wünsche und Angebote des Klienten
Schritt 4: Wünsche und Angebote des Beraters
Schritt 5: Einigung erzielen
Schritt 6: Bitte um Feedback über Kontrolle und Engagement
Schritt 7: Unterstützung geben
Schritt 8: Wiederholung der Handlungsschritte

Schritt 5-S: Stagnation bei Wünschen und Angeboten
Schritt 6-S: Denk- bzw. Verschnaufpause
Schritt 7-S: Wünsche und Angebote neu formulieren
Schritt 8-S: Erneute Stagnation
Schritt 9-S: Verlegung der Diskussion auf eine andere Ebene
Schritt 10-S: Wünsche und Angebote noch einmal besprechen
Schritt 11-S: Kein Weg aus der Sackgasse: Beenden oder Engagement minimieren   5   98 ff.

	Kapitel	*Seite*

- Beendigung der Vertragsbesprechung:
  - Nachfragen, wie Sie und der Klient erfahren werden, ob Sie erfolgreich sind
  - Fragen, welches Gefühl der Klient hinsichtlich des Projekts und der Sitzung hat und wie er Sie findet — 5 — 137 f.

- Der Umgang mit schwacher Motivation bei der Vertragsbesprechung:

1. Gehen Sie davon aus, daß sich der Klient genötigt fühlt.
2. Vielleicht möchte der Klient noch einmal über die Notwendigkeit des Projekts verhandeln.
3. Schließen Sie mit dem Klienten einen Vertrag über ein Projekt mit kleinen Schritten.
4. Einigen Sie sich darauf, das Projekt so zu gestalten, daß die Gefahr der Bloßstellung und des Kontrollverlustes so gering wie möglich bleibt. — 6 — 141 ff.
5. Hoffen Sie das Beste.

- Um noch einmal nachzusehen, was in der einen oder anderen Vertragsbesprechung geschehen ist, verwenden Sie Checkliste Nr. 4. — 5 — 139

- Grundregeln für den Vertragsabschluß:

1. Berater und Klient teilen die Verantwortung (50 zu 50). Jede Geschichte hat zwei Seiten. Wenn die Beziehung nicht symmetrisch ist, wird sie zusammenbrechen. Der Vertrag sollte die 50-zu-50-Verantwortung festhalten.
2. Der Vertrag sollte aus freien Stücken geschlossen werden.

Für einen raschen Überblick

Kapitel Seite

3. Nichts ist umsonst. Jede Seite muß auf die Belange der anderen Rücksicht nehmen. Das gilt auch bei einer Chef-Untergebenen-Beziehung.
4. Alle Wünsche sind legitim. Etwas zu wollen ist ein Grundrecht. Es ist unmöglich zu sagen: »Sie sollten das nicht wünschen.«
5. Sie können »nein« sagen zu dem, was andere wollen – auch zu Klienten.
6. Sie erhalten nicht immer, was Sie wollen. Sie werden es überleben, und andere Klienten werden kommen.
7. Sie können sich über Verhaltensweisen einigen – Sie können jedoch nicht vertraglich verlangen, daß der andere seine Gefühle ändert.
8. Sie können vom anderen nichts verlangen, was er nicht geben kann.
9. Sie können nichts versprechen, was Sie nicht liefern können.
10. Mit Leuten, die nicht anwesend sind, kann man keine Verträge schließen, so zum Beispiel mit dem Chef oder mit den Untergebenen des Klienten. Sie müssen mit den Leuten sprechen, bevor Sie mit ihnen eine Übereinkunft treffen.
11. Schließen Sie Verträge, wenn möglich, schriftlich. Die meisten Verträge werden aus Nachlässigkeit und nicht absichtlich gebrochen.
12. Zwischenmenschliche Verträge können immer wieder neu verhandelt werden. Wenn jemand dies in der Mitte des Projekts tun möchte, seien Sie froh, daß er mit Ihnen darüber spricht, statt es einfach zu tun, ohne ein Wort zu sagen.
13. Verträge müssen zeitlich begrenzt bzw. von bestimmter Dauer sein.
14. Gute Verträge brauchen Vertrauen (und vor dem Abschluß oft genug eine Portion unverhofftes Glück). 4 91 f.

Noch eine Checkliste zu Ihrer Verfügung

Bevor Sie an die Datensammlung und -analyse bei Ihrem nächsten Projekt gehen, erinnern Sie sich noch einmal an folgende Punkte...

	Kapitel	*Seite*

- Die Phase »Datensammlung und -analyse« impliziert:

  1. Aufdecken der verschiedenen Schichten
  2. Verstehen des Betriebsklimas
  3. Wiederaufdecken des Widerstands gegen das Weitergeben von Information
  4. Das Interview muß als Intervention angesehen werden   11   229 ff.

- Die korrekte Ermittlung des Problems:

  1. Man unterscheidet zwischen dem dargestellten Problem und dem tatsächlichen Problem, das sich darunter verbirgt.
  2. Es müssen immer zwei Ebenen eruiert werden: das eigentliche (technische/organisatorische) Problem und die Handhabung dieses Problems.
  3. Fragen Sie den Klienten, welche seiner Meinung nach seine eigene Rolle bei der Entstehung bzw. beim Weiterbestehen des dargestellten oder des Zielproblems ist.
  4. Fragen Sie den Klienten, welche Rolle andere im Unternehmen bei der Entstehung bzw. beim Weiterbestehen des Problems spielen.
  5. Planen sie die Datensammlung zusammen mit dem Klienten.
  6. Beteiligen sie den Klienten an der Auswertung der gesammelten Daten.
  7. Wie geht der Manager mit Ihnen um, und wie managt er sein Unternehmen? Erkennen Sie die Parallelitäten!
  8. Komprimieren Sie die Daten auf eine überschaubare Anzahl von Themen.

	Kapitel	*Seite*

9. Verwenden Sie eine Sprache, die auch von Leuten außerhalb Ihres Fachgebiets verstanden werden kann. — 10 — 222 ff.

– Die Problemermittlung dient der Handlung, nicht der Forschung. — 10 — 216

– Ihr Ziel ist es, ein klares und einfaches Bild von den Ursachen zu entwerfen, die zur Entstehung bzw. dem Bestehen des Problems des Klienten führen, einschließlich einer Beschreibung des technischen/organisatorischen Problems, das den Klienten dazu veranlaßt hat, Sie um Hilfe zu bitten, sowie einer Darstellung, wie das Problem gehandhabt wird. — 10 — 218 ff.

– Konzentrieren Sie sich jenseits rein technischer Erwägungen auf vier Dinge:

1. Ihre Studie sollte immer weiter vereinfacht, eingegrenzt und reduziert werden, so daß die jeweils nächsten Schritte, die der Klient unternehmen kann, klar ersichtlich werden.
2. Verwenden Sie alltägliche Sprache.
3. Schenken Sie der Beziehung zu ihrem Klienten viel Aufmerksamkeit. Beteiligen Sie den Klienten an Entscheidungen über Handlungen, sooft sich die Gelegenheit bietet. Gehen Sie auf Widerstand ein, sobald er erscheint.
4. Betrachten Sie Daten, die die Organisation des Unternehmens betreffen, als echte und gültige Informationen. Erkunden Sie auch, wie das Problem, das Sie studieren, gehandhabt wird. — 10 — 217

Noch eine Checkliste zu Ihrer Verfügung

Kapitel *Seite*

- Die Schritte der Datensammlung und -analyse:

  1. Verstehen des dargestellten Problems
  2. Entscheidung, daß gehandelt werden soll
  3. Festlegen der Befragungsdimensionen
  4. Entscheidung, wer beteiligt sein soll
  5. Auswahl der Methode zur Datensammlung
  6. Datensammlung
  7. Sortierung der Daten
  8. Zusammenfassung der Daten
  9. Datenanalyse 11 230 ff.

- Das dargestellte Problem ist niemals das wirkliche Problem. 10 220

- Stellen Sie diese Fragen, um Informationen für die verschiedenen Ebenen der Analyse zu erhalten:

  1. Mit welchem technischen oder organisatorischen Problem haben Sie es im Moment zu tun?
  2. Inwieweit trägt das Verhalten anderer Leute oder Gruppen innerhalb des Unternehmens dazu bei, daß das Problem in seiner momentanen Ernsthaftigkeit entsteht bzw. bestehenbleibt?
  3. Welche Rolle spielen Sie bei dem Problem? Wenn Sie einmal Ihren Zugang zum Problem bzw. Ihre Art, das Problem zu bewältigen, betrachten: Was könnte dazu beitragen, daß das Problem existiert, bzw. was könnte seine Lösung verhindern? 11 240

- Die Handhabung des Problems hat Schlüsselfunktion. 11 234

	Kapitel	Seite

– Um verstehen zu können, wie das Problem gehandhabt wird, müssen folgende Dimensionen in Betracht gezogen werden:

1. Klarheit der Zielsetzungen
2. Die Kompetenz und Kooperationsbereitschaft von Untergruppen
3. Unterstützungsbereitschaft
4. Leistungsbewertung
5. Die Rolle des Geschlechts
6. Statusunterschiede
7. Autorität und Macht
8. Effektivität der Entschlußfassungen
9. Normen für das Verhalten des einzelnen
10. Managementinformation
11. Führungsstil
12. Konfliktbewältigung
13. Dominanz
14. Die Einstellung der beteiligten Mitarbeiter zu diesem Projekt und zu Ihrer Beteiligung   11   234

– Verwenden Sie Checkliste Nr. 5 für die Planung des Meetings zur Datensammlung.   11   245

– Verwenden Sie Checkliste Nr. 6, um nachzusehen, wie frühere Meetings zur Datensammlung verlaufen sind.   11   247

Bevor Sie in die Feedback-Phase eintreten, erinnern Sie sich noch einmal an folgende Punkte ...

– Die Feedback-Phase impliziert die Punkte:

1. Sortierung der Daten
2. Präsentation von Daten, die Personen und das Unternehmen betreffen

Noch eine Checkliste zu Ihrer Verfügung

Kapitel   *Seite*

  3. Leitung des Feedback-Meetings
  4. Konzentration während der Sitzung
     auf das Hier und jetzt
  5. Nichts persönlich nehmen   13   263 f.

– Das korrekte Feedback:

  1. Konfrontation des Klienten mit allen Daten, die Sie gesammelt haben und die relevant sind, auch wenn sie über den ursprünglichen Auftrag hinausgehen.
  2. Gestalten Sie Ihr Feedback eher beschreibend als bewertend.
  3. Geben Sie dem Klienten Feedback zu persönlichem Verhalten bei der Handhabung des Zielproblems.
  4. Verstehen Sie, daß Kritik und Widerstand des Klienten sich nicht gegen Sie persönlich richten.
  5. Nehmen Sie an der Sitzung teil, in der Handlungsschritte festgelegt werden.
  6. Strukturieren und überwachen Sie das Feedback-Meeting, um die Reaktion des Klienten und die Wahl der nächsten Schritte mitzubekommen.   13   285

– Ein klares Bild kann schon genügen:
Wenn Sie einfach und klar umreißen, warum das Problem existiert, hat der Klient eventuell ebenso viele Lösungsvorschläge wie Sie.   12   249 f.

– Wenn Sie die Daten komprimieren, wählen Sie Problempunkte aus,

  1. deren Beeinflussung auch in der Macht des Klienten liegt;
  2. deren Wichtigkeit für das Unternehmen klar zu erkennen ist;

	Kapitel	*Seite*

3. für deren Bearbeitung im Unternehmen des Klienten irgendeine Bereitschaft vorhanden ist.   12   250

- Faustregel für effektives Feedback: bestimmtes Auftreten, nicht aggressiv oder unsicher   12   255

- Verwenden Sie eine Sprache, die so ist:

  - Beschreibend
  - Zentriert
  - Spezifisch
  - Knapp
  - Einfach   12   257

- Vermeiden Sie eine Sprache, die so ist:

  - Bewertend
  - Global
  - Stereotyp
  - Zu ausführlich
  - Kompliziert   12   257

- Die Präsentation sollte so strukturiert sein, daß nur drei allgemeine Kategorien von Daten vorkommen:

  1. Analyse des technischen/organisatorischen Problems
  2. Analyse der Art und Weise, wie das Problem gehandhabt wird
  3. Empfehlungen   13   265 f.

- Die Tagesordnung für das Feedback-Meeting sollte folgende Schritte enthalten:

  Schritt 1: Wiederholen des Originalvertrags
  Schritt 2: Vorstellen des Sitzungsschemas

	Kapitel	Seite

　Schritt 3: Präsentation der Ergebnisse der Pro-
　　　　　　blemermittlung
　Schritt 4: Präsentation der Empfehlungen
　Schritt 5: Bitte an den Klienten, seine Reaktion
　　　　　　mitzuteilen
　Schritt 6: Wenn die Hälfte der Sitzung vorbei
　　　　　　ist, fragen Sie den Klienten: »Bekom-
　　　　　　men Sie, was Sie sich wünschen?«
　Schritt 7: Entschluß zu handeln
　Schritt 8: Überprüfen, ob der Klient Angst vor
　　　　　　Kontrollverlust hat und wie es um
　　　　　　sein Engagement steht
　Schritt 9: Fragen Sie sich selbst, ob Sie bekom-
　　　　　　men haben, was Sie wollten

| Schritt 10: Geben Sie Unterstützung | 13 | 267 ff. |

– Verwenden Sie Checkliste Nr. 7 zur Planung

| eines Feedback-Meetings. | 13 | 282 |

– Verwenden Sie Checkliste Nr. 8, um nach-
　zusehen, wie frühere Feedback-Meetings

| verlaufen sind. | 13 | 284 f. |

Falls Sie auf Widerstand stoßen ...

– Widerstand ist ein inhärenter Bestandteil eines

| jeden Beratungsprozesses. | 8 | 175 f. |

– Beim Umgang mit Widerstand muß man

　1. merken, wann der Widerstand auftritt;
　2. den Widerstand als natürlichen Vorgang
　　und als Zeichen dafür sehen, daß man
　　auf dem richtigen Kurs ist;
　3. dem Klienten dabei helfen, seinen Wider-
　　stand direkt zu formulieren;

	Kapitel	*Seite*

4. daran denken, daß die Äußerung von Widerstand nicht persönlich gemeint ist und nicht als Angriff auf die eigene Person oder Kompetenz aufgefaßt werden darf.   8   176

– Einige alltägliche Formen von Widerstand:

 1. »Geben Sie mir mehr Details«
 2. Sie werden mit Details überschüttet
 3. Zeit
 4. Undurchführbarkeit
 5. »Das überrascht mich nicht«
 6. Angriff
 7. Konfusion
 8. Schweigen
 9. Intellektualisieren
 10. Moralisieren
 11. Willfährigkeit
 12. Kritik an der Methode
 13. So tun, als wenn nichts wäre
 14. Drängen auf Lösungen   8   176 ff.

– Zwei unterschwellige Sorgen rufen den meisten Widerstand hervor: die Angst vor Kontrollverlust und vor Verwundbarkeit.   8   190 ff.

– Drei Schritte helfen, mit Widerstand fertig zu werden:

Schritt 1: Feststellen, in welcher Form der Widerstand auftritt
Schritt 2: Den Widerstand benennen, und zwar auf neutrale, nicht strafende Weise
Schritt 3: Schweigen, damit der Klient Zeit hat, zu reagieren   9   203 ff.

	Kapitel	Seite
– Nehmen Sie nichts persönlich.	9	210 f.
– Antworten Sie zweimal auf den sachlichen Inhalt jeder Frage. Interpretieren Sie die dritte Nachfrage als eine Form von Widerstand.	9	211 f.

Danksagung

Mit großer Freude nehme ich die Gelegenheit wahr, denjenigen Menschen meine Wertschätzung auszudrücken, welche Konzepte entworfen haben, die in diesem Buch ihren Ausdruck finden.

Der erste, der sich Gedanken gemacht hat über die Rolle, welche die Fähigkeit, mit Leuten umgehen zu können, in Unternehmen spielt, und der herausgefunden hat, daß authentisches Verhalten eine Schlüsselrolle bei der Beratung spielt, war Chris Argyris. Seine Betrachtungsweise der Welt ist heute ebenso bedeutend und relevant wie vor vielen Jahren, als ich sein Student war.

Die meisten von uns lernen die Kunst des Beratens, indem sie jemanden beobachten, der weiß, wie es geht. Ich hatte das Glück, schon früh Gelegenheit zu haben, den Beispielen von Barry Oshry, Roger Harrison und Dick Walton folgen zu können. Sie sind die besten, und ihre Unterstützung ging weit über das hinaus, was die Pflicht gebot.

Tony Petrella, »Komplize« der ersten Stunde, und Marv Weisbord haben zu meinem Verständnis der Kunst des Beratens so viel Grundlegendes beigetragen, daß es mir gar nicht möglich ist, meine Gedanken von den ihrigen zu trennen. In diesem Falle bleibt mir nur die Möglichkeit, meine tiefe Wertschätzung für eine Partnerschaft auszudrücken, die hoffentlich für immer bestehen bleiben wird.

Neale Clapp hat zwei große Beiträge geliefert. Er leistete jede Art von Unterstützung und Freundschaft, und er erkannte den Wert von Seminaren und von der Theorie über die Kunst des Beratens, lange bevor ich es tat. Neale Clapp leitete viele der ersten Seminare und leistete so einen wichtigen Beitrag bei der

Konzeption der ersten Teile des Buches über die Rolle des Mitarbeiterstabs.

Die Teile, die sich mit »Widerstand« befassen, wurden von Jim Maselko erläutert. Mit seiner Sachkenntnis und seinem Enthusiasmus hat er dazu beigetragen, daß das Buch mit dem darin dargestellten Zugang zur Beratertätigkeit realisiert werden konnte.

Die Konzepte zur Bestimmtheit wurden aus freien Stücken von Jenelyn Block beigesteuert. Sie hat so viel zum Entstehen des Buches beigetragen, daß eine bloße Danksagung eine riesige Untertreibung wäre. Sie war eine der ersten, welche die Konzepte hörten und sie einsetzten. Schließlich suchte sie uns auf, um uns mitzuteilen, daß sie tatsächlich funktionierten.

Der erste Versuch, dieses Buch zu schreiben, wurde gemeinsam mit Mike Hill unternommen. Obwohl das Buch schließlich eine andere Richtung nahm, war Mike doch derjenige, der den Stein ins Rollen brachte. Einige Teile am Anfang tragen noch seine Fingerabdrücke.

Die grundlegenden Konzepte zur Beratertätigkeit verdanke ich der Gestaltpsychologie. Die Erkenntnisse hierüber gewann ich in einem Seminar, das ich besuchte und das von Claire und Meike Reiker geleitet wurde. Ihre Fähigkeit, diese Konzepte einfach und prägnant darzustellen, war ein großes Geschenk.

Linda Weissman hat viele Überstunden mit dem Tippen des Manuskripts verbracht. Sie war unendlich geduldig und ertrug die vielen Änderungen und Kopien meisterhaft.

Mein Dank gilt auch Ray Bard, der mein Herausgeber war, als ich mit dem Buch anfing, und Leslie Stephen, meiner Lektorin. Ray und Leslie glaubten schon, daß das Buch zustande kommen könnte, als ich meiner Ansicht nach mit nichts anderem aufwarten konnte als mit ein paar Notizen zu einem Arbeitsheft für meine Seminarteilnehmer. Leslie verstieß gegen alle Vorurteile, die ich gegen Lektoren hegte. Ich hatte sie bis dahin in einen Topf geworfen mit Zahnärzten, Dachdeckern und Automechanikern – mit einem Wort: mit Leuten, die man erträgt, weil man sie braucht. Leslie gab mir alle Unterstützung, gestaltete Teile des Buches neu, damit man es auch lesen konnte. Sie war eine Freude.

Ein letzter Dank geht an die Teilnehmer der Seminare zur Beratertätigkeit für Belegschaftsangehörige, die wir während der letzten sechs Jahre durchgeführt haben. Ein Großteil des Buches dokumentiert die Theorie, die wir in den Seminaren vorgestellt haben. Die meisten Konzepte sind aus Antworten zu Fragen von Menschen entstanden, die etwas über Beratung lernen wollten. Ich danke ihnen für ihre Geduld, die sie bewahrten, wenn die Konzepte konfus waren, und für ihre Bereitschaft, uns dabei zu helfen, den Beratungsvorgang aus ihrer eigenen Erfahrung heraus in Worte zu fassen.

Campus Wirtschaftspraxis

1998. 371 Seiten
Gebunden
ISBN 3-593-36023-3

Tom Peters als Guru, Messias, Autor und Modeartikel: Stuart Crainer offenbart die Wirklichkeit hinter dem Mythos und entmystifiziert auf diese Weise die gesamte Management-Guru-Industrie. Das Buch entstand unter engagierter Mitarbeit von Tom Peters und liefert dank zahlreicher Originalinterviews Informationen aus erster Hand. Gespräche mit früheren Partnern und Weggefährten von Tom Peters, Anhängern und Gegnern, vervollständigen das Bild.

Campus Verlag · Frankfurt/New York

Der Schlüssel zum persönlichen Erfolg

Eine Auswahl:

Stephen R. Covey
Sieben Wege zur Effektivität
Ein Konzept zur Meisterung Ihres beruflichen und privaten Lebens
19/739

Rosemarie Wrede-Grischkat
Mit Stil zum Erfolg
Auftreten - Outfit im Beruf - Umgangsformen
22/412

Josef Weiß unter Mitarbeit von Isolde Kirchner
Selbstcoaching
Persönliche Power und Kompetenz gewinnen
22/415

Claus Gaedemann
Ich habe immer Zeit
Zeit nutzen, Zeit sparen, Zeit haben
22/1059

Hedwig Kellner
Die Posträuber-Methode
Erfolgsstrategien für Selbst- und Projektmanagement
22/1040

19/739

HEYNE-TASCHENBÜCHER

Handbuch Börse

Kauf und Vekauf, Chancen, Risiken und Absicherungen.

Festgeld, Renten, Immobilien und Aktien.

Fragen, Analysen und Prognosen.

Die Börsenprofis Rainer Schätzle und Heinrich Morgen informieren aktuell über Hintergründe des Börsengeschehens, erklären Fachbegriffe und beraten bei der Geldanlage in Aktien und Wertpapieren.

Rainer Schätzle/
Heinrich Morgen
Handbuch Börse 2002
Mehr Geld durch professionelle
Anlagestrategien
22/432

HEYNE-TASCHENBÜCHER